KB070692

현직 부동산중개법인 대표가 말하는

한 권으로 **끝내는** 동탄테크노밸리

동탄신도시 자족의 핵심,
동탄테크노밸리 **최초 출간 도서**

HAUM
하움출판사

현직 부동산중개법인 대표가 말하는
한 권으로 끝내는
동탄테크노밸리

1판 1쇄 발행 2023년 2월 3일

지은이 김재현

총괄·기획 진다애

교정 신선미 편집 문서아
마케팅 박가영

펴낸곳 (주)하움출판사 펴낸이 문현광

이메일 haum1000@naver.com 홈페이지 haum.kr
블로그 blog.naver.com/haum1007 인스타 @haum1007

ISBN 979-11-6440-284-7(03320)

좋은 책을 만들겠습니다.
하움출판사는 독자 여러분의 의견에 항상 귀 기울이고 있습니다.
파본은 구입처에서 교환해 드립니다.

동탄테크노밸리는 무조건 이제부터가 시작입니다!

동탄테크노밸리의 안녕과 번영을 위하여 정도(正道)에 어긋나지 않고, 우보천리(牛步千里)의 마음으로 지식산업센터만을 위해서 오늘도 우직하고 고집스럽게 한 길만을 걸어가고 있는 미다스동익부동산중개법인 주식회사의 대표 공인중개사 김재현입니다.

동탄2신도시 자족 기능의 핵심인 동탄테크노밸리는 삼성전자와 한미약품과 그 벤더사들을 중심으로 4차 산업의 핵심 가치를 함향하고 있으며 수도권 테크노단지 중에서도 가장 빠르게 성장하고 있습니다. 그뿐만 아니라 하루하루 빠르게 안정화 및 고도화되는 곳이며 오늘보다 내일이 더 기대되는 수도권 서남부 최고의 테크노밸리입니다.

2016년도 제가 처음 이곳 동탄테크노밸리에 왔을 때만 해도 건물 몇 개뿐인 황무지였다고 해도 과언이 아니었습니다. 모두가 하나같이 "여기엔 미래가 없다. 투자가치가 없다."고 말했고, 투자자들은 차라리 주택에 투자하자는 움직임이 많았습니다. 하지만 저는 삼성전자의 벤더사들과 반도체 클러스터의 탄탄한 낙수 효과가 기대되는 곳이기에 이곳이 황금의 땅, 기회의 땅임을 알 수 있었습니다. 모든 부동산이 그러하듯 주기와 흐름이 있고 체계적인 기반으로 갖춰진 땅에서는 시간이 지나면 그 빛을 보게 됩니다. 저는 그곳이 바로 동탄테크노밸리라고 확신했습니다.

아니나 다를까, 해를 거듭해 나갈수록 동탄테크노밸리는 성장에 속도를 올렸고, 이젠 약 50개 건물이 들어선 규모로 매우 안정적으로 자리매김하고 있습니다. 초기인 2015년도에 비해 확연히 성장한 모습으로 전체적인 스카이라인이 약 70% 이상 완성되었다고 봅니다. 미다스는 국내외 반도체, 바이오 등 규모 있는 기업체들을 동탄테크노밸리에 유치하였고, 이로 인해 벤더사들의 유입과 상주 기업들의 수와 종류도 늘었습니다. 그 결과 기업체 간의 클러스터가 형성되어 규모의 경제에 다다를 수 있었습니다. 이렇게 동탄테크노밸리와 함께 호흡하며 하루하루 성장하고 있는 모습을 보면 개인적으로 너무나 감사함을 느낍니다.

진인사대천명(盡人事待天命), 인간으로서 해야 할 일을 다 하고 나서 하늘의 뜻을 기다린다는 것을 이르는 고사성어로 저희 미다스가 지향하는 경영 방향입니다. 이와 뜻을 같이하여 미다스는 노력 없이 무언가를 바라지 아니하고, 먼저는 우리가 할 수 있는 영역에서 마땅히 해야 할 것들에 대해 최선을 다하자는 방향성을 잃지 않으려 합니다. 당장에 미미한 결과물이라 하더라도 뒤돌아보면 우리는 노력만큼의 영향력을 지닐 것이라고 확신합니다.

이 책을 내는 이유 중 하나도 이러한 뜻의 연장선으로 동탄테크노밸리의 발전과 기업 유치에 최선을 다해 보고자 하는 과정입니다. 저는 여전히 동탄테크노밸리를 바라볼 때면 가슴이 뜨거워짐을 느낍니다. 그 안에는 지금까지 이곳은 성공하리라 믿어 왔던 결과물에 대한 성취감도 있을 것이고, 앞으로 이뤄갈 비전에 대한 열정 또한 있을 것입니다. 진심을 다해 화성시와 그에 속한 동탄테크노밸리의 발전을 바랐고, 그 바람이 현실이 되어 가는 모습을 보니 이루 말할 수 없이 벅차오릅니다. 이처럼 유지경성(有志竟成)의 마음으로 써 내려간 책이기에 제가 보고 믿었던 동탄테크노밸리의 미래 가치를 모두가 볼 수 있기를 바랍니다.

이 책의 집필을 마친 2022년 겨울, 이렇게 출간되기까지 도움을 주신 모든 분께 감사드리며, 끝으로 동탄테크노밸리와 미다스가 가게 될 앞으로의 행보에 이 책을 보는 여러분도 함께하길 바랍니다.

안녕하십니까.
제9대 화성시의회 의장 김경희입니다.

내 삶을 바꾸는
희망화성

수도권 남부의 첨단산업 클러스터를 구축하고 첨단기술 시현도시로 개발되고 있는 동탄테크노밸리는 화성시의 자랑거리입니다. 매번 그 주변을 지나다 보면 건물마다 불빛이 환하게 가득 켜져 있는 모습을 볼 수 있었고, 이곳이 화성시의 중심과 대한민국의 미래를 책임지고 있다는 생각을 들게 합니다.

뻗어나가는 혁신적인 기술을 통해 세계가 대한민국을 주목하고 있고, 그 중심에 동탄테크노밸리가 자리하고 있다는 것을 우리는 느낄 수 있습니다. 이 책에도 고스란히 담겨있듯이 동탄테크노밸리의 가치는 그 어떤 것과도 비교할 수 없습니다. 그 가치를 담은 이 책 또한 앞으로 더욱 빛을 발하길 진심으로 바랍니다.

화성시의회 의장 김경희

안녕하세요.
화성시의회 부의장 오문섭입니다.

동탄테크노밸리에 관한 책이 나온다는 소식을 듣고 굉장히 기뻤습니다. 화성시를 사랑하고 그 누구보다 동탄테크노밸리의 발전을 바라는 많은 손길들이 있었기에 지금의 화성시와 동탄테크노밸리가 있다고 생각합니다.

아직 동탄테크노밸리에 대해 잘 모르셨던 분들도 이 책 한 권을 통해 앞으로 발전될 화성 동탄테크노밸리의 모습들을 모두 그려 보실 수 있을 것입니다. 이런 뜻깊은 곳에 한 줄을 남기게 되어 영광스럽게 생각하며, 저희 화성시의회 또한 앞으로 미래 지향적인 화성시를 만들기 위해 노력하겠습니다.

화성시의회 부의장 오문섭

미다스동익부동산중개법인 김재현 대표가 쓰신 「현직 부동산중개법인 대표가 말하는 한 권으로 끝내는 동탄테크로밸리」가 동탄 지식산업센터 투자에 최고의 길잡이가 되시길 바랍니다.

고금기객잔 대표 김영훈

부동산에 관련된 책들은 많지만 이렇게 특정 지역에 한 가지의 투자 물건인 지식산업센터를 소개한 책은 지금까지 없었습니다. 투자를 망설이는 초보자, 지금 시작 단계인 중수, 이미 많은 사무실을 보유한 고수분들에게도 길잡이가 될 수 있는 아주 유용한 책이라는 것을 증명할 것입니다. 항상 꾸준하게 도전하시는 김재현 대표님께 또 한 번 경의를 표합니다.

동탄테크노밸리 YG부동산 김지은 이사

차례

1부 지식산업센터

2부
동탄테크노밸리

1부

지식산업센터

제1장

지식산업센터란?

1. 지식산업센터 알아보기

지식산업센터라 하면 동일 건축물에 제조업, 지식산업 그리고 정보통신산업을 영위하는 자와 같이 지원시설이 복합적으로 입주할 수 있는 다층형 집합건축물을 이야기합니다. 법률적 정의로 산집법[1] 제2조13호와 산집법 시행령 제4조의6에서 동일한 건축물에 제조업, 지식산업 및 정보통신산업을 영위하는 다층형 집합건축물로서 대통령령으로 정하는 것을 말합니다. 지상 3층 이상의 집합건축물로 공장, 제6조제2항에 따른 지식산업의 사업장 또는 같은 조 제3항에 따른 정보통신산업의 사업장이 6개 이상 입주할 수 있어야 합니다.

여기서 지식산업이란 「통계법」 제22조 기준으로 통계청장이 고시하는 「한국표준산업분류」에 따른 연구개발업, 「고등교육법」 제25조에 따른 연구소의 연구개발업, 기초연구진흥 및 기술개발지원에 관한 법률에 따라 진행을 할 수 있습니다. 물론 기관 또는 단체의 연구개발업, 건축기술과 함께 엔지니어링 및 그 밖의 과학기술서비스업 또 광고물 작성업, 출판업 등이 포함됩니다.

1) 「산업집적활성화 및 공장설립에 관한 법률」의 줄임말

2. 지식산업센터의 변화 과정

2000년대 1, 2차 산업부터 3차 산업인 서비스 부분의 발전이 더해지고 여기에 벤처 붐이 일면서 이에 대한 수요를 충족하고자 우리나라에는 초대형 아파트형 공장이 등장하기 시작했고, 한정적인 토지 구성 안에서 새로운 기틀을 마련하기 위한 진행이 이어진 것입니다. 2000년대 전에는 산업단지 위주의 개발이 한껏 이뤄졌으나 이 시기 이후에는 개별입지를 중심으로 하면서 함께 민간 주도의 공급이 본격화되는 형상을 가지곤 했습니다. 그렇게 아파트형 공장이 폭발적으로 증가하는 모습을 보이게 되었고, 2008년까지는 아파트형 공장으로 불리다 2009년 법률 개정이 반영되어 지식산업센터라는 이름으로 변했습니다. 이전 아파트형 공장이 트렌디하게 변화된 것이라 설명을 하면 보다 쉽게 이해할 수 있을 것 같습니다.

이후 2010년부터 지식산업센터로 명칭을 변경함은 물론, 그전까지 주류를 이루던 제조업 이외에 지식산업 그리고 정보통신산업을 영위하는 곳을 대상으로 집중적으로 입주할 수 있는 다층형 집합건축물로 재정의되었습니다. 그리고 현재에는 단순 업무용 빌딩이라는 개념 이상으로 산업, 상업, 주거가 융복합되는 형태로 드리우면서 다양성을 지니고 있습니다. 물론 여기에는 첨단 설비와 통신시설이 갖춰진 최첨단 오피스 형태의 타워로 발돋움이 함께 이뤄지는 추세이기 때문에 지식산업센터는 수익형 부동산 중 투자 가치가 높다는 평을 받고 있는 것입니다.

3. 지식산업센터의 용도적 구분

지식산업센터 호실의 종류는 공장, 지원시설 두 가지로 구분됩니다. 지식산업센터 입주를 원하신다면 둘의 차이점을 명확히 구분하는 것이 중요합니다. 입주할 지식산업센터 호실의 종류가 공장인지 혹은 지원시설인지에 따라 입주 가능한 업종부터 세제 혜택, 대출 한도, 가격 등 고려해야 할 내용이 달라지기 때문입니다. 이미 지어진 건물의 호실이 공장인지 또는 지원시설인지 구분하려면 건축물 용도가 기입된 건축물대장부터 확인하면 됩니다.

먼저 공장의 경우 입주 가능 업종에 제한이 있으며 입주자(임차인 혹은 실사용)는 반드시 지정된 업종을 가진 업체만 사용할 수 있으며, 지식산업센터 공장 호실의 입주는 제조업, 지식산업, 정보통신업종에 한해 가능합니다. 대표적인 공장 입주 불가능 업종으로는 무역, 유통, 도소매, 의료기기 판매업 등이 있으며, 공장으로 사용이 될 경우에는 도심형 또는 기타 공장을 대상으로 용도가 나눠집니다. 공장은 취·등록세 감면이나 재산세 혜택까지 효율적으로 적용받을 수 있고, 대출도 70~90%까지 가능하며, 또한 공급이 많고 지원시설보다 상대적으로 저렴하다는 장점을 가지고 있습니다.

반면 지원시설은 공장과 용도가 다릅니다. 근린생활시설, 사무소, 운동시설, 기숙사 또는 어린이집 등으로 사용할 수 있습니다. 보통 세무사, 변호사 또는 법무사 사무실이나 금융, 보험 등 여러 형태의 사무실이 주 업종을 이루며, 업종 제한은 없지만 공장의 용도로는 등록하지 못합니다. 또한 공장과 비교했을 때 세제 혜택이 거의 없고, 대출은 60~70%로 낮은 수준이며, 공급이 적어 공장보다 비싸다는 특징이 있습니다.

여기서 만약 지식산업센터 공장을 입주 업종이 아닌 업체가 사용한다면 문제가 생길 수 있습니다. 실사용자의 경우 감면받고 있던 각종 세금 혜택을 추징당할 수 있으며, 투자자의 경우에도 임차인은 강제 퇴거 명령을 수행해야 할 수 있습니다. 그렇기 때문에 지식산업센터 호실별 용도를 사전에 꼼꼼하게 알아보고 결정하는 것이 좋습니다.

#공장의 용도적 특징

☑ 드라이브인 Drive-in

지식산업센터만의 대표적인 특징 중 하나를 꼽으라면 드라이브인 시스템이 있습니다. 드라이브인 시스템은 기존 건물 형태에서는 볼 수 없지만, 지식산업센터만의 특화된 방식으로 자리 잡고 있습니다.

지식산업센터는 건물 내 원활한 물류 이동 등의 지원을 해 주는 역할을 담당하고 있는데, 기존 하역 시스템의 경우 화물용 엘리베이터를 사용해 물건을 올리고 목적지까지 물건을 배송하는 작업을 단순 반복해야 했습니다. 지식산업센터는 설계 과정에서 이러한 번거로움을 없애고 물류를 한 번에 쉽고 빠르게 하역할 수 있는 구조를 고민하게 되었고, 드라이브인 시스템은 이러한 필요성에 대한 고민을 바탕으로 탄생했습니다.

드라이브인 시스템이 설계된 건물은 건물 밖에서부터 사무실 입구까지 물류 차량이 직접 진입할 수 있습니다. 따라서 물류 하역에 대한 업무 편의성이 극대화되었고, 화물 엘리베이터에 여러 차례 하역하는 번거로움 없이 사무실 바로 앞까지 물류 차량이 진입할 수 있기 때문에 효율성이 무척 높아졌습니다.

이를 적용한 지식산업센터는 차량 자체의 주차장 진입뿐만이 아니라 개별 층이나 호실 바로 앞까지 화물 운송 전반이 가능하기 때문에 종사자들 입장에서는 다른 곳에 비하여 동선이 효율적이고, 화물 적재 자체의 편의성이 높기에 일에 대한 능률이 올라갑니다. 하지만 물류 차량의 높이와 1~2톤의 하중을 견디기 위한 바닥 설계가 필요하기 때문에 시공비가 상승한다는 특징도 함께 알아 두어야 합니다.

드라이브인 시스템이 적용된 지식산업센터는 건물 내 주차장이 만차(滿車)일 경우에도 영향을 받지 않는다는 장점이 있습니다. 주차장에 주차하지 않고 화물 차량이 사업장으로 바로 갈 수 있기 때문에 사업체 입장에서는 많은 시간과 비용을 아낄 수 있는 시스템이라고 할 수 있습니다. 지식산업센터만의 특화 설계로 생산성은 기본이고 근로자들의 업무 효율까지 높일 수 있는 장점이 큰 인기를 얻고 있습니다.

☑ 섹션오피스

지식산업센터의 호실 병합을 위한 정보와 섹션오피스에 대해 알아보겠습니다. 먼저 호실 병합을 알아보기에 앞서 '내력벽'과 '비내력벽'이 무엇인지 먼저 알고 시작해야 합니다.

내력벽: 건물의 하중을 지탱하는 벽으로 철근+콘크리트로 이루어져 있습니다. 지붕의 무게나 위층 구조물의 무게를 견디어 내는 역할을 하기 때문에 철거가 불가능한 벽입니다.

비내력벽: 상부의 하중을 받지 않고 단순히 칸막이의 용도로 사용되는 벽으로 임의 철거가 가능합니다.

내력벽과 비내력벽은 외관상 구분이 안 되지만, 건물의 안전상 큰 차이가 있기 때문에 호실 병합을 원하는 분들은 먼저 비내력벽인지 확인 후 분양을 받으셔야 합니다. 지식산업센터는 오피스텔과 달리 호실 간 내력벽이 거의 없어[2] 공간을 원하는 용도에 맞게 구성하기 쉬운 구조입니다. 따라서 하나의 층을 한 회사에서 통으로 사용하거나 인접한 호실 여러 개를 합쳐서 큰 사무실로 구성하는 경우가 있습니다. 소형 평수의 경우 공간을 합치는 등 호실 활용 가능성이 높기 때문에 소형 평수를 가지고 있는 것이 임대에 유리합니다.

이처럼 지식산업센터 내 일부는 분할과 병합이 가능한 섹션오피스로 지어지는데, 규모가 큰 공간을 잘게 쪼개 업무용으로 사용하는 공간입니다. 100% 업무용으로 지어지기 때문에 업무에 불필요한 시설이 포함되지 않아 오피스텔에 비해 공간 활용성이 높으며 운용비도 적게 들어 임대도 수월한 편입니다. 섹션오피스는 사용자가 원하는 크기로 분양받을 수 있기 때문에 스타트업이나 1~2인 기업 등 최근의 기업 트렌드와 맞는 형태입니다. 또한 대체적으로 저렴한 분양가와 풍부한 수요를 확보할 수 있어 투자 가치가 있으며 전매제한, 대출 규제 등 부동산 규제가 없어 언제든지 전매가 가능하다는 장점을 가지고 있습니다.

☑ 라이브오피스

라이브오피스는 지식산업센터에서 분양하는 공간 중 하나로 업무와 주거의 장점인 화장실 등을 특화 설계한 형태입니다. 업무 공간, 화장실, 샤워실 등이 모두 갖춰져 있고, 일부 지식산업센터는 복층으로 업무 공간과 주거 공간을 구분해 공간을 효율적으로 활용할 수 있도록 구성한 신개념 공간입니다.

갈수록 라이브오피스를 찾는 분들이 증가하는 이유가 뭘까요? 프리랜서나 스타트업 관련 종사자가 증가하면서, 불규칙한 스케줄로 인해 출퇴근의 어려움을 겪어 찾는 분들이 늘어나고 있기 때문입니다. 특히 라이브오피스는 스타

2) 경우에 따라 내력벽이 사용되었을 수 있으므로 건축 도면을 통해 꼭 확인해야 합니다.

트업이나 벤처기업, 소형 기업 등 밤샘이나 야근이 많은 기업에 적합한 형태로 공간 활용도와 편의성을 향상해 선호도가 높습니다. 여기에 코로나로 인한 업무 형태가 변화하며 라이브오피스와 같은 업무 공간이 더 많은 인기를 끌 것으로 보입니다.

라이브오피스의 장점을 알아보자면, 라이브오피스는 지식산업센터로 구분되기 때문에 산업용 전기를 사용하며, 개별 난방이라 오피스텔과 비교했을 때 관리비가 훨씬 저렴한 편입니다. 또한 지식산업센터 내 근린생활시설이 있기 때문에 생활환경이 편리하며, 인테리어가 되어 분양되기 때문에 따로 인테리어를 할 필요가 없습니다.

그렇다면 오피스텔과 라이브오피스의 차이점은 무엇일까요? 먼저 오피스텔은 주로 상업지역에 공급되며 업종에 제한이 없고, 또한 개인이나 사업자 모두 입주 가능하며 전입신고 시 주택으로 분류할 수 있습니다. 반면 라이브오피스는 개인이 입주해서 사용할 수 없을뿐더러 허용된 업종의 사업자만 입주 가능합니다. 여러 가지 세제 혜택과 높은 대출 한도(80% 이상)가 제공되기 때문에 이러한 라이브오피스의 혜택을 잘 활용하면 저렴한 비용으로 업무와 주거를 한 번에 해결할 수 있어 1~2인 기업이나 프리랜서, 스타트업의 오피스로 주목받고 있습니다. 언뜻 보기에 비슷한 오피스텔과 라이브오피스, 하지만 라이브오피스는 공간의 주된 용도가 '업무'라면 오피스텔은 '주거'에 더 가까운 형태라는 확연한 차이점을 가지고 있습니다.

#지원시설의 용도적 특징

앞서 지식산업센터의 용도적 특징에서 알아봤듯이, 지식산업센터는 크게 지식산업센터(공장)와 지원시설 두 가지 용도로 설계됩니다. 지식산업센터의 업무지원시설이란, 지식산업센터 입주 업체와 해당 근로자들을 지원하는 시설을 뜻하고, 지식산업센터의 업무지원시설 비중은 법적으로 30%로 정해져 있습니다. 그렇다면 이러한 업무지원시설 내 입주 가능 업종과 불가능한 업종은 무엇이 있는지 알아보겠습니다.

〈업무지원시설 입주 가능 업종〉

- 보험, 교육, 의료, 금융, 무역, 판매업
  (해당 지식산업센터 입주자가 생산한 제품을 판매하는 경우만 해당)
- 물류시설 등 입주 기업 사업 지원
- 입주 기업 직원들의 복지 증진을 위해 필요한 시설
  (기숙사, 보육시설 등)
- 근린생활시설(면적 범위 이내)
- 문화 및 집회시설 또는 운동시설(13호 운동시설 해당)

*13호 운동시설

가. 탁구장, 체육도장, 테니스장, 체력단련장, 에어로빅장, 볼링장, 당구장, 실내낚시터, 놀이형시설, 그밖에 이와 비슷한 것으로서 제1종 근린생활시설 및 제2종 근린생활시설에 해당하지 아니하는 것

나. 체육관으로서 관람석이 없거나 관람석의 바닥 면적이 1,000㎡ 미만인 것

다. 운동장(육상장, 구기장, 볼링장, 수영장, 스케이트장, 롤러스케이트장, 승마장, 사격장, 궁도장, 골프장 등과 이에 딸린 건축물을 말한다)으로서 관람석이 없거나 관람석의 바닥 면적이 1,000㎡ 미만인 것

〈업무지원시설 입주 제한 업종〉

- 환경 유해 물질 배출 유발하는 비도시형 제조업 (소음, 분진, 폐수 등)
- 다단계, 사행성 영업소, 음란유흥업소, 장례식장, 종교집회장, 위험물 저장 및 처리 시설
- 소매업(소비자 대상 판매)

보통 업무지원시설은 동일 건물 내 근린생활시설(상가)과 지식산업센터 사이에 위치해 입주 기업을 지원하는 시설이 주를 이루는 경우가 많고, 일반적으로 법무사, 세무사, 회계사 보험판매업 등이 많이 입주합니다. 업무지원시설의 층수는 시행사에 따라 상이하므로 특별히 원하는 층수가 있다면 사전에 확인하시는 것이 좋습니다. 지식산업센터 업무지원시설은 임대 사업 규제가 없기 때문에 공장 등록 절차가 필요 없고, 임대 사업도 합법적으로 가능합니다. 하지만 지식산업센터(공장)에 비해 상대적으로 공급량이 적기 때문에 대출 금리가 높은 편이며, 세제 혜택이 없고 분양가나 임대료가 다소 높게 형성된다는 특징이 있습니다. 만약 지식산업센터 업무지원시설에 관심이 있으시다면 매입 용도가 실사용인지 투자 목적인지 확인 후 장단점을 잘 고려하셔서 선택하시기 바랍니다.

이렇듯 업무지원시설에는 입주 가능 업종과 제한 업종이 명확하지만 최근 이러한 규제에 대한 긍정적인 소식이 들려왔습니다. 정부 규제개혁위원회에서 '2022년 재검토 규제' 심사 결과를 심의 확정하고 지식산업센터 입주 제한 업종을 완화한다고 밝혔습니다. 구체적으로 지식산업센터 지원시설에 입주할 수 있는 업종을 기존에 금융, 의료 등 일부 입주 가능 업종을 명시해 뒀던 방식에서 사행성 일부 외에 거의 전체 업종을 입주 가능 대상으로 설정해 진입 규제를 완화하였습니다. 21년 말 지자체들이 지식산업센터 내 건설업의 입주가 위법이라며 퇴거 명령을 내렸고, 이로 인해 건설 업체와 지방정부 간 행정 소송이 줄을 이어왔습니다. 이와 같은 업체와 업계의 애로 사항을 인식한 정부에서 규제개혁위원회를 통해 「산업집적활성화 및 공장설립에 관한 법률」을 개정, 지식산업센터 입주 대상에 건설업을 포함하는 등 제외되는 업종을 최소화하겠다고 발표했습니다. 이를 통해 원칙적으로 거의 모든 업종이 입주 대상에 포함된 것입니다. 정부의 이번 조치로 터전을 잃을 위기에 처했던 다수의 중소 건설사들의 입주 관련 문제가 해결될 수 있을 거라 기대되며, 규제 개혁

방안 추진은 22년 12월에 개정될 예정입니다.

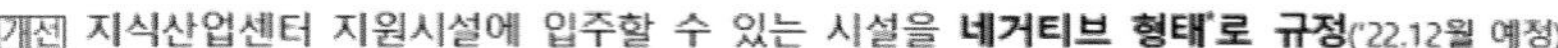

1 **지식산업센터 지원시설 입주 대상 확대 (산업부)**

기존 지식산업센터 지원시설에 입주할 수 있는 지원시설을 **열거방식*** 으로 규정(원칙적 금지, 예외적 승인)

* 금융, 의료, 기숙사, 운동시설, 어린이집 등

※ 산업집적활성화 및 공장설립에 관한 법률 시행령 제36조의4

개선 지식산업센터 지원시설에 입주할 수 있는 시설을 **네거티브 형태*로 규정**('22.12월 예정)

* 예) 미술관, 문화전시장, **수영장**, 볼링장 등 다양한 업종 입주 확대

☞ (효과) **원칙적으로 모든 시설을 입주대상**으로 하되, **사행행위 영업** 및 **위락시설** 등을 입주 제한 대상으로 설정하여 **진입규제 완화**

◇주요 규제 정비사례 중 지식산업센터 관련 설명자료 /자료=국무조정실 제공

출처 : 대한전문건설신문(http://www.koscaj.com)

이러한 큰 변화로 인해 지식산업센터 지원시설의 모습이 많이 달라질 것으로 예상됩니다. 현재 건물 내에 차지하고 있는 지원시설들이 사실상 근린생활시설과 비슷한 효과를 볼 수 있는 범위로 바뀌기에 앞으로 다양한 종류의 시설들이 들어오고, 이용하는 유입 인구도 많아져 상권의 활성화를 기대해 볼 수 있을 것 같습니다.

#기숙사의 용도적 특징

지금까지 설명한 내용을 다시 한번 짚어 보자면, 지식산업센터는 사업자들이 업무를 보는 사무실이나 공장이 있는 집합건축물 자체를 의미합니다. 최근 사무실은 섹션오피스, 제조형 구조를 지니거나 드라이브인, 라이브오피스 등으로 다양하게 나오고 있기 때문에 여러 수요를 충분히 수용할 수 있습니다. 또한 여기에 지원시설을 함께 설계하여 다양한 편의를 누릴 수 있는 장점을 가지고 있습니다. 지원시설에는 상가(근린생활시설)라 부르는 곳, 그리고 유치원, 의원, 운동시설 등이 다양하게 포진되어 있으며 기숙사도 그중 하나로 꼽을 수 있습니다. 기숙사라 함은 지식산업센터에 근무하는 사업자와 직원 등이 쉴 수 있는 것을 말합니다. 이미 직원이 많은 회사라 한다면 지식산업센터 기숙사를 직원에게 복지로 제공하는 등 지식산업센터 근로자의 편의를 위한 준비가 다양하게 되어 있다는 것을 알 수 있습니다. 또한 내부가 사실상 일반 오피스텔과 차이가 없을 만큼의 안정적인 구성을 강점으로 지니고 있습니다.

지식산업센터 기숙사는 수익형 부동산으로 떠오르며 **인기가 높은 이유**는 **지식산업센터 부지에 만들어지는 주거공간**으로 압**도적으로 유리한 입지**를 가지고 있기 때문으로 보입니다.

수익형 부동산 상품으로 새로 떠오르고 있는 지식산업센터 기숙사의 인기가 높은 이유는 압도적으로 유리한 입지를 가지고 있기 때문이라 판단이 됩니다. 기존에 알고 있던 공장에 있는 기숙사 형태 이상으로 고급형 진화를 하고 있고, 이제는 회사에서 얻어주는 오피스텔을 이렇게 부르기도 합니다. 지식산업센터 부지에 만들어지는 주거이기 때문에 일반 오피스텔 부지와 차이점을 가지고 용도와 세금에도 차이를 두고 있습니다.

기숙사는 쉽게 말해 **풀옵션 원룸 오피스텔**이라 보면 되는데요.
지식산업센터의 지원시설인 만큼 입주한 직원이
편의성을 누릴 수 있게 **모든 것이 준비되어진 공간**입니다.

그렇다면 기숙사와 오피스텔은 어떤 차이가 있을까요? 기숙사는 건축법상 공동주택에 속하는 구조를 지니는 것으로 쉽게 말해 '풀 옵션 원룸 오피스텔'이라 보면 됩니다. 빌트인 냉장고, 인덕션, 드럼세탁기, 냉난방기 등에 이르기까지 없는 것 없이 모두 누릴 수 있다는 장점을 찾아볼 수 있으며, 지식산업센터 지원시설인 만큼 지식산업센터에 입주한 기업 직원들이 편의성을 누릴 수 있게 준비된 공간이라 할 수 있습니다.

특히 최근 지어지는 지식산업센터 주변에 상가나 녹지 공간 등 각종 부대시설 및 편의시설이 잘 갖춰져 있기에 더 유용하며, 현재 유명 커피숍이나 은행, 구내식당뿐만 아니라 멀티플렉스 영화관 등이 들어서고 있습니다. 또한 일반적인 오피스텔의 주차대수는 호실 당 0.3~0.5대 이루고 있어 협소하지만, 기숙사는 이에 반해 호실 당 1.5~3대로 넉넉하게 이뤄져 있어 더 큰 장점으로 다가옵니다. 보통 아파트 기준으로 1.2대는 빠듯하고 1.4대는 되어야 여유롭다 체감하니, 확실히 기숙사 주차 이용 대수가 더 여유롭다는 것을 볼 수 있습니다.

이러한 구조뿐만 아니라 기숙사와 오피스텔은 투자 목적의 방향에서도 비슷해 보이지만 차이점이 많습니다. 일단 기숙사가 구조적으로 전용률이 오피스텔보다 높기 때문에 같은 공급면적이라 할지라도 오피스텔보다 훨씬 넓습니다. 지식산업센터는 규모가 아무리 작아도 기본적으로 1,000평 이상은 이뤄져야 하므로 공급이 빠르게 이루어질 수 없고, 이러한 제한적인 공급이 존재하기 때문에 희소가치가 충분하며, 부실 공사로 인한 하자율도 감소한다는 뜻으로 더 확고한 투자를 할 수 있습니다. 또한 지식산업센터는 토지 원가로 분양되기 때문에 상대적으로 오피스텔보다 저렴한 분양가와 저렴한 관리비, 전문적인 건물 관리 시스템을 구비하고 있습니다. 관리비가 저렴한데도 규모 자체가 이미 일반 건물보다 크기 때문에 건물을 관리하는 인력이 많고, 관리나 보안 측면에서도 노후로 야기되는 각종 자산 가치 하락에 있어 오피스텔보다 수월하게 관리할 수 있는 여러 조건을 가지고 있습니다.

그렇다면 이와 관련하여 기숙사 투자의 장점과 단점을 파악해 보도록 하겠습니다. 투자자 입장에서 가장 고려하는 부분은 수익성이 얼마나 좋을지 여부라 할 수 있습니다. 보통 이런 투자 과정을 거쳐 기대 이상의 수익을 얻으려면 공실 없이 임대가 이루어져야 하는데, 지식산업센터 내에 있는 기숙사라 함은 이미 개인에게도 임대가 가능하지만 일반적으로 그곳에 들어가 있는 기업체가 직원 복지를 위해 몇 채씩 계약하는 경우가 많습니다. 그렇게 때문에 다른 문제 없이 안정적으로 유지할 수 있다는 장점을 지니고 있고, 기업과 임대를 하면 개인을 대상으로 하는 것보다 월세 밀릴 걱정이 덜하다는 점도 무시할 수 없습니다. 또한 기숙사 자체의 공급량이 많지 않기 때문에 기본적으로 공실이 적은 것은 물론이고, 물건이 쏟아지는 입주장에도 가격 방어가 가능한 구조를 지니고 있습니다.

기숙사는 분양가 자체가 높지 않고, 임대료도 큰 폭으로 떨어지지 않습니다. 기숙사의 경우 대부분 전용 10평 이하로 건축되어 분양가는 1억 중반에서 2억 중반에 달할 때까지, 현장마다 금액의 차이는 있지만 보통의 지식산업센터 대비 반 정도의 가격으로 분양이 가능하기 때문에 쉽게 투자를 결정하기에 좋은 구조를 지니고 있습니다. 보통 계약금 10%, 중도금 50%로 무이자 대출이 가능하고, 잔금 40%의 조건으로 분양이 이루어집니다. 분양부터 준공까지는 대략 2~3년 정도 소요가 되고, 투자자 입장에서는 전체 분양가 대상 10%의 돈만 있다면 준공 시까지 따로 준비해야 할 자금이 없어도 가능합니다. 이렇게 지식산업센터의 분양가와 매매가가 동시에 오르는 시장에서는 계약금만 투자해서 준공 후 시세 차익까지 기대감을 가질 수 있다는 것은 큰 장점입니다.

또한 규제 지역에 아파트, 오피스텔을 분양할 때는 최대 5년까지 분양권 전매 제한이 시행되지만 지식산업센터는 이에 대한 규제도 없기 때문에 분양을 통해 적은 돈으로 가지고 있다가 입주 전 시세가 오르면 분양권 전매로 큰 차익을 볼 수 있는 구조입니다. 분양권 상태이므로 다른 세금이 없는 건 물론, 양도차익에 대한 세금 50%만 내면 되는 간편함도 있습니다.

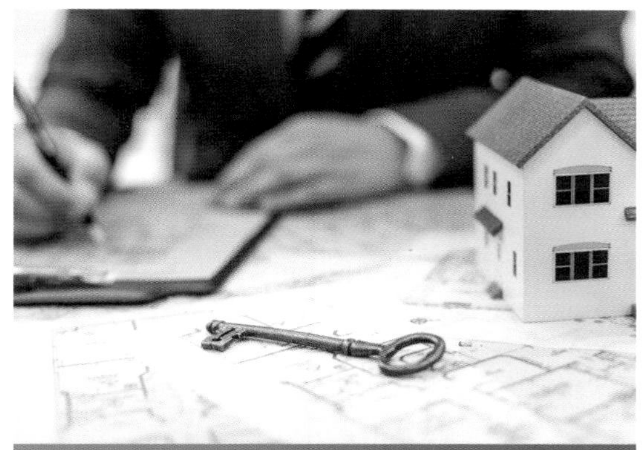

지식산업센터는 **오피스텔보다 저렴한 분양가**를 이루며
건물 관리 시스템이 구비되어 **관리비가 저렴**합니다.
또한 주차공간이 여유롭고 전매제한이 없어
다양한 선택이 가능합니다.

과거 주거용 오피스텔이라 함은 양도소득세, 종합부동산세를 계산할 때 주택 수로 판단해 왔습니다. 하지만 새로 시행되고 있는 개정안에 따르면 이미, 수도권 등 조정대상지역 내 주거용 오피스텔이 있으면 추후 아파트 구매할 때 그 부분에 대하여 일정 8%의 취득세가 부과된다는 것입니다. 또한 주거용 오피스텔을 두 채 가지고 있는 상태에서 향후 아파트 구매 시 취득세가 더욱 가중되어 12%로 높아질 수 있다는 것도 알아 두어야 합니다.

이렇게 변화하는 상황에 따라 오피스텔에 대한 수요자들의 관심이 하락하고 있고, 청약 결과나 거래량 등 여러 부분을 봤을 때도 지속적으로 수요자들에게 영향을 미치고 있다는 것을 알 수 있습니다. 한때 아파트 규제에 대한 반사이익 등 임시방편의 모습으로 오피스텔이 인기를 끌었지만, 이제는 취득세 중과세에서 조금은 자유로운 지식산업센터 기숙사 등이 두각을 나타내고 있습니다. 이는 오피스텔의 세 부담과 같은 조건을 피하면서도 비용을 절감하여 투자를 결정할 수 있다는 것이 업계에서 주목을 받는 부분이라 할 수 있습니다.

이번엔 기숙사의 단점에 대해 알아보도록 하겠습니다. 가장 먼저 말씀드리고자 하는 기숙사의 단점으로는 담보대출 비율이 낮다는 점입니다. 기숙사는 지식산업센터와 다르게 담보대출 비율이 낮게 형성되어, 보통 지식산업센터는 80%까지도 가능하다면 기숙사는 50~60% 정도의 담보대출을 할 수 있습니다. 무엇보다 또 하나 짚고 넘어가야 할 것은, 기숙사는 원칙적으로 개인이 주거를 위해 사용하는 공간이 아니기 때문에 전입신고가 불가하다는 점입니다. 이런 조건으로는 보증금을 주택임대차보호법으로 보호받기 힘들지만, 월세의 10배 정도로 보증금의 금액 자체가 크지 않기 때문에 돌려받지 못할 확률은 현저히 낮아 위험 부담이 적은 편이긴 합니다. 지금까지 언급한 내용이 대체적으로 기숙사에 대한 긍정적인 평가가 많았습니다만 투자 목적이든 실제로 거주하기 위한 목적이든 기숙사의 장점과 단점을 분명히 구분하고, 임차인으로서는 본인이 손해 보지 않고 보호받을 방법과 임대인으로서는 월세 수익과 시세 차익을 모두 볼 수 있는 접점으로 신중한 투자를 결정해야 합니다.

그렇다면 기숙사 투자, 어떻게 선택해야 할까요? 기숙사를 분양받거나 소유하기 위해서는 지식산업센터에 입주한 '공장주'만 가능하며 임차인은 공장 소속 근로자여야 합니다. 이러한 특수성으로 인해 기숙사 투자 시 주의해야 할 점 세 가지를 지금부터 함께 살펴보도록 하겠습니다.

1. 임차 수요가 풍부한가?

앞서 기숙사는 전입이 불가능하기 때문에 분양 가격이 높은 경우 보증금을 보호받기 쉽지 않다는 단점이 있습니다. 따라서 임차 수요가 풍부한지 반드시 체크해 보아야 합니다. 입지와 교통 편의성 등을 따져서 공실 위험이 없는지 반드시 확인하고, 또한 기숙사는 일반 오피스텔이나 주택과 달리 매매가 많지 않기 때문에 환금성이 떨어진다는 점도 유의하셔야 합니다.

2. 생활편의시설이 잘 갖춰져 있는가?

기숙사는 주방, 화장실, 주차 공간 같은 생활편의시설이 잘 갖춰져 있는지 꼼꼼하게 체크하셔야 합니다. 또 휴게 공간이나 시설 등도 잘 갖추어져 있는지 확인하는 것이 좋은데, 이러한 조건들이 투자 성공률을 높이는 요소가 될 수 있기 때문입니다.

3. 분양 및 입주 자격이 갖추어져 있는가?

지식산업센터 기숙사는 입주 기업이 임직원을 위하여 분양받을 수 있습니다. 하지만 지자체에 따라 근처 산업단지의 임직원 등 임대를 할 수 있는 사람의 조건이나 범위가 다르기 때문에 해당되는 사항이 있는지 먼저 체크해 보는 것이 좋습니다. 참고로 지식산업센터 기숙사는 주택 수에 포함되지 않는다고 알고 계시는 분들이 많은데, 기숙사를 사실상 주거용으로 사용하는 경우 주택 수에 포함될 수도 있으므로 이 부분도 꼼꼼하게 체크하는 것이 좋습니다.

4. 세대별 지식산업센터 변천사

과거에는 '아파트형 공장'이라고 불렸던 지식산업센터가 최근 많은 변화를 거치고 있습니다. 지난해만 하더라도 업무용 건물 부동산의 매매 거래량이 이미 과거 2006년 부동산거래 신고제도 도입 이래 최다 수준을 기록하며 폭발적인 인기를 누리고 있습니다. 또 중소벤처기업의 보금자리인 지식산업센터가 첨단화, 고급화되면서 나날이 진화하고 있는 모습입니다. 특히, 획일적인 공간 배치와 규모 중심의 건물 배치가 이뤄지면서 자체적으로 편의 기능이나 업무 동선 및 주차 공간, 엘리베이터 실용성까지 고민을 거듭하면서 개선이 이뤄지고 있습니다.

최근 4세대 지식산업센터의 변화들은 제조업과 지식산업을 기반으로 하는 중소벤처기업까지 모두 배려하고, 차별화된 커뮤니티를 설계하는 과정까지 더해지면서 완벽한 업무 환경을 갖춰 주목을 끌고 있습니다. 겉으로 보기에도 다양한 니즈를 수용하여 특화된 지식산업센터가 등장하였고, 거래 감소 소식이 점점 더해지는 주택 시장과는 대조적으로 업무를 주 용도로 사용하는 건물의 매매 건수가 증가하는 것을 볼 수 있습니다. 주택 중심의 대출, 세금 등의 규제 영향으로 수요자들이 이동하고 있고, 또한 스타트업 등의 1~2인 기업들이 늘어나는 등 과거와는 다르게 변화된 기업들의 수요가 증가한 것도 지식산업센터의 인기가 늘어나는 이유 중 하나입니다.

지식산업센터는 시간의 흐름에 따라 진화를 거듭하며
최근 4세대 지식산업센터까지 등장했습니다.

특히 2010년 하반기 아파트형 공장을 시작으로 지식산업센터로 개명하면서 효율적 업무 공간을 위한 특화된 설계로 업체 간 경쟁까지 치열하게 이뤄지고 있습니다. 사정이 이렇다 보니 강남권 사무실에 비해 훨씬 뛰어난 수준의 외관을 갖추기도 하고 무엇보다 입주 업체별 맞춤형 설계를 갖춘 지식산업센터가 한창 공급이 이뤄지고 있습니다. 물류 이동이 잦다 보니 건물 내 차량 진입이 가능한 '드라이브인 시스템'을 적용해 보기도 하고, 건물 간 개방감 확보를 위해 개방형 특화 설계를 적용해 보기도 하는 등 여러 가지로 변화를 시도 중입니다. 또한 기숙사시설도 갖추고 발코니 조성과 친환경적 공간 설계를 기반으로 시대적 니즈에 맞는 발전이 이뤄지고 있습니다. 주 출입구 로비 천장고를 8m 이상 달하게 하며, 지하 1층은 여러 가든이나 편의지원시설부터 각종 업종이 들어오고 공용 회의실, 세미나실, 샤워시설, 탈의시설 등이 설치되어 편안한 업무 환경으로 진화하고 있습니다.

4세대 지식산업센터는 시대에 맞는 발전이 이루어지며 첨단 비즈니스 환경 등을 갖춘 곳이 늘어나고 있습니다.

기존의 아파트형 공장은 산업단지 및 공업지구에 대부분 들어섰던 건 물론이고 여러 개선점이 필요했습니다. 그래서 1세대에 비해 확고하게 달라진 지금의 모습을 갖추고 있고, 지식산업센터 내에 소규모상가+생활 밀착형으로 구성되는 건 지금에 와서야 가능했던 것입니다. 사실 아파트형 공장에서 지식산업센터로 이름 붙여진 1세대들은 1층 식당가를 중심으로 형성했던 것이 특징이었고, 2층에는 약국이나 커피 전문점이 입점하기도 했는데 규모도 작고 일반적으로 지식산업센터 내 근무자 대상으로만 업종을 한정하여 입점하는 한계점을 보이곤 했습니다. 문제는 지식산업센터 근무자들의 퇴근 후 수요가 없어지는 점이었는데, 상가를 직접 운영하는 사람들도 매출이 없어 서로 좋지 않은 상황이 유지되다 보니 흥행이 잘 이루어지지 않았고, 공급자들도 이 문제를 해결하기 위해 고민을 시작했습니다.

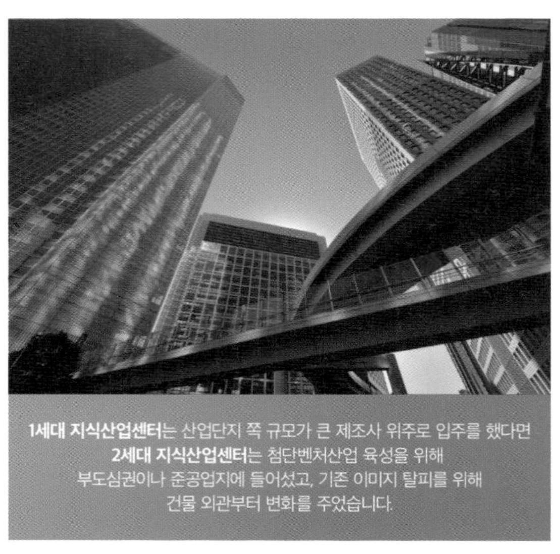

1세대 지식산업센터는 산업단지 쪽 규모가 큰 제조사 위주로 입주를 했다면
2세대 지식산업센터는 첨단벤처산업 육성을 위해
부도심권이나 준공업지에 들어섰고, 기존 이미지 탈피를 위해
건물 외관부터 변화를 주었습니다.

그렇게 고민 끝에 1세대 대비 2세대의 가장 큰 강점은 입지를 지니는 것이었습니다. 1세대는 산업단지 쪽에 규모가 큰 제조사 위주로 입주를 하고 있었다면, 2세대는 첨단벤처산업 육성을 위해 부도심권이나 준공업지에 들어서기 시작했습니다. 건물 외관부터 기존 아파트형 공장에서 탈피해 다양성을 지니게 되었고, 그 이후 3세대부터는 점점 더 특화된 방향으로 변화가 일어나기

시작했습니다. ICT는 물론 바이오, R&D 같은 첨단지식산업 수요 유치 설비, 그리고 기존 오피스 빌딩과 비슷한 특화 설계가 적용되기 시작했습니다.

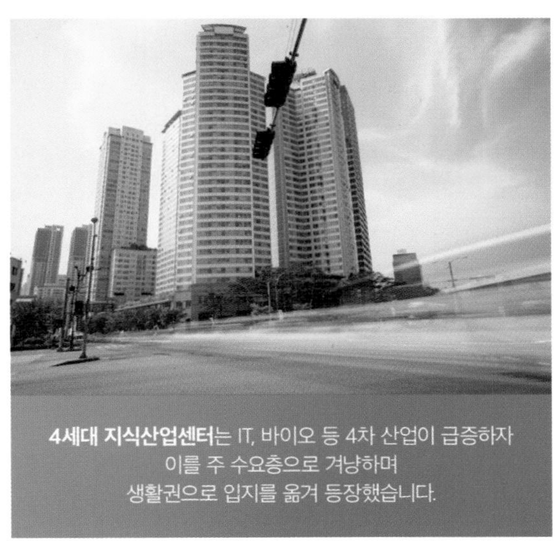

4세대 지식산업센터는 IT, 바이오 등 4차 산업이 급증하자 이를 주 수요층으로 겨냥하며 생활권으로 입지를 옮겨 등장했습니다.

이후 IT, 바이오 등 4차 산업이 급증하게 되는 현재 이를 주 수요층으로 겨냥한 지식산업센터가 등장했다고 보면서, 통상적으로 이 시기를 기점으로 이전을 2세대, 이후를 3세대로 분류하고 있습니다. 2, 3세대의 지식산업센터라 함은 첨단 벤처 육성을 위해 이전과는 달리 부도심권 및 준공업지구, 택지 등에 들어서고 있다는 것이 특징입니다. 입주 수요가 점차 늘면서 규모가 대형화를 이루며 함께 고층화됐고, 입주사를 위한 필수 편의시설이나 문화 공간도 도입된 것입니다. 4세대 지식산업센터는 대형 건설사까지 나서 상품성 강화가 거듭 이어지면서 더 나은 과정 가운데 지식산업센터에 변화가 찾아온 것이라 보는 것입니다.

4세대 지식산업센터, 어떤 것을 중심으로 발전하고 있을까요? 4세대 지식산업센터는 현재의 모습을 지닙니다. 여기에 생활권으로 입지를 옮기며 고급 인력의 유입을 용이하게 하고 공유 오피스 사물 인터넷(IOT), 오픈 플랫폼을 접목해 입주사들의 유입을 꾀했습니다. 대규모 주차장을 도입한 건 물론이고 대형 프랜차이즈 테넌트를 유치하기 위해 노력하였고, 지식산업센터 상업시설임에도 불구하고 1층 전면 테라스 설계 등 기존과 차별을 두고 있는 곳들이 속속 자리하게 되었습니다.

업종별 특성에 따라 맞춤형 공간 설계를 선보이며 테라스와 옥상 정원 등의 편의 공간을 도입하고 있어 업무 중 휴식 공간으로 활용하기에 탁월합니다. 층고는 최대 약 5.2m로 높여 안정적인 구조를 이루고 있으면서, 공간 활용성과 개방감을 극대화하는 것은 기본이고 화물 적재나 공간 활용에 편리하도록 설계한 곳들도 생겨나기 시작했습니다. 근무 환경 개선은 물론 무엇보다 지역 랜드마크(Landmark)로서 편리성 기능 변화를 통한 자산 가치의 상승 등을 기본으로 계속해서 진화되고 있습니다. 또한 상품 변화, 설계 변화와 함께 기능 변화 및 자산 가치 인식 변화가 함께 이뤄져 더욱 발전된 모습을 보이고 있습니다. 이러한 4세대 지식산업센터는 점점 더 수요자의 니즈를 수용하고 다양한 세제 혜택 등 자금 부담이 낮은 장점으로 기업 수요가 몰리면서, 실입주 기업은 물론이고 투자자들의 알짜 투자처로 각광받고 있습니다.

4세대 지식산업센터는 설계적으로 한층 완성도가 높아졌으며
지원시설, 휴게공간 등을 본격적으로 조성하며
소형 평형 상품까지 **다양하게 공급**하고 있습니다.

설계적으로 한층 완성도가 높아진 4세대 지식산업센터는 앞으로 기대감이 큽니다. 아파트 커뮤니티시설과 같이 보다 특화된 지원시설과 휴게 공간 등을 본격적으로 조성하고 있고, 또한 1인 기업이 급속도로 늘어나는 요즘의 니즈를 적극 반영한 업무 공간으로 소형평형 위주의 섹션형 상품까지 다양하게 공급되고 있습니다.

과거 '공장'이 가지고 있던 이미지는 도심에서 벗어난 외진 입지를 기반으로 낡고 낮은 콘크리트 건물, 소음과 분진 등으로 축약되기도 했지만, 현재 제조업은 물론 지식기반산업, 정보통신산업 분야 기업체를 대상으로 하는 여러 장점들이 함께 등장하면서 쾌적하고 세련된 복합시설로 위상을 달리하고 있습니다. 서울 시내 주요 산업지구를 공략해 조기 완판에 성공하는 곳들의 특징이 바로 이런 점을 충분히 갖추었기 때문이라 볼 수 있습니다. 이미 주변 조건까지 이를 위주로 발전되고 있는 만큼 수익형 부동산으로 임대 수요 및 수익을 노린 투자자들의 반응이 매우 뜨겁습니다. 업무는 물론 생활의 편의까지

고려한 4차 산업 혁명 시대에 맞는 4세대 공장 콘셉트로 4세대 지식산업센터의 진화가 앞으로 어디까지 거듭될지 궁금해집니다.

제2장

지식산업센터 준공부터 입주까지

1. 개별입지 & 산업단지(계획입지)와 공장 설립 절차

수익성 부동산에 관심을 가지는 분들의 공통적인 특징은 지식산업센터에 몰리고 있다는 것입니다. 아무래도 최근 변화하고 있는 각종 부동산 규제의 벽에서 조금 더 자유로운 입지를 지닌 것이 가장 큰 특징이라 할 수 있는데, 성공적인 투자를 위해서 지식산업센터의 공장 설립 절차를 알아보며 차근히 접근할 필요가 있습니다. 먼저 이를 설명하기 위해서는 먼저 개별입지와 계획입지의 차이점을 이해해야 합니다.

#개별입지

개별입지란 산업단지 외의 지역에서 공장 부지를 매입하여 공장 설립에 관련된 인허가 사항을 개별적으로 승인받아 공장을 설립하고자 하는 공장용지를 뜻합니다. 기업의 개별적 사유에 따라 산업단지가 아닌 지역에서 공장용지를 확보해 공장을 설립하는 것이므로 자유의사에 의한 '자유입지'라고도 부릅니다.

개별입지는 해당 시군구 지자체에서 관리하며 따로 산업단지공단이 없습니다. 또한 입주 업종에도 제한이 없기 때문에 개별입지의 경우 공장 설립 완료 신고, 사업 개시 신고, 입주 계약 등의 절차가 따로 없습니다. 그래서 분양 당시에만 입주 가능한 업종의 사업자등록증이 필요하며, 향후 입주 시기에는 유해 업종이 아니라면 크게 제한이 없습니다.

개별입지의 장점과 단점에는 무엇이 있을까요? 먼저 장점으로는, 개별입지는 산업단지에 비해 비교적 저렴하게 용지를 확보할 수 있습니다. 또한 기업이 원하는 위치의 입지 선정이 가능하며, 공장용지의 확장과 이전 및 증설도 용이합니다. 산업단지는 구획단지이기 때문에 공장 확장이나 단지 개발이 제한된다면, 개별입지는 공장용지 확장이나 증축이 보다 자유롭다는 점에서 산업단지와 구별되는 가장 큰 차이점이자 장점입니다.

그렇다면 개별입지의 단점은 무엇일까요? 개별입지는 공장 설립 관련 인허가 절차가 복잡하며 산업단지에 비해 조세 감면 및 금융 지원이 적다는 단점이 있습니다. 또한 입지 주변의 환경적 요소를 통제하기 어려워 입지 여건에 있어 취약하고, 지원시설을 건축할 수 있는 한도가 적기 때문에 지원 시설이나 기반 시설 등이 부족할 수 있습니다. 정리하자면 산업단지 지식산업센터는 국가에서 관리하기 때문에 엄격하게 관리되는 것에 반해 개별입지 지식산업센터는 지자체가 관리하므로 보다 유연합니다.

#산업단지(계획입지)

보통 지식산업센터를 산업단지라고 부르기도 합니다. 그렇다면 우리가 이 책에서 다루고자 하는 지식산업센터가 대부분 속한 산업단지에 대해 자세히 알아보도록 하겠습니다. 산업단지란 산업시설과 이와 관련된 교육, 연구, 업무, 지원, 정보처리, 유통시설 및 이들 시설의 기능 향상을 위해 주거, 문화, 환경, 공원 녹지, 의료, 관광, 체육, 복지시설 등을 집단적으로 설치하기 위해서 포괄적 계획에 따라 지정, 개발되는 토지를 말합니다(산업입지 및 개발에 관한 법률 제2조제8호).

좀 더 쉽게 설명하자면 국가나 공공단체, 민간 기업이 계획적으로 단지를 조성하고, 기업을 유치해 기업 간 협력 또는 지역 경제 발전을 위해 개발하는 단지입니다. 산업단지의 종류는 국가산업단지, 일반산업단지, 도시첨단산업단지, 농공단지 총 4가지로 나눠지며, 산업단지의 경우 산업단지관리공단에서 직접 관리하여 입주 시 별도 규정에 대한 행정 절차가 필요합니다. 또한 산업단지관리공단에서 실사를 나오기 때문에 반드시 입주 가능한 업종만 입주할 수 있을뿐더러 산업단지 내에서 임대 사업은 원칙적으로 불가합니다. 가능하더라도 절차가 복잡하며 임대사업자로 전환 후 1년 이내는 처분할 수 없다는 규제도 있습니다. 반면 앞서 설명 드린 개별입지 내에서는 임대 사업이 가능하기 때문에 임대 목적으로 지식산업센터를 알아보시는 분들은 산업단지 내 지식산업센터보다는 개별입지 내 지식산업센터에 투자하는 것을 추천해드립니다.

2018년 이후 산업단지 내 선점하고자 하는 지식산업센터도 증가세인 것을 확인할 수 있습니다. 이는 정부 주도하에 다양한 유도 정책은 물론 여러 유사 업종이 같이 입주하는 장점 등을 토대로 상호 협력할 수 있는 환경을 선호하는 기업 수요가 있기 때문일 것입니다. 산업단지 내 지식산업센터는 계획적으로 대규모 단지가 조성되기 때문에 기반시설 여건이 양호한 편이며, 각종 조세 감면 및 금융 지원 혜택이 있습니다. 또한 공해방지시설 설치로 공해 배출 업종의 입주가 가능하며, 공장의 집단화로 기업 상호 간 정보 교환 및 기술 교류가 용이하고, 인프라 연결로 물류비 절감이라는 장점을 가지고 있습니다.

또한 단지가 대규모로 조성되기 때문에 기반시설 여건이 양호한 편입니다. 반면 산업단지의 단점은 개별입지에 비해 분양 가격이 높으며 구획단지로 향후 공장 확장에 제한이 있습니다. 또한 단지 개발에 오랜 시간이 소요되기 때문에 필요한 용지를 적기 적소에 확보하기 곤란하다는 단점이 있습니다.

#산업단지 주의 사항 미리 알고 투자하기

지식산업센터에 투자할 때 산업단지 내 자리하는 것인지 또는 비산업단지 내에 위치하는지 여부를 확인하는 것은 투자에 있어 중요한 부분이기에 직접 알아볼 필요가 있습니다. 물론 처음에 부동산공인중개법인 등 여러 분야에 직접 매칭해 주는 곳을 통해 시작을 한다면 보다 수월하게 방향성을 찾아갈 수 있으나 그렇지 않다면 이런 요건도 따져야 합니다.

먼저 산업단지 안에 자리하고 있는 사례라면 산업관리공단에서 관리 감독을 하고 있기 때문에 임대에 있어 엄격한 측면을 유지하고 있으므로 잘 파악해야 합니다. 실사용하기 위한 사업체는 크게 상관없지만, 투자 목적 및 임대 등의 목적으로 분양받으려는 분들이 매매나 임대를 놓으려고 할 때는 일부 제한이 있기 때문에 무작정 결정해서는 안 됩니다. 현재 여러 지역 중 서울의 산업단지는 구로와 가산 정도가 있지만, 경기도만 하더라도 약 200여 개의 산업단지가 있기 때문에 더욱 자세히 알아보아야 합니다. 그렇다면 어떻게 직접 알아볼 수 있을까요?

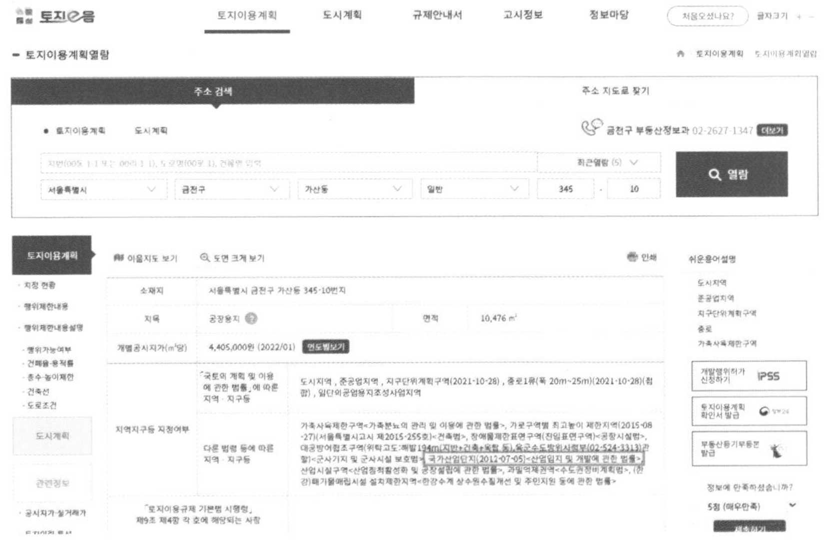

출처 : 토지이음사이트 https://www.eum.go.kr/

우선 포털사이트 대상으로 '토지이음'과 같이 토지 정보를 구할 수 있는 곳에서 토지이용계획에 체크하고 내가 알고자 하는 지식산업센터의 주소를 넣고

토지이용계획확인원[3]을 열람합니다. 우리가 우선적으로 확인할 것은 지역 지구를 포함하여 지정 여부에 '국가산업단지'라는 것이 표기되어 있는지입니다. 대표적으로 서울 지역 중 금천구 가산동은 국가산업단지 중 하나이기 때문에 토지이용계획 확인원에 국가산업단지로 표기된 것을 확인할 수 있습니다.

지식산업센터는 **산집법**의 적용을 받습니다.
산집법의 내용을 보면 산업단지와 비산업단지로 구분되며
산업단지에 입주하는 기업은 각종 **세제혜택**과
금융지원, 지원금, 행정지원까지 혜택을 받을 수 있습니다.

그렇다면 왜 산업단지와 비산업단지를 구분해 찾아야 할까요? 지식산업센터는 산집법의 적용을 받는 분야입니다. 산집법의 내용을 보면 산업단지와 비산업단지로 구분됨을 알 수 있습니다. 차이점이라 하면 앞서 말했듯이 산업단지는 관리 공단에서, 그 외 비산업단지는 지자체가 직접 관리하는 것입니다. 기본적으로 세제 혜택과 금융 지원은 산업단지에 한정되는 것이 아니라 비산업단지에 입주하는 기업들도 받게 되지만, 아무래도 산업단지에 입주하는 기

3) 해당 토지의 지목과 면적, 지역 지구, 도면, 제한 사항까지 여러 정보를 열람하여 토지 이용에 관련된 모든 부분에 대해 명확하게 확인할 수 있는 서류.

업 대상으로는 일정 요건을 충족하면 각종 추가 세제 혜택과 금융 지원, 지원금, 행정 지원까지 여러 혜택이 더 많이 따라오게 됩니다. 예를 들면 벤처 사업 등이 해당되는데, 인허가와 관련해 각종 행정 지원을 받을 수 있고, 5년 미만의 법인이 과밀억제권역 안에서 이미 매수했다 하더라도 취득세가 중과되지 않는다는 것입니다. 하지만 다양한 혜택이 주어지는 만큼 관리 감독이 삼엄합니다. '입주신고-사업 개시 신고-실사-처분 신고'와 같은 각종 절차적 제도를 지정해 두었기 때문에 단순 투자 목적을 가지고 있다면 이는 까다로운 과정이 될 수 있습니다.

다양한 혜택이 주어지는 만큼
산업단지 내 입주하는 기업을 대상으로
입주신고 - 사업개시신고 - 실사 - 처분신고 등
절차적 제도를 지정하고 있습니다.

산업단지의 땅이 더 저렴하기 때문에 분양가도 낮고, 아마도 입지가 좋은 곳이라면 산업단지 안의 구조 속 여러 사업체가 밀집되어 공실률이 거의 없습니다. 이렇게 산업단지가 여러 장점을 가진다는 것이 부각되어 보이지만 임대사업 목적을 가지고 있다면 앞서 이야기한 다양한 제한 요건에 걸릴 수 있기

때문에 투자 수요 자체는 매우 적습니다. 그래서 개별입지의 분양이나 매수를 선택해 볼 필요가 있는 것입니다. 개별입지에 위치한 지식산업센터라 함은 산업단지에 비해 비교적 제약 없이 토지를 자유로이 이용할 수 있고, 이미 과반수인 59.4% 수준의 지식산업센터가 이곳에 자리하고 있다는 점만 보아도 알 수 있듯이 기업이나 투자자들이 점점 개별입지로 모여들고 있습니다.

#산업단지 내에서 임대 사업 예정한다면 기억하기

실거주자나 투자자 입장에서 보는 산업단지 내 지식산업센터는 어떨까요? 이곳에서 이미 분양받아 임대 사업을 하고자 하는 상황에서 특히 주의해야 할 점은 무엇인지 알아보겠습니다. 다시 한번 강조하지만 대부분 산업단지 내 지식산업센터라 함은 임대 목적으로 분양받을 수 없습니다. 공장 설립 완료나 사업 개시 신고를 하고 나서 임대 사업을 할 수 있는 예외 사항이 존재하곤 하지만, 이러한 과정을 도달하기까지 쉽지 않을뿐더러 일부 예외 사항과 합당한 조건을 지녀야 하기 때문에 어렵다고 봐야 합니다.

산업단지 분양 후 제조업의 경우에는 공장 설립 완료 신고를, 그 외의 업종 대상은 사업 개시 신고를 우선적으로 진행합니다. 보통 한 번에 통과되지 않고 여러 번 보완 과정을 거치게 되기 때문에 산업단지 관리 기관의 전문적인 케어를 통해 실사받는 것이 더 낫습니다. 신고를 완료하였다면 임대 사업을 위해 기존에 작성해 둔 계약서를 변경하는 신고를 하게 되는데, 이때 매출 증빙 서류, 급여 지급명세서 등의 서류가 필요하며, 산업단지를 직접 사용하던 중 부득이하게 임대 사업으로 전환해야 한다는 것을 증명하는 목적입니다. 이러한 것들이 모두 준비되었을 때 임대 사업 진행 여부를 결정받을 수 있습니다.

만약 임대 사업 신고를 진행하지 않고 임의로 진행한다면 이는 큰 대가를

치를 수 있습니다. 흔히 3년 이하의 징역 또는 1500만 원 이하의 벌금에 처할 수 있고, 이런 사실을 모르고 임했다 하더라도 처벌 대상이 됩니다. 이렇게 지식산업센터는 쉬운 듯하지만 여러 특징을 가진 곳이기 때문에 임대 목적의 지식산업센터를 분양하거나 매매를 시도할 때 입지 형태를 정확히 알고 본인의 상황에 맞는 투자를 진행하는 것이 필요합니다. 그렇기 때문에 이 분야의 전문가와 함께 준비하는 것을 추천해드립니다.

공급 입지에 따라 법적 기준이 다르기 때문에
매물 선택 시 주의해야 합니다.
특히 비주거용 임대업을 원한다면 개별입지와
산업단지 내 매물을 비교하는 것이 좋습니다.

최근 금리 상승과 글로벌 경기 침체같이 여러 이유로 부동산 경매시장에 지식산업센터 물건이 증가하고 있다 하여 무턱대고 결정하는 건 올바르지 않습니다. 특히 경매를 통해 직접 사용하지 않고 비주거용 임대업으로 사용하고자 할 때는 산업단지 매물과 개별입지 매물의 차이를 두고 비교해야 합니다. 경매로 취득했다 하더라도 산업단지 내 지식산업센터는 바로 임대 사업을 할 수 없기 때문입니다. 이는 「산업집적활성화 및 공장설립에 관한 법률」 관련 제

38조의 2제1항에 따라 알아볼 수 있는데, 산업단지 내 산업시설구역 중 산업용지 및 공장 등의 임대업을 할 때, 공장 설립 완료 신고나 사업개시의 신고를 해야 한다고 규정하고 있고, 그 후에 관리 기관과 입주 계약을 체결하여 진행할 수 있습니다. 이 내용은 앞서 언급한 절차와 일치하는 부분인데, 어떤 경로로든 임대 사업을 목적으로 취득하는 것을 제한하고 실사용한 기업을 대상으로만 한정하여 일부 임대를 허용하는 제도입니다. 따라서 법원 경매를 통해 취득한 지식산업센터라 할지라도 산업단지 안에 자리하고 있다면 꼭 주의하시길 바랍니다.

#공장 설립 절차

위의 산업단지와 개별입지 두 가지 조건이 다른 특징을 지니는 만큼, 각자의 장단점을 비교하고 신중하게 선택해야 하기에 가장 이상적인 조건부터 선정하면서 범위를 좁혀 나갈 필요가 있습니다. 먼저 지식산업센터 공장 설립 절차를 알아보기 위해서는 등록과 승인 기준 등에 대해 알아보아야 합니다. 승인은 공장 설립 신청이 승인된 상태와 건물이 완공되어 등록이 이뤄진 상태, 이렇게 두 가지로 구분해 볼 수 있습니다. 등록이란 건물의 완공이 이뤄지고 준공 허가를 획득하여 이미 공장 등록이 된 상태를 말하는 것으로, 일반적인 규모 내 지식산업센터는 공장 설립 신청 승인이 나면 2년 정도 공사가 진행되고, 완공 후에 등록하게 됩니다. 설립하려는 입지의 토지 이용 계획 그리고 행위 제한 내용이 있거나 규제의 안내서, 고시 도면의 내용과 같은 경우는 국토해양부 내 토지이용규제정보서비스를 통해 알아볼 수 있습니다. 또한 각 공장 설립 부지에 대해 설립 가능 여부까지 알아보고자 할 때에는 별도로 〈공장설립온라인지원시스템〉을 기반으로 하여 구체적으로 찾아볼 수 있습니다.

공장설립온라인지원시스템(factory on)이라 함은 1만㎡ 규모 이상의 공장을 만들 때 소요됐던 여러 행정 절차를 간소화하고, 비용과 기간도 단축할 수 있는 여러 기능을 포함하고 있습니다. 그동안 공장을 만들기 위해 평균 50여 개의 관련 법령을 기반으로 각종 행정 허가에 평균 137일 정도가 소요되는 등 행정 처리에 어려움을 겪었다고 합니다. 그러나 이제는 이러한 시스템을 활용하면서 보다 간편하게 진행할 수 있습니다. 민원 신청, 접수, 검토 및 심의, 승인, 통보를 온라인상에서 해결할 수 있고, 추가적으로 사전 입지 검토 서비스, 모의 공장 설립 서비스, 온라인 공장 설립 민원 신청 서비스까지 제공하기 때문에 행정 업무에 있어 기존보다 훨씬 수월하게 처리할 수 있게 되었습니다. 공장 설립 행정 처리가 개선되고 기업 편의가 확대됨으로서 효율성을 높이고, 빠른 공장 발전에 도움이 되었습니다.

공장 설립 승인을 받았다면 본격적으로 건축 허가 단계에 들어섭니다. 건축 허가는 특별자치시장 그리고 특별자치도지사 또는 시장, 군수, 구청장에게 받게 됩니다. 다만 「국토의 계획 및 이용에 관한 법률」 등에 따라 조건이 있기에 잘 살펴보고 그에 맞춰서 신고할 수 있도록 합니다. 건축 허가를 받아 건축한 공장의 공사가 완료된 후에는 이번엔 사용을 위하여 시장, 군수 또는 구청장에게 별도로 사용 승인도 받습니다. 공사가 완료된 부분이 건폐율부터 용적률, 설비 등 모든 부분에 있어 적합한지 심사하는 동안 임시사용승인을 받아 2년 동안 사용하게 되는 것입니다. 만약 공장건축면적이 500제곱미터 이상의 규모를 지니고 있다면 공장 신설을 포함해 증설 또는 업종 변경에 관해서도 같은 절차를 거쳐 승인받아야 합니다.

모든 조건이 다 준비된 곳이라 하더라도 엄연히 지식산업센터 공장 설립 절차 기준이 마련되어 있기 때문에 이에 맞춰 진행을 해야 합니다. 만약 이제 시작하는 스타트업이나 혹은 기업 이전 등을 계획하고 있다면 단순히 입주만을 고려하는 것이 아니라 자신의 업종에 맞춰 어떤 준비와 절차가 필요한지 사전에 확인하시기 바랍니다.

2. 준공 순서부터 분양 & 전매 그리고 입주까지

#준공 순서부터 용어 정리까지 한 번에 알아보기

현재 이어지는 지식산업센터의 준공 순서를 살펴보자면 가장 먼저 시공자의 공사 착수로 시작됩니다. 토목이나 건축에서는 일반적으로 터 파기 공사 과정이 진행되며, 사전에 철저한 설계 등을 기반으로 두 번째 순서인 착공 단계로 넘어갑니다. 본격적으로 건물의 공사가 시작하는 것으로 착수계 및 착공도면 제출 등 기본적인 행정 절차를 거치게 되며, 착공이 시작됐다는 것은 어느 정도 안정적인 과정으로 들어섰다고 볼 수 있습니다. 세 번째, 시공을 거쳐 제출했던 도면을 토대로 지식산업센터를 구축하게 됩니다. 부지, 지반 조사를 시작으로 각종 예비 조사 및 가설 공사, 토공사, 기초 공사 과정들이 있고, 무엇보다 중요한 철골/철근 콘크리트 공사 단계에 들어서게 됩니다. 또한 돌이나 타일, 벽돌이나 철물 및 판금 공사와 유리/미장/도장/창호 공사 등 기타 설비 공사가 이에 해당됩니다. 그리고 다음 단계에 이르러 완공되는데, 지식산업센터 공사에 대해 모든 공정을 마친 상태를 뜻하는 것이므로 의미가 있습니다. 하지만 바로 입주 가능한 상태가 아니며 완공 확인서 등 남은 행정 절차를 밟는 단계를 준공이라고 합니다. 완공된 지식산업센터 내/외부 시설 상태를 확인하고 행정청에 승인받는 단계이며, 드디어 지식산업센터 입주 전 마지막으로 들어서는 단계이기도 합니다. 이렇게 터 파기부터 입주까지 알아보았는데, 지식산업센터 공사에 맞는 적절한 순서를 잘 파악해 둔다면 더욱 확실하게 지식산업센터를 잘 분별할 수 있을 것입니다.

#분양 절차 준비하기

지식산업센터는 민간이 공급하는 구조로
주택법이 아닌 산업 집적 활성화 및 공장 설립 관련 법률을
따르기 때문에 미리 분양 절차를 알아두는 것이 좋습니다.
그 중 가장 첫 번째는 사전의향서 접수 단계입니다

지식산업센터는 아파트와 달리 민간이 공급하는 구조로 주택법이 아닌 「산업집적활성화 및 공장설립에 관한 법률」을 따르며, 일반 주택 분양 절차와는 달라 지식산업센터의 분양 절차에 대해 미리 알아 두는 것이 좋습니다. 첫 번째, 사전의향서 접수 단계입니다. 지식산업센터를 분양받을 때라면 보통 사전의향서라는 것을 접수하게 되는데, 지식산업센터를 분양받겠다는 의사를 전달하는 것으로, 반드시 필요한 절차는 아니지만 사전의향서를 작성했을 시에 우선권을 주는 경우가 있기 때문에 분양 의사가 있다면 꼭 작성하는 것이 좋습니다. 접수하고 나서 분양받지 않아도 사전의향서는 법적 효력이 전혀 없기 때문에 다른 결정을 한다고 해서 너무 큰 걱정은 하지 않으셔도 됩니다.

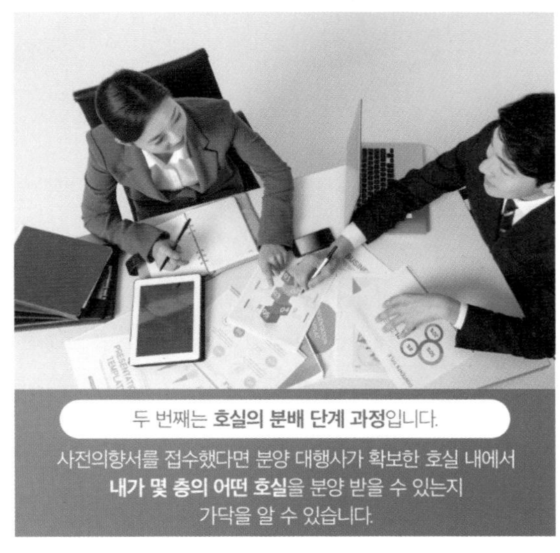
두 번째는 호실의 분배 단계 과정입니다.
사전의향서를 접수했다면 분양 대행사가 확보한 호실 내에서
내가 몇 층의 어떤 호실을 분양 받을 수 있는지
가닥을 알 수 있습니다.

두 번째, 호실 분배 과정입니다. 지식산업센터를 분양받을 때는 분양 상담사가 확보하고 있는 호실 내에서 분양받는 시스템입니다. 사전의향서를 접수했다면 분양 대행사가 확보한 호실 내에서 선택권을 가지고 내가 몇 층의 어떤 호실을 분양받을 수 있는지 가닥을 알 수 있는 단계입니다.

본 분양 단계에 이르면 실제로 계약을 진행하게 됩니다.
계약은 여러 단계로 나눠지는데요.
계약금의 입금, 계약금 지불, 계약서 작성, 사업자 등록, 세금계산서 발행, 부가세 환급, 중도금 대출, 집행 등으로 나누어집니다.

두 번째 단계가 지나고 본(本)분양 단계에 이르면 실제 계약을 진행하게 됩니다. 계약은 여러 단계로 나눠지기에 잘 알아 두어야 합니다. 우선 간단히 설명하자면 분양을 위한 계약금을 전체 금액의 약 10% 정도 먼저 지불하게 되며, 계약서 작성과 함께 사업자등록부터 세금계산서 발행과 부가세 환급, 중도금 대출 집행까지 하게 됩니다. 이때는 보통 4~5회로 분할되어 대출이 이뤄지고, 잔금은 계약금 10%, 중도금 대출 80%를 제외한 나머지 10%를 납부하게 됩니다. 모든 단계가 끝나고 입주하기 전 소유권이전등기를 하면 마무리됩니다.

지식산업센터는 입주의향서를 통해 의사를 표현하는 단계가 있는데, 일부 현장에서는 **입주하는 기업관련 서류들을 요구**할 수도 있기에 **미리 알아보고 준비**해두어야 합니다.

지식산업센터는 사전의향서처럼 입주의향서를 통해 입주 의사를 표현하는 단계가 있는데, 일부 현장에서는 입주하는 기업에 관련된 서류들을 요구할 수도 있기 때문에 먼저 준비해 놓는 것이 좋습니다. 지식산업센터 절차에서의 청약은 건축 허가가 나와 사전 계약금을 넣는 단계로 이때 계약을 한다면 평균적으로 호실당 1천만 원 정도를 입금하게 됩니다. 현장에 따라 동일한 호실에 다수의 수요가 몰릴 시에는 결국 전체 청약 받는 면적이 가장 큰 경우가 우선 배정되기도 합니다. 그래서 본인이 자금 여력이 된다면 여러 개의 호실을 청약하는 것이 유리합니다. 계약금 10%가 모두 입금되었다면, 분양 계약서를 작성하게 되며 이때 나오는 부가세는 100% 환급이 가능하다는 점을 참고해두시길 바랍니다. 부가세 조기 환급을 받으려면 계약서 날인 후, 다음 달 25일까지 신고하면 바로 환급이 이뤄집니다.

이쯤에서 꼭 기억해야 할 부분은 지식산업센터 분양/매수/임대의 경우라면 반드시 개인이나 법인 사업자가 필요하다는 점입니다. "지식산업센터는 기업이 분양받는 부동산"이라는 개념을 절대 잊어서는 안 됩니다. 신규 사업자라면 분양 계약서를 가지고 세무서나 온라인 홈택스로 사업자 발급 과정을 꼭 거쳐야 하고, 임대 목적으로 들어오는 경우라면 사업자 중에 특별한 허가가 필요 없이도 바로 낼 수도 있는 경우가 있기 때문에 본인의 상황에 맞춰 유리하게 찾아갈 필요가 있습니다. 부가세 환급과 사업자등록증 발급에 관한 내용은 다시 자세히 알아보도록 하겠습니다.

#사업자등록증 발급 & 부가가치세

임대사업자로서의 자격을 갖추려면 지식산업센터 분양 적정 업종의 사업자등록이 필요합니다. 지식산업센터의 분양 승인은 관련 관할 지역의 시장, 군수, 구청장 등이 하게 됩니다. 이러한 승인 과정을 잘 통과하기 위해서 분양사에서는 공고안 기준으로 입주자의 자격 및 산정 방법에 대해 명시하게 되는데, 모든 모집 광고란에 보면 대상 업종에 해당하는 사람들에 한해 선착순 분양을 시작한다고 적혀있으며, 그렇기 때문에 우선적으로 분양받기 위해서는 지식산업센터에 입주 가능한 업종 대상으로 사업자등록을 해야 하는 것입니다.

사업자등록이라 함은 지금 당장 해당 사업을 하지 않는다 하더라도 향후 진행을 위한 계획을 보여 주면 되는 것입니다. 보통 경영 컨설팅 또는 디자인 전문업 같은 스스로의 경험과 관련 있는 업종을 선택하는 것이 일반적이고, 여기에 추후 건물이 준공되어 임대를 맞출 시 추가적으로 사업자등록을 하게 되며, 이때 원래 계획하던 임대 사업자로 업종을 변경하는 것입니다. 이 경우 기존에 받았던 세금 감면 혜택 같은 것들이 추징될 수 있습니다.

예를 들어 경영 컨설팅 사업자등록을 하고 나서 준공, 그리고 임대 순서를 거쳐 임대사업자로 업종을 변경하게 되었다고 가정해 보겠습니다. 잔금 및 보존 등기 취득세 2.3%(-50%) 진행이 되고 사업자 업종 변경 취득세 +2.3%(+50%) 비율이 더해져 임대사업자 취득세 4.6%가 되는 것입니다. 지식산업센터 분양 투자는 개인적으로 접근하는 것보다 폭넓게 결정할 수 있는 시야를 길러 주고 대출 규제 등 상대적으로 유연하기에 긍정적으로 접근할 만합니다. 신청 접수 및 분양 계약 체결은 입주자 모집 공고일 이후로 진행되는데, 입주 자격 및 입주 대상 업종으로는 앞서 말했듯이 크게 공장시설과 지원시설 두 가지 정도로 구분할 수 있으며, 더 자세한 업종에 대해서는 입주 절차와 함께 다시 알아보도록 하겠습니다.

사업자등록증 발급에 대해 궁금한 사항이 많으실 것 같은데요, 여러 질문에 대해 Q&A 형태로 한번 알아보도록 하겠습니다.

Q. 사업자등록증은 왜 발급받아야 하나요?

A. 지식산업센터는 국가에서 지원하는 사업으로 「산업집적활성화 및 공장설립에 관한 법률(이하 산집법)」상 개인사업자 또는 법인만 분양받을 수 있기 때문입니다.

Q. 사업자등록증은 분양 후 발급받아도 되나요?

A. 일반 투자 목적으로 지식산업센터 분양을 받으실 경우 사업자등록증 없이 분양부터 받을 수 있습니다. 먼저 주민등록등본과 인감증명서를 시행사에 제출하면 분양 계약서를 발급받을 수 있고, 분양 계약서를 가지고 관할 세무서에 방문하거나 홈택스를 이용하면 사업자등록증을 발급받을 수 있습니다.

Q. 기존에 사업자등록증이 있는데 새로 발급받아야 할까요?

A. 기존에 사업자등록증을 가지고 있더라도 분양받은 지식산업센터의 관할 세무서에서 사업자등록증을 새로 받는 것이 좋습니다. 새로 발급받는 사업자등록증의 사업장 주소는 분양받은 지식산업센터의 주소와 호실로 하면 됩니다.

Q. 사업자등록증 발급 시 어떤 업종으로 해야 하나요?

A. 지식산업센터는 입주 가능한 업종이 정해져 있습니다. 임대 사업을 위해 분양받으시는 경우 지식산업센터에 입주할 수 있는 업종을 반드시 먼저 확인하신 후 사업자등록증을 발급받아야 하며, 공장과 지원시설에 해당하는 업종이면 입주 가능합니다. 산집법에서 말하는 지식산업센터 입주 가능 업종은 다음과 같습니다.

제28조의5(지식산업센터에의 입주)

① 지식산업센터에 입주할 수 있는 시설은 다음 각 호의 시설로 한다. 〈개정 2010. 4. 12.〉

1. 제조업, 지식기반산업, 정보통신산업, 그 밖에 대통령령으로 정하는 사업을 운영하기 위한 시설
2. 「벤처기업육성에 관한 특별조치법」 제2조제1항에 따른 벤처기업을 운영하기 위한 시설
3. 그 밖에 입주업체의 생산 활동을 지원하기 위한 시설로서 대통령령으로 정하는 시설

② 제1항제1호에 따라 지식산업센터에 입주할 수 있는 시설의 범위 및 규모는 대통령령으로 정한다.

Q. 사업자등록증을 통해 납부한 부가가치세 환급이 가능한가요?

A. 사업자등록증 발급 시 일반과세자와 간이과세자를 선택하게 됩니다. 이 경우 간이과세자를 선택하면 부가세 환급을 받을 수 없으므로 꼭 일반과세자를 선택하셔야 합니다. 일반과세자의 경우는 부가가치세를 일 년에 두 번 확정하여 신고 납부해야 하며, 부가가치세 신고 기간은 다음과 같습니다.

[1기]	[2기]
1/1~6/31 사업 실적	7/1~12/31 사업 실적
7/25까지 신고 납부	다음 해 1/25까지 신고 납부

여기서 부가가치세(이하 부가세)란 생산 및 유통 과정의 거래 단계에서 사업자가 창출한 부가가치를 과세표준으로 한 세금으로 각 단계별로 매출세액에서 매입세액을 공제하여 과세하는 것입니다. 부동산에서 말하는 부가세란 상가나 오피스텔과 같이 주목적이 사업 용도로 부동산을 사고팔 때 내는 세금입니다. 부가세는 오피스텔과 상가를 판매하는 사람이 내지만, 매물을 구입한 사람에게 받은 돈으로 낸다고 보면 됩니다. 상가나 오피스텔의 경우 부가세는 매매 가격의 10%이며, 토지에는 부가세가 부여되지 않습니다.

그럼 지식산업센터의 부가세에 대해서도 알아볼까요? 지식산업센터라 함은 「산업집적활성화 및 공장설립에 관한 법률」에 적용되는 부동산이기 때문에 납부한 부가가치세를 100% 환급받을 수 있는 특징이 있습니다. 부가세 환급 부분을 담당 세무사에게 직접 맡기는 방법도 있지만 우리가 스스로 신청해야 하는 경우도 많이 존재하기에 자신에게 맞는 방법을 택하는 게 우선입니다. 하지만 처음으로 지식산업센터를 분양받는 경우라 하면 언제 어떻게 부가세 환급 신청을 해야 하는 것인지 상당히 어려워하시는 분들이 많습니다. 특히 지식산업센터 상가 분양 시 부가세 환급은 필수 조건이라 할 수 있기 때문에 꼼꼼하게 알아 두어야 합니다. 부가세 환급은 조기 환급 신청과 일반 정기 신고 두 가지 방법이 있으며, 환급을 받기 전 먼저 체크해야 할 사항이 있습니다.

1. 사업자등록이 되었는가?
2. 세금 계산서가 제대로 발행되어 있는가?

두 가지 조건이 갖추어져 있는지 먼저 확인 후 환급 신고를 해야 합니다. 부가가치세 환급 신청 기간은 보통 1월과 7월에 있는 정기 신고 기간 중 국세청 홈택스 사이트를 이용하여 환급 진행이 가능합니다. 하지만 기업의 경우라 한다면 사업 자금을 위해서 이 환급금을 급하게 돌려받아야 하는 경우가 생길 수 있는데, 그때 가능한 것이 조기 환급 신청입니다. 조기 환급 신청은 부가가치세를 납부한 후 바로 환급 진행이 가능한 특징을 지니고 있으며, 계약금 납부, 중도금 납부 그리고 잔금 납부 때마다 발생하는 부가세 모두 환급이 가능합니다. 보통 월말에 전자세금계산서를 발행하는데, 이에 따라 다음 달 15일쯤 홈택스 부가세 환급 신고에 자동으로 적용됩니다. 일반적으로 지식산업센터를 분양받을 때 중도금의 경우 4번 정도에 걸쳐 대부분 은행에서 대출하여 자동으로 납부됩니다. 하지만 중도금에 대한 부가세 환급 신청은 납부 때마다 직접 해야 한다는 것입니다. 그렇기 때문에 납부 시기를 반드시 체크하고 부가세 환급 신청 시기에 맞춰 잘 처리하시길 바랍니다.

부가가치세는 건물분과 토지분으로 나뉘기 때문에 토지분에 대한 계산서도 신고해야 합니다. 실제로 지식산업센터를 분양받았을 땐 건물분에 대한 부가세만 납부하지만, 원칙적으로는 토지분도 신고해야 하기에 토지분도 등록하시는 것이 우선입니다. 또한 사업자등록 시 기존에는 지식산업센터 건물분의 부가세를 환급받고자 분양 계약서 발행일로부터 20일 이내에 사업자등록증을 발급받고 시작했지만, 현재는 사업자등록 기간이 완화되어 부가세 확정 신고 기한 중에도 사업자등록증을 발급받을 수 있습니다. 세금계산서 같은 경우 계약금 10%를 납부하고 분양 계약이 완료되면 이메일로 시행사에서 토지분에 대한 전자계산서 및 부가세가 포함된 건물분의 전자세금계산서를 보내주게 됩니다. 이때 건물분에 포함된 부가가치세를 조기에 직접 환급받기 위해서는 분양 계약일의 다음 달 1일부터 25일까지 신청하면 되며, 신청 마감일인 25일로부터 15일 이내에 요청한 계좌로 환급이 이뤄집니다. 환급 신청 시 필요한 서류로는

- 매매/분양 계약서
- 사업자등록증
- 환급받을 통장 사본
- 메일로 받은 전자세금계산서
- 이체 확인증

이며, 미리 준비해 주시면 더 수월하게 환급이 진행됩니다. 부가세 환급은 신청서 제출 후 보통 2~3주 안에 완료되며 세무서를 직접 방문해 신청하셔도 됩니다.

#전매, 이것만 명심하기

지금까지 분양 절차와 그에 필요한 부수적인 요소들까지 알아봤습니다. 그렇다면 이번엔 분양 이후 선택할 수 있는 투자 방향 중 전매에 관한 이야기를 해볼까 합니다. 투자 목적으로 지식산업센터를 분양받으면 두 가지 선택을 해야 하는데, '전매를 통한 수익 창출'과 '임대 수익 창출'로 구분할 수 있습니다. 임대 수익 창출이 내가 분양받은 지식산업센터를 다른 기업에게 임대해 주고 지속적인 월세 수익을 가지는 것이라면, 전매를 통한 수익 창출은 무엇일까요?

전매란 **분양 받은 지식산업센터를 등기 치지 않은 상태로 다른 사람에게 판매하는 것**입니다. 아파트의 경우 전매 제한이 있어 전매로 수익 창출이 어렵지만
지식산업센터는 **전매 제한이 없고** 자유롭습니다.
그렇기에 단기적으로 **수익을 창출**하기 위해
투자 하는 분들이 늘어나고 있는 추세입니다.

먼저, '전매'란 쉽게 말해 샀던 물건을 미등기 상태에서 다른 사람에게 파는 행위라 할 수 있습니다. 이는 대부분의 투자자들이 분양 계약을 하고 준공 전 분양권 상태에서 상대적으로 빠른 이익을 얻으려는 경우입니다. 개인의 사정에 맞춰 선택해야 하지만 전매가 본인에게 가장 알맞은 대안이라 보신다면, 사전에 알아 두어야 할 부분을 정확히 체크하고 신중하게 결정하는 것이 좋습니다.

지식산업센터의
전매 특징
지식산업센터의 경우 법적으로 전매 제한이
없기 때문에 누구나 자유롭게 거래 할 수 있다는
특징을 가지고 있습니다.

보통 다른 건물들의 경우는 법적으로 전매 제한이 걸려 있어 투자자들에게 불편한 상황을 만들기도 하고 자신의 의지대로 거래가 활발하게 이뤄지지 못한다는 문제가 따라왔었습니다. 하지만 지식산업센터의 경우 법적으로 전매 제한이 없기 때문에 누구나 자유롭게 거래할 수 있다는 큰 장점을 지닙니다. 보통 준공까지 약 3년의 기간이 소요되기 때문에 빠른 시일 내에 시세 차익을 실현하고자 한다면 소유권이전등기 전까지 분양권에 프리미엄을 붙여 전매합니다. 지식산업센터의 분양가가 올라가고 있는 것만 보더라도 알 수 있듯이, 인근의 지식산업센터 분양가가 이미 내가 받은 분양가보다 높으면 그에 준하는 프리미엄을 기대해 볼 수 있습니다. 건물의 입지와 층수, 호실 등에 따라서 형성되는 프리미엄은 주로 거래가 이뤄질 시기에 선호도가 많은 스타일에 따라서 가격이 다양하게 드러나고 있습니다.

하지만 이와 별개로 우선이 되어야 할 것은 매수자와 매도자 간의 가격 합의입니다. 결국 시장가가 정확하게 정해져 있지 않다는 점 때문에 매수자와 매도자 간의 가격 합의점을 알아보는 게 우선인 것입니다. 그래서 조건 합의 및 계약금 입금 순서로 진행됩니다. 매도자 입장에서는 입금이 되면 프리미엄이 확정되기 때문에 가계약금을 넣지 말라는 경우도 있으며, 이런 과정에서 매도자와 매수자 간의 조율을 하게 되고, 가격 합의가 된다면 가계약금을 입금하는 순서로 넘어가 계약서를 작성하게 됩니다. 이때 관할 구청에서 검인을 받고 더불어 관할 세무서에서 사업자등록증을 발급받아야 함을 놓쳐서는 안 됩니다. 그다음 검인 계약서 혹은 부동산거래신고필증을 교부하고, 중도금 대출 승계 과정을 거쳐 명의 변경 신청을 합니다. 준공 전의 전매일 경우 검인은 물론이고 일정 준공 후에는 실거래가 신고를 해야 하며, 매도인의 중도금 대출을 승계해야 합니다. 마지막으로 마무리 단계인 명의 변경된 계약서 수령과 잔금을 진행하고 나면 모든 절차가 끝이 납니다. 여기에 매도인 필요 서류라 한다면 기본적으로 신분증 사본, 주민등록등본, 인감, 인감증명서, 사업자등록증 사본, 분양 계약서 원본이 있어야 하고, 매수인이 필요로 하는 서류로는 마찬가지로 신분증 사본, 주민등록 등본, 인감, 인감증명서, 사업자등록증 사본 등이 있습니다.

명의 변경 시 주의할 점
시행사에서 요구하는 매도인, 매수인의
준비 서류를 꼭 확인해야 합니다.

추가적으로 명의 변경 실천을 하고 원분양 계약서의 권리 의무 승계란에 양수인, 양도인, 신탁사, 시행사 등의 도장을 찍고 변경하는 과정이 필요합니다. 명의 변경 시 주의해야 할 점은 시행사에서 요구하는 매도인, 매수인의 준비 서류를 꼭 확인해야 하며, 프리미엄을 받게 된 경우 개인은 양도소득세를 납부하고 법인은 법인세를 납부해야 합니다.

여러 조건을 따져 보아 전매 결정을 내렸다면, 현재 내 물건의 시장조사를 해 봐야 합니다. 현장 인근의 부동산 두세 곳 정도 전화 상담을 통해 알아보는 것부터 시작해서 시세 파악이 된 후에는 어느 정도의 프리미엄을 받을지 정해야 합니다. 물건을 내놓는 방법은 크게 직거래 시장과 부동산중개사무소를 이용할 수 있는데, 부동산을 통할 때는 중개 수수료가 발생하니 이 부분을 확인하여 원하는 방식으로 거래 진행하는 것을 추천드립니다. 지식산업센터는 분양 이후 전매 그리고 임대 등 직거래 오픈 채팅방이나 카페 등이 활발하고 이를 통해서도 물건이 거래되는 만큼 본인이 유리한 방법을 찾아야 합니다. 만약 내놓은 물건의 거래가 잘 이루어지지 않는다면 일정 영업비 명목의 비용을 제시해 보거나, 여러 상황에 적극적으로 도움을 줄 수 있는 부동산공인중개법인을 알아 두는 것도 도움이 될 것입니다.

보통 수익형 부동산 분양권 거래 시에 주의해야 할 점엔 사전 거래가 신고 그리고 양도소득세와 매수자 인원 제한 등을 꼽아 볼 수 있습니다. 부동산 실거래가 신고 대상이 상가 그리고 오피스텔 분양권으로 확대되고 있는 만큼 잘 알아보고 결정해야 합니다. 실거래가 허위 신고를 본인이 자진 신고할 시 과태료가 감면되는 리니언시(Leniency) 제도까지 도입이 된 상황이기에 꼼꼼하게 파악할 필요가 있습니다.

주택법에 따라 30가구 이상의 공동주택 그리고 단독주택, 30실 이상의 오피스텔이나 분양면적 3,000㎡ 이상 건축물에 대해 분양 계약 또는 분양권을 전매할 때 거래 당사자가 관할 시·군·구청에 거래 내역을 신고해야 한다는 점을 분명하게 명시하고 있습니다. 수익형 부동산 분양권을 전매할 때 발생하는 양도소득세 또한 2년 미만의 단기 양도일 때 최대 50% 수준에 달하는 높은 세율을 적용받을 수 있기 때문에 주요 고려 사항에 해당됩니다. 물론 양도세라 함은 보유 기간에 따라 달라지는데, 보유 기간은 분양 계약을 하고 계약금을 납부한 날로부터 분양권 자체를 다시 매각한 날까지로 정해져 있습니다. 세율은 보유 기간이 1년 미만이면 50% 수준으로, 1년 이상 2년 미만 40%, 2년 이상이면 기본 세율을 적용하게 되어 있습니다.

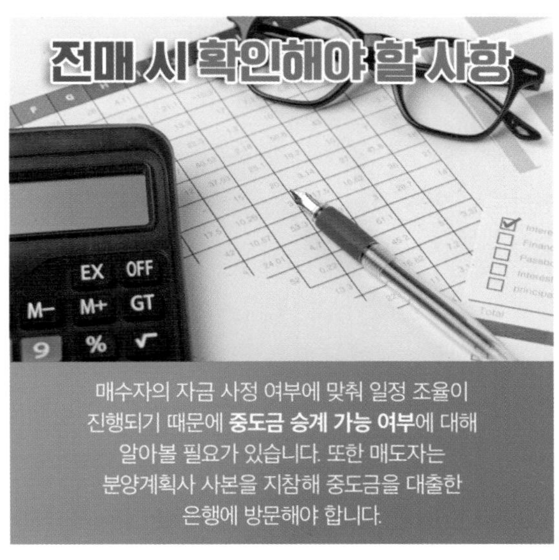

전매 시 확인해야 할 사항
EX OFF
M− M+ GT
9 % √
매수자의 자금 사정 여부에 맞춰 일정 조율이 진행되기 때문에 **중도금 승계 가능 여부**에 대해 알아볼 필요가 있습니다. 또한 매도자는 분양계획사 사본을 지참해 중도금을 대출한 은행에 방문해야 합니다.

일반적으로 매수자 입장에서는 자신의 자금 사정에 맞춰 계약 일정이 조율되는 경우가 상당하기 때문에 중도금 승계 가능 여부 문의 등 매수자가 직접 실행한 지점 은행을 방문 또는 연락하여 알아볼 필요가 있습니다. 매도자는 시행사 도장이 날인된 분양계약서 사본을 지참하여 중도금 대출한 은행으로

방문해야 하며, 매수인이 매입 세금계산서를 발행하는 기간은 거래가 발생한 다음 달 익월 10일까지인 점을 꼭 감안하여 진행하시기 바랍니다.

#임대 사업을 위한 입주 계약 알아보기

지식산업센터에 투자한 후 임대 사업을 하고자 한다면 그 전에 먼저 해야 할 일들이 있습니다. 산업단지 내의 지식산업센터 또는 일반 공장을 분양, 매매, 경매로 낙찰했을 때는 한국산업단지공단과 입주 계약을 해야 하며, 또한 소유주의 경우 반드시 해당 산업단지관리공단과 입주 계약을 체결하고 공장 등록을 완료해야 합니다. 이렇게 임대 사업과 관련하여 입주 계약 신고 절차를 마무리하게 될 시에 임대 사업이 가능하게 됩니다.

일반적으로 양식에 맞게 회사명을 기재하고 제품명, 업종, 공장면적 같은 세부 내용을 산업단지 입주 계약서를 참조하여 서식에 맞게 채워 넣으면 됩니다. 사업 개요 부분에 관련해서는 업체 현황, 생산 제품 현황 부분을 집중적으로 확인하고, 공장 현황도 알아보면서 투자 금액, 자가 또는 임차 여부를 조율하게 되는데, 산업공단 측에서 설명이 미흡하다고 판단하면 보완 요청도 올 수 있으니 꼼꼼하게 준비하는 것이 좋습니다. 시설 및 사업장 준비가 완료됐다면 지식산업센터 입주 계약 후 두 달 안에 공단 담당자에게 연락하여 일정 협의 후 반드시 실사 점검을 받아야 합니다. 담당자는 제출한 사업계획서를 기반으로 해당하는 내용들이 실제로 맞는지 점검하고, 확인 후 이상이 없으면 통과됩니다. 일부 미흡한 부분이 보이면 반복하여 실사받아야 하며, 이 과정까지 모두 통과한 후에 공장 등록이 가능하게 됩니다. 이제 지식산업센터 임대 사업을 위한 단계까지 자세히 알아보았으니 자신의 사례에 맞게 준비하면 됩니다.

산업단지에서 파트에서 다뤘던 중요한 내용을 다시 한번 짚고 넘어가자면, 임대 사업을 하려면 반드시 업종을 변경해야 하며, 법률에 따라 사업 개시 신고 후 관련 산업단지 공단에서 요구하는 매출 증빙 자료까지 모두 취합 후 제출하여 사업 영위 여부를 증명해야 합니다. 지식산업센터 임대업 전환을 위해서는 적어도 1년 이상 입주 계약이 체결된 사업장 중심으로 관련 산업단지 공단에 신고된 사업을 영위해야 하는데, 이런 조건으로 임대 사업을 허가하는 것은 사업자가 초기 계획된 업종에 관련하여 여러 사정으로 운영할 수 없을 때 업종 변경을 하고 임대 사업이 가능하게 하기 위해서라고 볼 수 있습니다. 하지만 만약 입주한 지 1년도 채 되지 않아 업종 변경을 할 경우에는 조건이 매우 까다롭기 때문에 법적 문제가 되지 않도록 잘 준비하시기 바랍니다.

대형 평수 1개 층 전체를 매매하게 되었을 때라면 전체 면적이 전부 필요하지 않아 한두 호실이 남는 상황에 속하거나 일부 공간이 비효율적으로 운영될 때, 보통 이런 경우 임대가 가능하다고 볼 수 있습니다. 지식산업센터의 입주 변경 계약을 하는 경우 세입자가 있는 호실에 대한 매매를 진행하는 것도 일부 가능합니다. 현재 세입자의 계약 기간이 어느 정도 남아 있다고 하더라도 입주 변경 계약을 하면 법적 소유권 자체가 넘어오기 때문에 절차상 문제가 없습니다. 하지만 세입자가 있어 공장 등록 또는 실사를 받을 수 없는 상황일 경우에는 현 세입자가 있는 동안 모든 과정이 유예될 수 있다는 점을 기억해 두면 좋습니다. 현재 임차인이 있다면 「산업집적활성화 및 공장설립에 관한 법률」 그리고 특별법인 「상가건물임대차보호법」에 관련하여 최장 10년까지 임대 기간을 보장받을 수 있기 때문에 이를 중심으로 먼저 대비하는 것이 좋습니다. 지금까지 언급한 경우 외에는 임대 사업이 불가하며, 만약 허가 없이 임대했다면 「산업집적활성화 및 공장설립에 관한 법률」 제52조에 의거 입주 계약을 체결하지 않으면서도 제조업 또는 그 외의 사업을 한 경우 2년 이하의 징역이나 1500만 원 이하 벌금에 처할 수 있기에 조심해야 합니다.

지식산업센터처럼 조금이라도 나은 수익형 부동산에 관심이 높아지고 있기는 하지만 안에 여러 까다로운 절차들이 있어 사전에 자신과 맞는 조건으로 찾아보는 것이 우선입니다. 선임대 상가 가운데에서는 약국, 편의점, 프랜차이즈 업종 또는 금융기관, 병·의원 등이 선호 업종으로 꼽히는데, 흔히 6~7%대 수익률 기준으로 우수한 편이라고 할 수 있습니다. 간혹 일부 현장에서는 가짜 임차인을 섭외하여 선임대 상가로 홍보하고 있는 등 여러 위험한 사례가 있으니 조심히 접근하는 것이 좋습니다. 이처럼 여러 대안을 중심으로 안정된 형성을 보여 주는 곳이라면 정확히 판단 후 투자 결정은 빠르게 하는 것이 좋습니다. 최근에 여러 지역을 대상으로 지식산업센터들이 들어서고 있으나 합리적인 조건을 모두 갖춘 곳을 찾는 건 아무래도 어려운 일입니다. 만약 그런 곳을 찾았다면 위에서 설명한 부분을 꼼꼼하게 체크해 보면서 결정해 보시기 바랍니다.

#입주 절차 알아보기

〈지식산업센터 입주 절차〉

1. 입주 예정일 신청
2. 변경 분양 계약서 체결
3. 준공
4. 중도금 대출
5. 분양 잔금 납부
6. 소유권 이전 등기 진행
7. 입주증 발급
8. 관리 계약 체결
9. 시설물 인수인계(열쇠 수령)

10. 입주

11. 공장 설립 완료 신고

지식산업센터 분양을 받으셨다면 입주까지 어떤 절차가 필요한지 궁금하신 분들을 위해 상세하게 설명해 드리겠습니다. 먼저 사용 승인이 나면 잔금을 치르고 입주하는 과정에서 모든 업체가 같은 날 이사할 수 없기 때문에 40~60일 정도 입주 지정 기간을 줍니다. 이때 입주 지원 센터에서 입주 예정일을 신청하시면 됩니다. 입주 예정일 신청 후에는 건축물의 시공과 관련해 변경 사항이 있거나 원 분양 계약서와 다른 부분이 발생 시 변경 분양 계약서를 체결할 수 있습니다. 입주까지 남은 기간에는 중도금 대출 상환, 분양 잔금 납부, 소유권 이전 등기 진행, 취득세 납부 등을 처리해야 합니다.

중도금 대출의 경우 계약자 명의로 신청하지만 주로 시행사가 대납하며, 무이자로 진행됩니다. 시행사가 중도금 이자를 부담하는 이유는 분양률을 높이면서 은행으로부터 안정적으로 공사 비용을 받을 수 있기 때문입니다. 무이자 중도금 같은 경우도 부가세까지 대출되는 것인지 혹은 그에 대한 부가세 부분은 스스로 납부해야 하는지 체크해야 합니다. 중도금을 자신이 납부하는 경우 그에 대한 일정 및 금액을 확인하고 추가 연체가 발생하지 않도록 주의해야 합니다. 여기서 중도금에 대한 부가세 환급 신청도 해야 하는데, 중도금이 실행될 때마다 시행사로부터 전자세금계산서가 발행되며 계약금에 대한 부가세 환급 신청과 같이 조기 환급 신청 또는 일반 환급으로 신청 가능합니다. 잔금 대출도 알아보자면 잔금 대출은 일반적으로 80% 정도 가능합니다. 잔금은 '입주 지정 기간 내'에 납부해야 하며, 입주 기간 종료일 이후에는 분양 대금의 미납금에 대해 연 6%가 넘는 연체료가 부과되기 때문에 이점 꼭 주의하셔서 납부하셔야 합니다. 잔금 예정일로부터 한 달 전후 기준으로 잔금 대출을 알아보면 적절한데, 잔금 대출이라 함은 일반 시중 은행에서도 받을 수 있고 그에 대한 정책 자금도 받을 수 있는 경우가 있으니 잘 알아보아야 합니다.

보통 법무사가 하는 역할을 크게 2가지로 구분하면 잔금 대출에 대한 근저당권 설정 업무 그리고 소유권 이전 등기 업무가 존재합니다. 이 중 근저당권 설정 법무사는 보통 은행에서 지정하고, 소유권 이전 등기를 포함해서는 분양 계약자가 법무사를 지정하게 됩니다. 일반적으로 은행 지정 법무사한테 소유권 이전 등기 업무도 맡기곤 하는데 이와 별도로 지정해서 진행해도 상관없지만 법무사가 2명이면 불편감이 따를 수도 있다는 점을 미리 알고 잘 선택해야 합니다. 이렇게 잔금 납부 후 소유권 이전까지 끝났다면 입주증을 받은 후 관리 사무소에서 관리 계약을 체결하고 분양받은 호실의 열쇠를 수령하는 과정을 거치게 됩니다.

선수 관리비 같은 경우 관리비 예치금으로 사용되며 관리 사무소에 방문해 관리 계약을 체결토록 합니다. 이후 입주자 사전점검은 먼저 눈으로 외형적인 부분을 체크하고 냉난방기, 환기 시스템 작동 등에 이르기까지 기능적인 부분을 모두 점검하고 이상이 야기될 시에는 사진을 찍어 놓는 것이 좋습니다. 선수 관리비 예치, 관리 계약 체결, 입주자 사전점검이 끝나면 열쇠를 인수합니다. 이때 원하는 인테리어 공사 및 입주를 시작합니다.

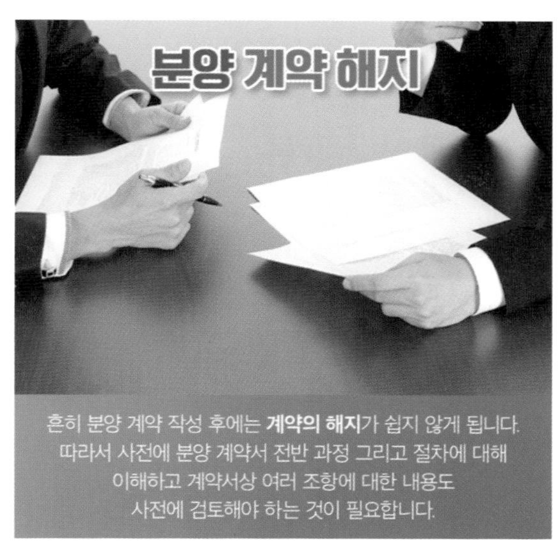

흔히 분양 계약 작성 후에는 **계약의 해지**가 쉽지 않게 됩니다.
따라서 사전에 분양 계약서 전반 과정 그리고 절차에 대해
이해하고 계약서상 여러 조항에 대한 내용도
사전에 검토해야 하는 것이 필요합니다.

지금까지 분양 계약서 작성 후 입주까지의 과정을 알아보았다면 이와 반대의 상황인 계약 해지의 과정도 알아보도록 하겠습니다. 흔히 분양 계약서 작성 후에는 계약의 해지가 쉽지 않습니다. 사전에 분양 계약서 전반적인 과정과 절차에 대해 이해하고 계약서상 여러 조항에 대해서도 사전에 검토해야 합니다. 보통 시행사 입장에서는 계약이 해지되지 않게 그에 대한 여러 조항을 넣곤 하는데, 보통의 경우 사전에 계약 해지 조건을 명확하게 이해하지 못하는 건 물론이고 계약금 입금이나 도장을 찍고 난 후에는 계약 해지 사유가 발생해도 처리가 힘들 수 있습니다. 입주의향서는 말 그대로 계약자의 의향을 확인하는 자료이며, 시행사와 대행사에서 분양 성공 가능성을 파악하기 위한 사전 수요 자료입니다. 입주의향서라 함은 법적인 효력이 없다는 특징을 지니기 때문에 해지할 수 있으며, 의향서 작성과 계약 의무는 별개로 볼 수 있습니다. 또한 청약이라 함은 시행사가 건축 허가를 받으면 호실별로 청약금을 받도록 하는데, 정식 계약이 아니므로 해지가 가능하며 청약금은 계약하지 않는 경우 반환할 수 있습니다. 청약금 반환은 내부 절차에 따라 1~3주 정도 소요

됩니다. 반면 중도금 납부 전후나 계약 잔금 납부 확인서, 조건부 매매 계약서일 때는 계약 해지가 불가능합니다.

소비자가 계약금을 전부 넣기는 어렵더라도 좋은 호실을 놓치고 싶지 않은 경우라면 계약금의 일부를 입금하는 방식의 '가계약'을 통해 일정 기간 호실을 잡아 둘 수 있습니다. 약속한 날짜까지 나머지 계약금을 납부하면 되는 것으로 가계약은 해지가 가능하긴 하지만 현장에 따라서는 돌려주지 않는 경우도 있기에 조심해야 합니다. 일부는 조건부 매매 계약서를 제안하기도 하는데, 이는 호실 선점을 위해 정식 계약서를 쓰는 것과 동일한 효력이 있기 때문에 앞서 언급한 것과 같이 계약을 해지할 수 없습니다.

가계약금 입금 시 계약금 자체를 선금과 잔금으로 납부할 수 있는데, 이때 나머지 잔금 입금에 대한 명확한 기간이 문서에 명시되어 있다면 가계약이라도 반환이 어렵게 됩니다. 또한 10% 계약금을 납부한 이후라면 이때는 해지하더라도 계약금은 위약금으로 간주되어 시행사에 귀속됩니다. 그래서 계약서를 작성할 시 해제와 관련된 조항의 세부 내용을 잘 살피고 대처하는 게 필요합니다. 계약금을 포기한다고 해도 시행사가 승인해 주는 경우만 가능하므로 일단 계약이 성사될 시에는 해지가 어렵다는 걸 인지하고 신중히 결정해야 합니다.

#입주 가능 업종 & 제한 업종 총정리

지식산업센터 공급이 꾸준한 만큼 브랜드 파워와 함께 입지는 물론 차별화된 설계를 갖춘 곳을 중심으로 수요자들의 관심이 집중되고 있습니다. 먼저는 입주 가능한 업종으로 어떤 것이 있는지 알아보는 게 우선이라 할 수 있습니다. 「산업집적활성화 및 공장설립에 관한 법률」, 즉 산집법 제28조의 5 제1항에 따르면 제조업, 지식기반산업, 정보통신산업, 벤처기업법 등에 따른 벤처기업이 입주 가능한 업종입니다. 사업자등록증을 확인해 보면 업태 그리고 종목이 명시되어 있는 것을 볼 수 있는데, 이는 「한국표준산업분류」에 의한 기준으로 세금 징수 그리고 세원 관리를 위한 기준이 적용되어 산업단지공단과 입주 계약을 체결하고자 할 때 어떤 업종을 선택해야 하는지 업종분류별로 알아볼 필요가 있습니다.

1. 제조업

그중에서도 가장 먼저 주목할 것은 바로 제조업이라 할 수 있는데, 도심형 공장에 부적합한 일부 업종(소음, 진동, 유해가스 등)을 제외하고, 대분류상 제조업(C) 코드를 가진 업종은 대부분 입주가 가능합니다. 또한 직접 제조장을 설치하지 않는다 하더라도 위탁가공 방식의 제조업도 할 수 있습니다. 현장마다 일부 차이가 있어 입주 계획 중인 인근 부동산에 문의하셔서 체크하는 것이 바람직합니다.

제조업 중에 OEM 방식으로 제작하는 업체라면 조금 더 구체적으로 해당 업종이 가능한지 알아봐야 합니다. 자신이 특정 제품을 직접 제조하지 않으면서, 다른 제조업체에 의뢰하여 제품을 만들고 판매하는 네 가지 순서를 충족시키면 제조업으로 분류됩니다. 생산할 제품을 직접 기획, 고안 및 디자인, 견본 제작 등을 하고 구입한 원재료를 계약사 업체에 제공하여 자기 명의로 제품을 만든 후 이를 인수하여 자기 책임하에 직접 시장에 판매하는 경우가 이에 해당됩니다.

〈OEM 제조 충족 조건〉

1. 생산할 제품을 직접 기획(고안 및 디자인, 견본 제작 등)
2. 자기 계정으로 구입한 원재료를 계약 사업체에 제공
3. 그 제품을 자기 명의로 제조
4. 인수하여 자기 책임하에 직접 시장에 판매

일반적으로 제조업은 「한국표준산업분류」상 코드 10~33번에 해당하는 업체 중 '폐수 등의 환경유해물질을 배출하지 않는 첨단업종 및 도시형공장'이 이에 해당됩니다. 제조업의 코드를 나열해 보자면 10.식료품 제조업, 11.음료 제조업, 12. 담배 제조업이 포함되어 있고, 추가적으로 섬유, 의복으로

13.섬유제품제조업, 14.의복, 의복액세서리 및 모피제품 제조업, 15.가죽·가방·마구류 및 신발이 함께합니다. 목재·종이·출판으로는 16.목재 및 나무제품제조업, 17.펄프·종이 및 종이제품제조업, 18.인쇄 및 기록매체 복제업이 있습니다.

석유화학은 19.코크스, 석유정제품 및 핵연료, 20.화합물질 및 화학제품 제조업과 21.의료용 물질 및 의약품 제조업, 22.고무제품 및 플라스틱 제품 제조업이 있으며, 비금속 소재 중에는 23.비금속광물제품제조업이 있습니다.

철강에는 24.제 1차 금속산업 그리고 기계에는 25.금속가공제품제조업(기계 및 가구 제외), 29.기타 기계 및 장비 제조업이 있고, 전기·전자에는 26.전자부품, 컴퓨터, 영상, 음향 및 통신장비 제조, 27.의료, 정밀, 광학기기 및 시계제조업 그리고 28.전기 장비 제조업이 있습니다. 운송 장비 안에는 30.자동차 및 트레일러제조업, 31.기타운송장비제조업이 있고, 기타 32.가구제조업 33.기타 제품 제조업 등이 있습니다.

2. 지식산업

다음으로 입주 가능한 업종은 지식산업 업종이 있습니다. 제2조 제18호에서 "지식산업"이란 창의적 정신 활동에 의하여 고부가가치의 지식서비스를 창출하는 산업의 유형을 이야기합니다. 이는 다음 각호의 산업을 이야기하는 것으로 볼 수 있습니다.

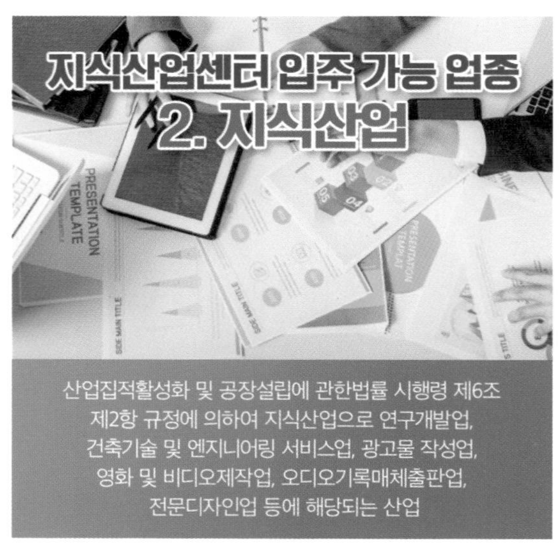

지식산업센터 입주 가능 업종
2. 지식산업
PRESENTATION
TEMPLATE
PRESENTATION
TEMPLATE
산업집적활성화 및 공장설립에 관한법률 시행령 제6조
제2항 규정에 의하여 지식산업으로 연구개발업,
건축기술 및 엔지니어링 서비스업, 광고물 작성업,
영화 및 비디오제작업, 오디오기록매체출판업,
전문디자인업 등에 해당되는 산업

- 「통계법」 제22조에 따라 통계청장이 고시하는 「한국표준산업분류」에 따른 연구개발업
- 「고등교육법」 제25조에 따른 연구소의 연구개발업
- 「기초연구진흥 및 기술개발지원에 관한 법률」 제14조제1항 각호에 따른 기관 또는 단체(같은 법 제6조제1항제3호에 따른 대학은 다음 각 목의 요건을 모두 갖춘 대학이나 「대학설립 · 운영 규정」 제2조의7에 따라 산업단지 안에서 운영하는 대학만 해당한다)의 연구개발업

물론 이 안에는 법 제2조제8호의2에 따른 산학융합지구에 입주할 것이라는 조건과 건축 연면적 2만 제곱미터 이하 수준에 달한다는 조건, 기업과의 공동 연구를 위한 연구실과 연구 개발을 위한 장비 지원시설 및 기업부설연구소를 이루기 위한 시설의 면적이 건축 연면적의 100분의 50 이상을 차지해야 한다는 조건을 가지고 있습니다. 「산업집적활성화 및 공장설립에 관한 법률 시행령」 제6조제2항에 속하는 것으로는 연구개발업, 건축기술 및 엔지니어링 서비스업, 광고물 작성업, 영화 및 비디오 제작업이나 오디오 기록매체 출판

업, 전문디자인업 등이 있습니다. 소프트웨어 자문이나 개발공급업 그리고 자료처리업부터 데이터베이스 및 온라인정보제공업 그 외 기타 컴퓨터운영관련업이나 전기통신업도 포함하고 있습니다. 지식산업 업종을 모아놓은 것이기에 입주 예정이라면 먼저 가능 여부를 알아보고, 코드와 업종을 미리 파악하는 게 필요합니다.

3. 정보통신산업

정보통신산업이란 말 그대로 정보통신 관련 업종이 입주 가능하며, 어떤 업종과 코드가 가능한지는 사전에 알아보아야 합니다. 정보통신산업 입주 가능 업종 중 대표적으로는 컴퓨터, 소프트웨어 개발, 자료처리, 데이터베이스, 온라인 정보제공, 전기통신업 등이 있습니다.

지식산업센터 입주 가능 업종
3. 정보통신관련 산업
02
IDEA
경영컨설팅업부터, IT, BT, 연구개발업,
기술엔지니어링, 전문디자인업 등에 해당하는
고도의 지식이 요구되는 고부가가치 창출 업종

4. 벤처기업

5. 건축기술, 엔지니어링 및 그 밖의 과학기술서비스업

6. 광고물 작성업

7. 영화, 비디오물 및 방송프로그램 제작업

최근 이 중에 '미디어콘텐츠창작업'이 추가되면서 유튜버도 지식산업센터에 입주가 가능하게 되었습니다. 그 외에도 여러 종류가 있지만, 큰 틀에서는 제조업, 지식산업, 정보통신산업, 지원시설 등 매우 세부적으로 포함되어 있기 때문에 현재 어떤 업종 중심으로 입주할지 결정하고 시작하는 것이 좋습니다. 당장 입주 불가능 업종이라 할지라도 상황에 따라 업종 추가 방식 등 다양한 대안을 통해 입주가 가능하게 되는 케이스도 있는 만큼 가능 여부를 꼼꼼하게 알아보도록 합니다.

물론 자신의 업종이 어디에 속해 있는지보다 구체적으로 알아볼 수 있는 방법이 있습니다. 홈택스에서 본인 코드를 조회하는 방법인데, 로그인 후에 조회 발급을 진행하고 업종 코드를 검색하면 결과를 볼 수 있습니다. 이 코드는 사업자별로 상이한 부분이 존재하기 때문에 각 시청의 허가민원과와 기업지원과로 전화해 사업자 코드를 말하면 보다 구체적으로 알아볼 수 있습니다. 불가능 업종이 등록되어 있다 하더라도 입주 가능 업종이 주 업종으로 등록되어 있으면 가능하고, 다시 변경 등록하는 절차도 있습니다. 소요 기간은 2일 정도로 인허가 과정이 필요한 업종이라면 관련 서류를 제출할 때 주의를 기울여야 합니다. 산업단지에 입주할 때는 불가능 업종에 대한 사업을 영위하지 않겠다는 확약서를 작성하는데, 입주 불가능 업종인 사업자임에도 추가 여부를 알아보는 것은 가능합니다. 보통 분양하는 곳에서 이런 과정까지 다 체크하지만 사업을 영위하고 있는지 여부는 실사를 통해 확인하게 됩니다. 지식산업센터는 일반 오피스나 상가 건물과는 달리 정부에서 취·등록세 혜택과 재산세 감면, 대출 최대 90%까지 저금리로 가능하다는 점까지 많은 혜택을 주고 있습니다. 그렇기 때문에 입주 가능한 업종을 나누어 관리하고 있는 것입니다. 일반 오피스 건물은 입주 제한 업종이라는 것이 없기에 투자 결정에 제약이 없지만 지식산업센터는 이처럼 별도로 입주 가능한 업종을 정해 두었습니다.

입주 가능 업종을 알아보았다면 이번엔 입주가 제한되는 업종에 대해 살펴보도록 하겠습니다. 입주 불가능한 업종으로는 구체적으로 건축업, 의료기기 판매업, 무역, 도소매, 유통, 의료기기 판매업, 세무사, 회계사, 변호사, 부동산공인중개사 등이며, 소음이나 분진, 폐수와 같은 환경 유해 물질이 배출되는 비도시형 제조업 분야까지 포함하고 있습니다. 입주 제한 업종 중 원유 정제처리업, 도축업, 윤활유 및 그리그 제조업, 시멘트 제조업, 석회 제조업 등이 있고, 따로 분류되지 않은 업종 중 악취, 진동, 소음 등으로 주변에 민원을 일으킬 가능성이 존재하는 업종을 체크해 보면 대부분 입주 대상 업종이 아닐 가능성이 큽니다. 일부 공해업종, 용수다소비 업종 중 지자체 중심으로 환경 인허가 기관과의 협의를 통해 공해 유발이 없다고 인정되는 건 물론, 환경 인허가 기관에서 입주를 요청하는 관련 업종에 한하여 일부 허용할 수도 있는 부분이 존재하기도 합니다. 하지만 가령 특정유해물질, 대기오염물질(1~3종), 폐수(1~4종)를 배출하는 제조업에 속해 있다면 입주가 불가하기 때문에 다른 방향을 찾는 게 우선입니다.

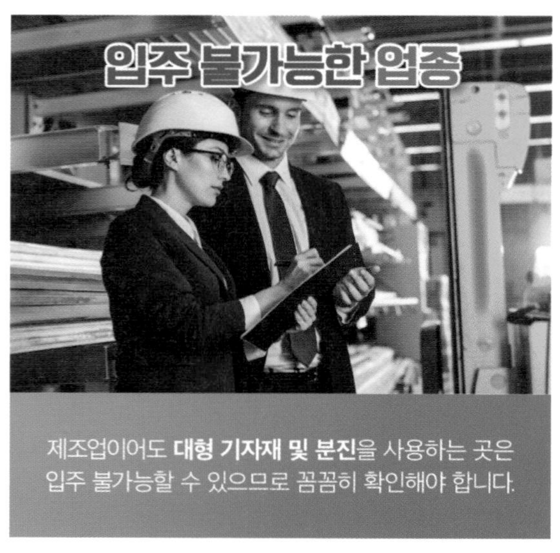

입주 불가능한 업종
제조업이어도 대형 기자재 및 분진을 사용하는 곳은
입주 불가능할 수 있으므로 꼼꼼히 확인해야 합니다.

지식산업센터 관리 감독 기관은 관리 주체에 따라 각각의 차이점을 지니는데, 산업단지 내의 지식산업센터는 산업단지 관리 사업소이며, 그 밖의 지식산업센터는 해당 시, 군, 구청 중심으로 진행합니다. 만약 지식산업센터에 입주할 수 없는 업종이 입주하였을 때 특별히 실사나 조사를 하지 않는다면 다행이지만 요즘에는 불시에 조사가 나오는 경우가 잦기 때문에 더 조심해야 합니다. 만약 해당 관리 기관에서 위법하다고 판단되면 그 즉시 퇴거명령과 시정조치명령을 내릴 수 있고, 시정되지 않으면 과태료까지 부과되니 사업주 입장에서는 안타까운 상황에 처할 수 있습니다. 최근 비트코인 채굴업체 등 입주 제한 업종이 지식산업센터에 입점하는 것을 보았는데, 이것이 따로 해당 관청에 발각된다면 임대인, 임차인 모두 벌금 등 여러 불이익을 받을 대상이기에 신중하게 판단해야 합니다.

분양받을 자가 입주 업종에 해당하지 않을 시에는 분양권 매입 전 적정 업종으로 사업자등록이 필요하고, 현재 사업을 하고 있지 않아도 사업 예정으로

등록할 수 있습니다. 최근 세무서에서 임대차 계약서 등을 요구하고 사업자 사진을 가져와야 하는 등 사업자등록 절차가 까다로워진 케이스도 늘고 있는데, 만약 이를 내기 위한 사업장이 없다면 공유 오피스의 비상주 사업자 서비스 이용 등 다른 대안을 함께 모색해 볼 수도 있습니다.

반면 업무지원시설은 말 그대로 업무를 지원하는 시설로 분양이 되었기 때문에 업종 제한 없이 사업 활동을 할 수 있습니다. 결국 지식산업센터 입주 제한 업종인 공인중개사 사무소나 도소매업이 가능하다는 것입니다. 같은 엘리베이터, 같은 화장실을 사용하지만 어느 곳은 지식산업센터일 수 있고 또 어느 곳은 업무지원시설일 수 있습니다. 지식산업센터는 업종 제한이 있는 반면 업무지원시설은 업종 제한이 없기 때문에 간혹 입주자분들이 업무지원시설을 알아봐야 하나 고민할 수 있지만 지식산업센터는 정부의 혜택을 받는 부동산임을 생각해 보면 왜 지식산업센터를 선택하는지 이해할 수 있습니다.

제3장

지식산업센터 투자 전략

1. 지식산업센터 선정 시 중요한 요소

한국산업단지공단의 21년 8월 말 기준 최근 12년간 지역별 지식산업센터 등록, 승인 건수에 따르면 현재 서울, 수도권에 지식산업센터의 80% 정도가 몰려 있습니다. 지방 같은 경우는 수도권에 비해 산업 밀집도가 낮다 보니 지식산업센터의 필요성이 수도권에 비해 상대적으로 떨어지기 때문입니다. 지식산업센터를 투자할 때 중요하게 따져봐야 할 것은 '미래 가치가 어떠한가?'입니다. 지식산업센터도 공급과 수요의 법칙에 따라 가격이 형성되기 때문에 입주할 배후 수요가 많은지 확인해야 합니다. 수요가 많다는 것은 주변에 입주할 의향이 있는 기업들이 많다는 것을 의미하는데, 지식산업센터는 주로 제조 공장이나 사무실, 연구실로 사용되기 때문에 이런 업체들의 수요가 얼마나 있느냐에 따라 분양이 수월해질 수 있습니다. 따라서 주변 수요에 대한 충분한 조사가 필요하며, 주변에 인프라를 형성할 수 있는 지식산업센터가 얼마나 있는지를 파악하는 것도 중요합니다. 공급이 적다는 것은 신규 분양하기 어렵다는 것을 말하고 반대로 주변 입주 물량이 너무 많다고 한다면 공실 리스크를 겪을 수 있기 때문입니다. 지식산업센터를 선택할 때 중요한 부분이 무엇인지 생각해 보고, 좋은 지식산업센터를 선택하는 안목을 기를 수 있도록 투자 시 체크해야 할 사항들에 대해 소개해 드리도록 하겠습니다.

1. 입지/교통

지식산업센터를 선택할 때 가장 중요한 것은 '입지'입니다. 과거와 다르게 요즘 지식산업센터는 주로 사무실이나 연구실 등의 용도로 많이 사용됩니다. 이러한 용도로 사용되는 지식산업센터는 출퇴근하는 직원들의 대중교통 이용의 편리 여부가 중요한데, 이것을 충족시키기 위해서는 역시 역세권처럼 지하철역과 인접한 곳이 좋습니다. 역세권이면 당연히 유동인구도 많기 때문에 지식산업센터 내의 근린생활시설(상가)이 활성화될 수 있다는 장점이 있습니다. 따라서 주변 교통 환경이 어떻게 구성되어 있는지, 출퇴근 시간에 교통편이 어떤지 직접 꼼꼼하게 확인하는 것이 좋습니다. 또한 제조업과 관련된 업종이나 공장이 들어온다면 물류 이동이 잦기 때문에 고속도로와 인접한 입지를 선호합니다. 이와 같은 경우 고속도로에서 접근이 편리한지 확인하셔야 하고, 뿐만 아니라 호실마다 넉넉하게 주차장을 제공하는지 여부도 꼼꼼하게 체크하는 것이 좋습니다.

2. 층고, 전력, 하중 여부

지식산업센터는 층고가 높고 전력과 하중이 충분한 곳을 선택하는 것이 좋습니다. 층고의 경우 기본 3m 이상, 7m 정도는 되어야 이동식 크레인인 호이스트를 설치할 수 있기 때문입니다. 대부분의 제조업은 호이스트 설치가 필요하기 때문에 사업장의 기본 층고 높이를 확인해 보는 것이 좋습니다. 또 건물의 전력이 크다면 기업을 보다 안정적으로 운영할 수 있습니다. 이처럼 층고와 전력, 하중이 충분하다면 그만큼 입주할 수 있는 기업이나 입주를 원하는 기업이 늘어날 수 있기 때문에 꼼꼼하게 확인하시는 것이 좋습니다. 아무리 입지가 좋고 수익률도 좋다고 하더라도 이처럼 실질적 수요를 불러오는 사항을 충분히 갖추고 있는지가 중요합니다.

3. 규모

지식산업센터 입지와 관련해 연면적이 클수록 유리하다는 이야기가 있습니다. 왜 연면적이 클수록 유리할까요? 연면적이 클수록 세대수가 많다는 이야기이고, 세대수가 많으면 그만큼 유동인구와 수요가 많아 편의시설이 잘 되어 있을 확률이 큽니다. 근래 지식산업센터는 점점 대형화가 되어 가고 있는 추세입니다. 지식산업센터의 규모가 크고, 연면적이 클수록 로비, 주차장, 상점, 휴게 공간, 옥상 공원 테라스 등 부대시설 및 편의시설이 잘 갖추어져 있는 경우가 많기 때문에 지식산업센터 선택 시에 총규모를 확인하고 규모가 큰 곳을 선택하는 것이 좋습니다. 직장인들은 하루의 대부분을 업무 공간과 멀지 않은 근거리에서 보내기 때문에 부대시설이 잘 갖추어져 있는지 여부가 중요합니다. 부대시설이 넓은 지식산업센터는 전용률이 낮아지게 되는데, 전용률이 낮은 지식산업센터일수록 신축인 경우가 많습니다.

4. 미래 가치

부동산 투자 시 가장 많이 이야기 하는 부분이 '호재'에 관한 것인데, 호재가 실제로 실현 가능한지 알기 위해서는 미래 가치가 어떠한지 여부를 파악하는 것이 중요합니다. 지하철역이 들어온다면 언제 들어올 것인지, 사람들이 많이 이용하는 노선인지, 단순히 교통이 편리하다는 정보만 듣고 넘기기보다 실제 미래 가치는 어떻게 될지 직접 꼼꼼히 확인하는 것이 중요합니다.

#투자법 3가지 알아보기 (분양, 매매, 경매)

투자하는 방법은 다른 부동산과 동일한 방식으로 이뤄지지만 조금이라도 더 수익을 내고 안정적으로 유지하고 싶은 마음이 있다면 꼭 염두에 두어야 할 부분이 있습니다. 최초 신규 분양을 받는 것부터 세입자가 있는 물건을 위주로 매매하는 것, 그리고 경·공매를 통해 받는 이 3가지 투자법을 중심으로 이뤄야 승산이 있다는 것입니다.

우선 신규 분양은 적은 초기 투자금으로 시작할 수 있고, 이를 통해 잔금 대출을 활용할 수 있는 것이 강점입니다. 단 입주 시 공급 과잉으로 공실이 날 가능성을 배제할 수 없기에 주의해야 합니다. 지식산업센터 상품이 대중적으로 알려진 시점은 이미 얼마 되지 않아 많은 분이 분양으로 투자를 시작했고, 아파트와 달리 정책적인 규제 대신 지원받는 부분이 상대적으로 많기 때문에 대출을 활용해 가면서 적은 초기 투자금으로 분양을 진행해 볼 수 있는 것이 장점입니다.

다음은 일반 매매 방식으로, 안정적인 수익화를 이루기도 하지만 초기 투자금이 이미 프리미엄 형성으로 부담을 줄 수 있는 여지가 존재합니다. 만약 세입자가 맞춰져 있는 매매라면 바로 월세 수익을 얻을 수 있고, 이미 주변이 안정화되어 공실 리스크도 적은 편에 속하기에 장기적으로 긍정적인 측면이 많습니다. 하지만 이미 안정적인 수익이 나오는 매물은 그 이상 프리미엄이 형성되어 분양에 비해 초기 투자금이 많이 들어가게 되기 때문에 이에 대한 여유가 가능한 분이 선택하는 것이 좋다고 보입니다.

경매 방식도 있는데 매매보다 상대적으로 적은 초기 투자금을 이룰 수 있다는 것이 장점이지만 권리분석과 명도 문제들이 있다는 것까지 참고해야 하는 단점이 있습니다. 경매로 지식산업센터를 낙찰받는 경우라면 시세보다 싼 가격에 구매가 가능하고, 여기에 대출도 많이 받을 수 있기 때문에 역시 적은 비용을 가지고 투자할 수 있습니다. 하지만 경매가 나온 물건인 만큼 권리분석 또는 명도 문제 등 기본적인 경매 관련 지식이 있어야 하고 관리비 체납 여부 등 문제가 생길 만한 요소들이 많기 때문에 보다 신중해야 합니다.

지금까지 설명해 드린 3가지 투자법 중에 본인의 자금 여력과 시장의 투자 흐름을 잘 파악하고 진행한다면 보다 나은 결정을 내릴 수 있을 것입니다.

2. 지식산업센터의 투자 장점 알아보기

업무용 부동산 가운데 최근 강세가 두드러지는 것은 지식산업센터라 할 수 있습니다. 지식산업과 첨단산업의 발달에 따라 수요도 크게 증가하고 있는 추세고, 여기에 준공 이후에도 지식산업센터의 몸값이 꾸준히 올라가고 있어 투자하기에는 더없이 좋습니다. 투자자들 사이에서 최고의 대체 투자처로 더욱 각광받으면서 최근 몇 년간 분양이 이뤄지고 있는 곳들의 가치 역시 상승세가 매섭게 이어지고 있습니다. 대출 규제가 심한 아파트와 달리 분양가의 최대 80%까지 대출이 가능하고, 여기에 DTI, LTV, DSR 등 대출 규제에서도 자유롭다는 장점을 지니고 있고, 자격 조건을 충족하면 취득세와 재산세도 감면이 이뤄질 수 있어 더없이 편안한 투자를 결정할 수 있습니다. 하지만 지식산업센터 역시 모두가 성공적인 투자를 보장하지 않기에 우수한 교통망을 비롯해 높은 미래 가치를 두루 갖추고 있는 투자처를 찾아야 합니다.

지식산업센터는 **분양가의 최대 80%까지 대출 가능**하며 **DTI, LTV, DSR 등 대출 규제에서도 자유**롭다는 장점을 지니고 있습니다.

특히 사통팔달 교통망을 가까이 품은 곳이라면 주변 지역으로 편리하게 이동할 수 있고, 산업간 우수한 연계성을 확보할 수 있기에 여러모로 가치를 두고 볼 수 있습니다. 물류 이동 역시 편리해 높은 업무 효율성과 원가 절감이라는 시너지까지 함께 기대할 수 있어 다양한 분야의 기업들이 입점하기에 좋습니다. 게다가 산업단지 개발, 교통망 확충 등에 이르기까지 주변에 대규모 개발 호재를 품은 경우, 큰 시세 차익도 볼 수 있습니다. 그래서 지식산업센터 투자 장점을 우선 알아보고 이러한 시너지를 가지려는 분들이 많아지고 있습니다.

#완판되는 곳들의 이유, 자세히 알아보기

요 근래 분양한 지식산업센터라 하면 없어서 못 살 정도로 인기가 많아졌습니다. 분양 소식이 들리자마자 당일 완판이 이뤄지는 경우도 상당합니다. 지식산업센터는 사무실을 구하고 있는 법인, 개인 사업자들이 실입주 목적을 가지고 투자해도 되므로, 여러 방면에서 가치를 지닌다고 여겨집니다. 투자에 가장 중요한 건 고속도로, 지하철역 등의 교통 환경 조건이 따라야 한다는 것인데, 앞서 말했듯이 사업자 입장에서 직원들의 출퇴근이 편리해야 하기에 이를 가장 먼저 고려할 것입니다. 아무래도 수도권 인근에 입지를 갖추면서도 이러한 조건을 지녀야 상대적으로 좋은 인재들이 오랫동안 일하기 때문입니다. 일단 투자 가치라는 것이 자신이 결정한 금액 이상으로 무언가가 나오고 증명될 때 비로소 빛을 발한다고 볼 수 있습니다. 그래서 빛나는 투자 가치를 가진 지식산업센터는 어떤 점을 두루 갖추고 있는지를 알아볼 필요가 있습니다.

지식산업센터는 대출 규제를 거의 받지 않는 수준으로 중소기업과 지역경제 활성화를 이루고자 정부와 지자체에서 여러 가지 정책적 지원을 하고 있기에 이러한 점에서 안정감을 가지고 갈 수 있습니다. 구조 자체가 이미 제조업, 연구소, 벤처기업들이 입주하고 있는 형태를 가지고 있고 무엇보다 분양 금액의 70~90%까지 대출할 수 있으며, 경매 시 낙찰가라 한다면 시세의 90% 이상도 나오기에 여유 자금 없이도 시작할 수 있습니다. 이뿐만이 아니라 다른 부동산에 비하여 세금 감면 제도가 있고 부가세 환급이 가능합니다. 지식산업센터를 분양받아 직접 사용할 시 22년 말까지 취득세 50%, 재산세에 대해서는 별도로 37.5% 등을 감면받을 수 있고, 상황에 따라 법인세 감면 그리고 정책 자금 지원 혜택도 받을 수 있는 조건의 지식산업센터를 찾아볼 수도 있습니다. 과밀억제권역에서 그 밖으로 본사를 이전하는 법인은 따로 법인세 100% 감면 혜택을 누리기도 하기에 사업주의 입장에서는 이런 점까지도 생각해 보면 좋을 것 같습니다. 물론 투자자의 입장에서는 수익률을 볼 수 있는데 주택, 오피스텔, 상가와 지식산업센터를 비교해 보면 상대적으로 더 가치가 있다는 것을 알 수 있습니다.

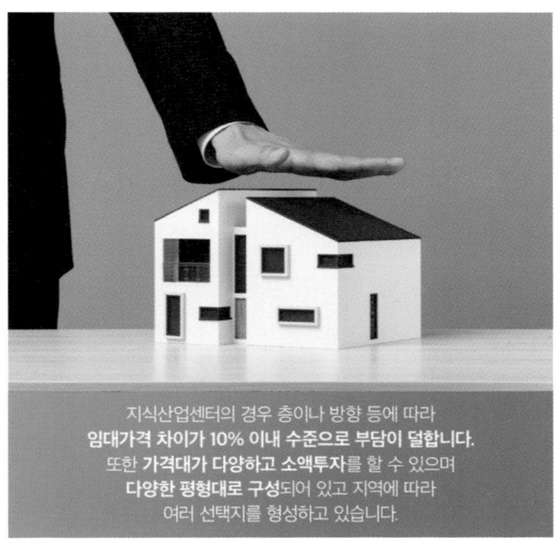

지식산업센터의 경우 층이나 방향 등에 따라
임대가격 차이가 10% 이내 수준으로 부담이 덜합니다.
또한 **가격대가 다양하고 소액투자**를 할 수 있으며
다양한 평형대로 구성되어 있고 지역에 따라
여러 선택지를 형성하고 있습니다.

대출을 포함하지 않은 일반 매매를 할 시에는 평균적으로 5~7%의 수익률이 나오며, 정책 자금 같은 여러 대출을 통해 레버리지를 극대화할 시에는 실제 투자금 대비 수익률이 20~40%까지도 가능합니다. 상가의 경우 층수나 상점 자체가 어디에 위치했는지 여부에 따라 매매 및 임대 가격이 높게는 몇 배까지도 차이 나는 단점이 존재하지만 지식산업센터의 경우 층과 방향 등의 위치에 따라 매매나 임대 가격의 차이가 10% 이내 수준밖에는 나지 않기 때문에 위험부담을 줄일 수 있습니다. 또한 이미 다양한 평형대로 구성되어 있고 지역에 따라 여러 상품군을 지니고 있으며, 가격대가 다양하고 소액 투자를 할 수 있다는 점에 있어 투자의 안정감을 주는 대목이라 할 수 있습니다.

#이것만은 알아 두고 결정하기

이렇게 보면 최근 수익형 부동산 틈새 투자처로 생각하기에 매우 좋은 조건이지만 투자 시 점검해야 할 요소가 적지 않다는 것을 기억해야 합니다. 먼저

지식산업센터 상층부의 업무시설 계약률을 확인하는 것이 가장 우선입니다. 이는 업무시설 공실로 상주인구가 부족할 시 상가의 매출 부실로 이어질 가능성이 있기 때문입니다. 건물 내 상업시설 비율이 지나치게 높을 시에는 상대적으로 경쟁력이 떨어질 가능성이 있고, 외부 소비 수요 유입이 가능한 입지를 지니고 있는지 확인해야 합니다. 또한 지하철역과의 거리가 어느 수준으로 이뤄져 있는지 그리고 건물 앞 인도의 유동인구 수, 또 건물의 가시성 등을 살펴야 합니다. 기업이 아닌 개인이나 부동산임대사업자가 분양받을 때라면 일부 세금 경감이 취소되는 등 분양 자격 요건이 까다로울 수 있으니 사전에 유의해야 합니다. 이에 비해 지식산업센터 내 상가 투자는 자격 요건의 벽이 높지 않지만, 그전에 주변 고정 수요와 유동인구, 교통 환경 등을 잘 살펴보고 이에 맞춰서 선별적인 투자에 나서는 과정이 필요하다고 볼 수 있습니다.

수익형 부동산이라 함은 아파트처럼 단순히 시세 차익을 가지는 것만이 아니라 안정적인 임대 소득 또한 중요한 투자 목적이기 때문에 공실이 발생할 때 수익이 기대에 못 미치는 상황이 나오거나 오히려 손실이 발생하는 이유라고 할 수 있습니다. 공실 발생 여부에 상관없이 고정적인 관리비는 계속 지출되고 대출을 받았다면 이자비용도 지속적으로 지출됩니다. 일정 수준 이상의 수익이 보장되지 않을 시 오히려 손해를 볼 수 있기에 사전에 옥석 가리기 또는 묻지 마 투자는 아닌지, 또 이 외에 금리 인상을 대비한 투자 방향 등을 미리 대비해야 합니다.

신도시나 택지지구 등 새롭게 조성되는 지역 안에 자리하는 상가와 오피스텔 등은 개발 호재가 많아 미래 가치가 뛰어납니다. 개발 목적을 가지고 계획적으로 조성되는 지역이기에 다른 곳과 비교하였을 때 중장기 개발 재료가 많이 사용되고, 입주민과 업무시설 근무자들로 인한 유입도 많아 배후 수요가 있습니다. 그럼에도 신도시나 택지지구 수익형 부동산이라 함은 대체적으로 고수익, 고위험 상품으로 분류된다는 점은 마땅히 경계해야 하는 부분이라고 생각합니다. 특히 신도시 아파트 입주는 단계적으로 진행되어 상권이 완숙 단계에 이르려면 7~8년이 소요되기도 한다는 점을 놓고 보았을 때 지금 당장의 수익만을 좇기에는 시간이 필요합니다. 과거 수익형 부동산은 상가나 오피스텔이었다면, 현재는 도시형 생활주택 그리고 생활형 숙박시설과 지식산업센터 등으로 다양화되었기에 각각의 장단점을 살피고 결정해야 합니다. 가격이 싸다고 무조건 투자했다가 수익이 나지 않을 수도 있으니 언제나 경계해야 한다는 것입니다. 최근 한국은행의 기준 금리 인상이 나날이 이어지면서 시중 금리 인상 속도가 가팔라지고 있는 데다 내수 경기 침체 우려까지 겹치면서 시장의 여러 변화가 이뤄지고 있습니다. 이렇게 만만찮은 분위기가 이어지는 만큼 아무리 부담이 적은 투자처라 해도 무리하여 과도한 대출을 통한 매입은 신중해야 합니다. 금리가 낮을 때 투자를 하고 나서야 그 가치를 더 잘 알 수 있기 때문입니다.

3. 세금 감면 등 여러 혜택 알아보기

1. 지식산업센터는 종합부동산세 대상이 아니다

종합부동산세는 공시가격 합계액이 유형별 공제금액을 초과하는 경우 이에 대해 과세하는 세금입니다. 지식산업센터는 일반건축물로 분류되기 때문에 종합부동산세 대상이 아니며, 별도합산과세대상 토지이기 때문에 토지 합이 공시가격 80억을 초과해야 종합부동산세 과세 대상이 됩니다. 따라서 종합부동산세 대상이 전혀 아니라고는 할 수 없지만 종합부동산세가 부과되기에는 금액이 커 거의 없다고 볼 수 있습니다.

2. 중과세, LTV, DTI 전혀 관계없다

지식산업센터는 조정대상지역, 투기과열지구와 관계없이 중과세가 아닌 일반 과세가 됩니다. 또한 주택이 아니기 때문에 주택담보대출 LTV(Loan to Value)가 적용되지 않으며 총부채상환비율 DTI(Debt to Income)에도 적용되지 않습니다. 따라서 지식산업센터에 투자하면 높은 레버리지를 받을 수 있다는 장점을 가지고 있습니다.

3. 최대 90%까지 대출 가능

지식산업센터는 법인 기업 및 대표자의 신용에 문제가 없는 경우 최대 90%까지 대출이 가능합니다. 90%는 모두 담보대출로 나오는 것은 아니며 신용대출까지 합한 금액입니다.

*실입주 기업의 대출 한도
대출 한도 90% 구성 = 담보대출 75% + 신용대출 15%

1. 담보대출 75%
= 감정가 X 담보인정비율(LTV)[4] - 상가 최우선 변제금
지식산업센터의 장점은 LTV 규제에서도 비교적 자유롭다는 점입니다. (서울: 80%, 수도권: 7~80%)
*실사용의 경우 최우선 변제금을 공제하지 않습니다.

2. 신용대출 15% (담보대출 가능 금액의 20% 내외.
투자자(임대사업자) = 담보대출액 - 상가 최우선 변제금
상가 최우선 변제금의 경우(ex. 서울 2200만 원) 임대사업자의 경우 보통 70~80% 정도를 대출 한도로 예상하고 준비하는 것이 좋습니다. 임대사업자의 경우 미리 은행에 대출 가능 여부를 확인해야 하며 신용대출의 경우 은행 2~3곳을 통해 사전에 확인하는 것이 좋습니다.

4) 담보인정비율(LTV=Loan To Value ration) 부동산을 담보로 돈을 빌릴 때 인정해주는 자산가치의 비율

4. 실입주 시 취득세, 재산세 감면

지식산업센터는 기본적으로 정부에서 지원하는 취득세 감면 혜택이 있습니다. 지식산업센터의 취득세는 4.6%[5] 입니다. 이는 경우에 따라 50%의 감면 혜택을 받을 수 있고, 9.4%까지 중과될 수도 있습니다. 그렇다면 어떤 조건에 따라 지식산업센터 취득세 감면 혜택을 받을 수 있는지 함께 알아보겠습니다.

감면 혜택의 조건은 오직 '분양'만 해당이 되며 5년 동안 실사용해야 하기 때문에 임대 사업자는 해당되지 않습니다. 또 취득일로부터 1년이 경과할 때까지 사용하지 않거나, 5년 이내 매도나 증여, 혹은 다른 용도로 사용하게 되면 받은 감면 혜택을 토해 내야 합니다. 취득세를 9.4%로 중과하게 되는 경우는 과밀억제권역 내 설립 5년 미만 법인이 추가로 지식산업센터를 매매하거나 그 외의 지역에서 취득할 경우 적용받게 됩니다. 현재 과밀억제권역은 서울, 의정부, 구리, 하남, 수원, 성남, 안양, 고양, 부천, 과천, 광명, 의왕, 군포, 남양주, 인천광역시 일부, 시흥시(반월X)입니다. 참고로 과밀억제권역에서 설립 5년 미만 법인이 산업단지 밖 지식산업센터를 최초로 분양받아 입주 가능한 업종으로 실사용할 때에는 중과세율에서 50% 감면 혜택을 받아 4.7%의 취득세만 납부하면 됩니다. 지식산업센터를 분양받아 실수요자로 사용하는 경우에 주어지는 취득세 50% 감면 혜택은 「지방세특례제한법」 시행으로 22년 12월 말까지 취득한 건에 한해 진행되며, 이후 연장 여부는 미정입니다.

5. 높은 환금성을 가지고 있다

지식산업센터는 대부분 기업이 입주하기 때문에 입주자 회전율이 낮은 편입니다. 출퇴근이 편리하고 근무 여건만 괜찮으면 일반 소상공인에 비해 오랜 기간 입주하게 됩니다. 이런 높은 기업 수요와 안정적인 입주를 바탕으로 환금성이 좋기 때문에 투자처로 주목하는 사람이 많습니다. 또한 지식산업센터 대부

---

5) 기본세율4% + 농어촌특별세0.2% + 지방교육세0.4%

분의 관리는 관리 사무소에서 해 주기 때문에 신경 쓸 요소가 많지 않습니다.

6. 서비스면적이 있다

지식산업센터는 서비스면적이 있는데, 바로 서비스 발코니입니다. 이것 또한 역시 지식산업센터의 장점이자 특징 중 하나인데, 서비스면적은 계약면적에 포함되지 않아 무료로 제공되기 때문에 서비스면적이 포함된 코너 호실 등을 선호하는 경우가 많습니다.

7. 분양권 전매가 가능하다

아파트 같은 경우는 전매 제한이 5년으로 걸려 있지만(비규제지역 예외) 지식산업센터는 전매 제한 등 부동산 규제를 적용받지 않고, 주택 수 산정 대상에서도 제외되어 여러 개 분양받아도 규제가 없습니다.

#세제 혜택 주목하기

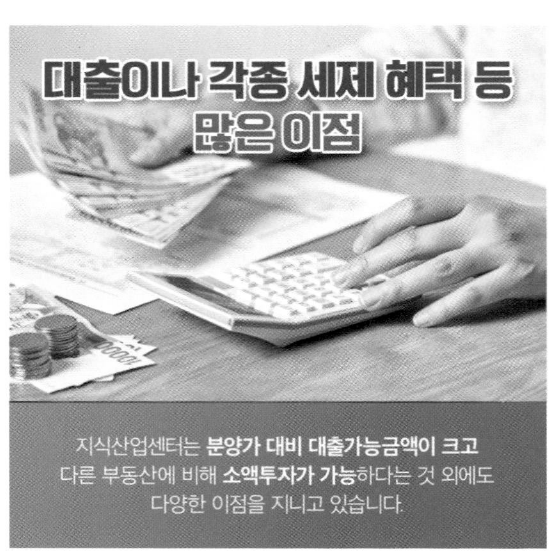

대출이나 각종 세제 혜택 등
많은 이점
지식산업센터는 분양가 대비 대출가능금액이 크고
다른 부동산에 비해 소액투자가 가능하다는 것 외에도
다양한 이점을 지니고 있습니다.

과거에는 직접 지식산업센터 분양을 받고 나서 해당 사업을 영위할 목적의 실수요자가 많았다면 현재 임대 사업을 위한 투자자들의 관심이 높은 편에 속하고 있습니다. 구로구 가산디지털단지 안에서도 주로 사무실 용도로 공급 중인 지식산업센터를 기반으로 실수요자와 투자자 비율이 역전될 정도의 수준을 이어갔습니다. 2년 전까지만 하더라도 실수요자 매입 비율이 70%에 달했으나 요즘은 투자자 비율이 그 정도 수치에 해당하곤 합니다. 사업가가 아닌 일반 투자자 같은 경우 당연히 임대할 목적으로 지식산업센터를 분양받고 있는데, 상가, 오피스텔 등에 비해 대출 규제가 느슨하게 반영되고 있어 투자자들이 지식산업센터로 몰리는 것입니다. 상가는 분양가 대비 대출 가능 금액 비율이 50~60%에 그치곤 하지만 지식산업센터는 70~80%까지 대출을 받도록 하여 다른 부동산에 비해 소액 투자가 가능한 데다 분양가 총액이 수억대로 작다는 점 등 다양한 이점을 지니고 있습니다.

과거에는 준공업지역이 아닌 산업단지 중 공급되는 지식산업센터는 개인이 임대 목적으로 분양받는 자체가 불가능했지만, 올 초 산업단지 활성화를 위해 투자 목적으로 구입하는 것도 점진적으로 허용되는 만큼 지식산업센터 세제 혜택을 파악하면서 좋은 결정을 찾아가야 합니다. 다른 임대 상품에 비해 수익이 안정적인 이유로는 주로 개인사업자가 입주하고 있는 다른 상가와 달리 중소 규모 기업들이 함께 입주하기 때문에 임대료가 밀리거나 갑자기 공실이 생길 위험이 비교적 적은 편이라고 말할 수 있습니다.

지식산업센터를 처음 분양 받고 입주한 기업을 대상으로
취득세 50%, 재산세 37.5% 감면 등의 혜택이 주어집니다.

투자자뿐 아니라 실수요자들의 청약도 꾸준하게 이뤄지는 만큼 더 유리한 방면을 택해야 합니다. 지식산업센터를 처음 분양받고 입주한 기업 대상으로는 취득세 50%, 재산세 37.5% 감면 등의 혜택이 주어집니다. 다만 세제 혜택을 받고자 한다면 5년 내 매매, 임대, 증여를 못 하게 됩니다. 지식산업센터는 입주 시 세금 감면 혜택은 물론 금융 혜택을 받을 수 있어 중소기업과 벤처기업 등에게 지속적인 관심을 받고 있는데, 지식산업센터는 개인사업자, 법인사업자 여부에 따라 취득세, 재산세, 법인세 등 세금 적용 조건이 달라집니다.

「지방세특례제한법」 제58조2항에 따르면 개인사업자는 지식산업센터를 분양받아 직접 사용할 경우 취득세를 50% 감면받습니다. 다만 1년 이내 직접 사용하지 않거나 세금을 감면 받은 후 5년 이내 매각 또는 증여나 임대할 경우 감면 받은 세액을 납부해야 합니다. 법인사업자의 경우 과밀억제권역 여부에 따라 감면과 중과세율을 따로 적용받을 수 있습니다. 과밀억제권역이라 함은 정부 판단 기준에 근거하여 산업 시설 및 인구가 초과된 지역을 말하는데,

현재 서울을 비롯해 성남, 하남, 과천, 안양, 광명, 인천 일부, 부천 등이 있습니다. 경기남부권역인 화성, 평택, 안성 등은 성장관리권역인데 해당 지역 지식산업센터를 분양받고 실입주하는 최초 입주 업체 대상으론 올해까지 취득세 50% 감면, 재산세 37.5%의 감면 혜택이 있습니다. 이를 위해선 22년 말까지 완공된 것으로 그에 대한 등기가 가능해야 하지만 3년 뒤에 다시 연장될 것으로 예측되어 기대감을 가져 볼 수 있습니다. 물론 이런 자격을 함께 가지려면 분양권 상태에서 구입해야 하고, 만약 임대를 놓는다면 취득세와 재산세의 세금 혜택은 없습니다.

#구체적인 대출 혜택, 대출 관련 Q&A

지식산업센터는 실제 입주해서 5년간 사용할 업체에게 공적자금 대출 혜택을 제공합니다. 시중 은행보다 저리로 많은 금액을 대출해 주는데, 서울시에서 운영하는 공적자금 대출로는 중소벤처기업진흥공단과 신용보증재단이 있습니다. 중소벤처기업진흥공단에서는 7년 미만 기업인지, 혹은 그 이상인지에 따라 '창업기업지원자금'과 '신성장기반자금' 두 가지로 구분합니다. 서울신용보증재단의 중소기업 육성자금은 크게 운전자금 그리고 시설자금 두 가지로 나누어 볼 수 있습니다. 지식산업센터에 입주하여 사업장으로 사용하고자 하는 기업은 따로 선정하여 8억 원 한도 안에 3년 거치 5년 균등 분할 조건으로 대출이 가능합니다. 서울신용보증재단 사이트에 서류, 금리 등 관련 내용이 있는 만큼 사전에 이런 조건을 잘 찾아보는 것이 필요합니다.

지식산업센터 실사용자에게는 시중 은행 금리보다
저리로 대출 받을 수 있는 공적자금 대출 혜택이 주어집니다.
서울시에서 운영하는 공적자금 대출은
중소벤처기업진흥공단과 신용보증재단이 있습니다.

법률적 정책 지원과 각종 금융 지원 혜택까지 실시하고 있기에 대출, 시설자금, 운전자금 등 꼼꼼히 알아보고 결정해야 합니다. 세금 감면 혜택 기간은 이전 19년 12월 31일까지였던 기한이 22년 12월 31일로 연장되었기에 올해도 또 한 번 연장될지는 지켜봐야 합니다. 이에 따라 현재 세금 감면은 22년 12월 31일까지 등기했을 경우 가능합니다.

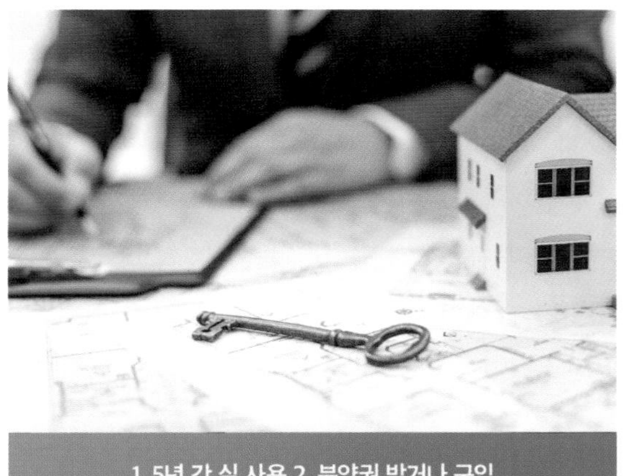

1. 5년 간 실 사용 2. 분양권 받거나 구입

취득세와 재산세를 감면 받기 위해서는
위의 두 가지 조건을 충족해야 합니다.

앞서 언급했듯이 대출의 경우 실제 입주 후 5년 동안 운영을 정상적으로 한 업체를 기반으로 공적자금 대출을 받을 수 있는데, 70%까지 대출이 가능하며 시중 금융권 중심으로 제공하는 금리보다 낮은 금리로 많은 대출이 가능합니다. 지식산업센터 세금의 경우 일반 주택과는 다르게 여러 곳의 사무실을 가지고 있다 해도 중과세율의 범위에 포함되지 않고, 2년 이상 보유한 시점에 일반 세율로 양도세가 적용됩니다. 1년 미만일 경우 55%, 2년 미만일 경우 44%가 양도 시 세율로 적용되고 있습니다.

그렇다면 이 외에도 많은 분이 궁금해하실 만한 부분들을 Q&A를 통해 더 자세히 알아보도록 하겠습니다.

Q. 대출받으면서까지 지식산업센터를 선택해야 하는 장점이 있을까요?

A. 우선 이 부분으로는 수익률이 높다는 점을 꼽아 볼 수 있습니다. 앞서

말했듯이 지식산업센터는 주택, 오피스텔, 상가와 비교하면 수익률이 상당히 안정되고 높은 수준으로 이뤄지는데, 일반 매매의 경우 대출을 포함하지 않는 선에서도 보통 4~7% 정도 수익률이 나오지만 지식산업센터는 일부 대출받고 실제 투자금에 대비하여 수익률을 따지면 10~20%까지도 가능한 조건을 찾아볼 수 있습니다. 분양 시에는 계약금 10% 정도만 있으면, 건축 기간인 2~3년까지 중도금 무이자 대출 등 부담 없이 투자할 수 있다는 장점이 있고, 만약 경매로 시세보다 저렴하게 낙찰받거나 대출 비율을 높인다면 투자금 대비 수익률은 그 이상에 달할 수 있다는 것입니다. 무엇보다 상가의 경우 층수는 몇 층인지, 전면에 위치하는지 그리고 유동인구가 많은지에 따라서 매매 및 임대 가격 자체가 높게는 몇 배까지 차이가 나는 모습을 보이곤 하지만 지식산업센터의 경우라면 다릅니다. 이는 층이나 방향에 따라 매매나 임대 가격의 차이가 10% 이내에 평균적으로 안정적인 상태를 유지하고 있어 큰 부담이 없습니다. 즉, 아파트처럼 가격이 어느 정도 일정한 구조를 지니기에 적정 가격을 쉽게 알 수 있다는 것입니다. 여기다가 한 건물에 다양한 평형대로 구성되어 있어 가격대가 다양하고 지역에 따라서도 다르기 때문에 저렴한 물건이라 함은 1억 원 중반부터 평수에 따라 10억 원 이상까지 다양하게 구성되어 있습니다.

Q. 투자 결정을 언제 해야 하는 걸까요?

A. 최근에 수도권 중심으로 지식산업센터 분양 과정이 매우 많아서 공급 과잉이라는 이야기도 있습니다. 이처럼 투자자들과 중소기업 사이에서 이미 인기가 높아짐에 따라서 대기업 건설사까지 나서 집중적으로 시행 및 여러 스타일로 분양하고 있습니다. 이럴 때일수록 무작정 지식산업센터를 분양, 매매하는 것이 아니라 좋은 선택지를 찾아가는 게 우선이라고 봅니다. 지식산업센터의 분양 및 입주 물량은 아직 많

이 존재하기에 무턱대고 투자하기보다는 지역과 입지를 따져 상품을 선택하는 것이 굉장히 중요합니다.

Q. 중도금 절차는 어떻게 진행되나요?

A. 지식산업센터는 분양권 중도금 대출이 총 4회~5회 발생하는 것이 특징으로, 이는 현장별로 차이는 있지만 계약이 진행된 후에 3개월에서 5개월 사이에 1차 중도금분에 대한 대출을 진행하게 됩니다. 견적서에 중도금 일자가 명시되어 있고 회차별로 약 4~5개월 정도의 간격을 두고 실행됩니다. 중도금 대출 이자는 보통 4~6%대로 발생하며 대부분 현장의 경우 시행사에서 대납해 주는 구조를 지니기에 중도금은 무이자로 보면 됩니다. 간혹 중도금 이자 후불제를 통해 고객 부담으로 돌리는 현장도 있으니 사전에 확인이 필요합니다.

Q. 현재 대출 한도는 어떻게 되나요?

A. 지식산업센터라 함은 공장, 지원시설, 상가, 기숙사로 구성되어 있습니다. 이 중 일부 지원시설, 상가는 개인이나 법인 등이 분양받을 수 있지만, 공장과 기숙사 같은 경우 기업(개인 및 법인)만 분양 가능하게 하고 있습니다. 일부 지원시설과 상가의 경우에는 일반적으로 분양가의 60%까지 대출받을 수 있는데, 개인이나 법인의 신용도에 따라 변동될 수 있지만 일반적으로 60% 수준이며 이를 최대로 받았을 때 70%까지라고 생각하고 자금 계획을 세워야 합니다. 기숙사의 경우도 신용평점에 따라 달라질 수 있으나 일부 70%까지 대출이 나오게 되어 있으며, 그 이상은 흔하지 않다고 보는 것이 대다수입니다. 이를 감안하여 보수적으로 50%~60%로 생각하고 분양을 받아야 하는 것입니다. 실질적으로 공장은 실입주 기업이 대출받을 경우에 신용평점이

아주 좋지 않은 경우를 제외하고는 대부분 80% 수준까지 받을 수 있어 소액의 자기 자본만으로 진입이 가능합니다. 70% 이상 80~90% 대출은 가능은 한 구조를 지니고 있으나 개인이나 법인의 신용대출을 포함하여 일부 대출이 실행되는 것이기 때문에 잔금 계획은 대출 70% 수준으로 이어가는 것이 안전하겠습니다.

Q. 중도금 은행은 어디로 지정하는 게 좋을까요?

A. 지식산업센터의 중도금 은행은 정식 계약 전까지 공지되지 않으며 중도금 대출이 진행되기 한 달 전에 공지가 이뤄집니다. 호실별로 지정 은행에서 필요한 서류 등에 대한 안내가 나오기 때문에 이때 잘 알아보고 본인에게 유리한 곳으로 결정하는 것이 좋습니다. 은행은 보통 두 곳을 지정해 진행하게 됩니다.

Q. 대출 진행 시 필요한 서류들은 어떤 것이 있을까요?

A. 신분증 사본부터 인감증명서(본인발급), 인감을 지참해야 하고, 주민등록등본(본인발급)이 필요합니다. 여기에 주민등록초본(본인발급), 국세완납증명서, 지방세완납증명서, 분양 계약서 사본과 계약금 입금 영수증, 분양 물건 사업자등록증 사본 그리고 금융거래확인서(타 기관 대출 보유 시)까지 필요합니다. 대부분의 서류는 온라인을 통해 간편하게 발급 가능하고, 온라인(홈택스) 및 방문으로 선택을 할 수 있습니다. 만약 개인사업자라면 소득금액증명원, 부가가치세과세표준확인원, 재무제표와 재직증명서 그리고 근로소득원천징수영수증 등이 필요한데, 근로소득이 있어 기타 서류 필요시 개별적으로 요청할 수 있습니다.

법인사업자는 부가가치세과세표준확인원, 재무제표(최근 3년), 정관 사본(원

본대조필), 주주명부(법인인감날인본) 그리고 법인등기부등본, 회사 소개서(사업 계획서)와 같은 자료들이 요구되고 있습니다. 이 때 별도 자료가 없을 시 해당 주거래 은행에 기업신용평가의뢰서 양식을 요청하여 제출해야 되며, 기타 서류 필요시 개별적으로 요청하게 되어 있습니다. 또한 대출 승인 후 이사회 결의서를 추가 제출해야 하며, 미비한 서류들은 협의하여 추후 제출도 가능합니다. 정확히 알고, 정해진 날에 한 번에 처리하는 것이 가장 효율적인 판단이 될 수 있습니다.

Q. 만약 중도금 대출, 자서[6] 부결 시엔 어떻게 해야 하나요?

A. 일부 무리하게 결정하다가 부결되는 사례들이 속속 나오는 중입니다. 이는 이전 대출 부분에 있어 다수 승인 이력으로 인한 가능성이 큽니다. 개인사업자, 법인사업자, 신규사업자의 경우 대출 총액 10억 선까지는 무리 없이 진행되기도 하지만, 여러 요인으로 인해 부결될 가능성이 있으니 미리 대비하시길 바랍니다. 신규 법인의 경우 매출과 법인채무액(대출) 상환 능력도 동시에 보고 있어 오히려 개인에 비해 불리할 수 있습니다. 지정 은행 중 타 은행으로 재심사를 넣어 보는 대안도 있고, 본인 외에 다른 가족이나 지인으로 명의 변경을 시도하거나 급매를 두어 매수자를 찾는 방법도 있습니다. 요즘 업종 또한 확인 대상이므로 은행 측 상담을 받아 빠른 대비를 하는 것이 좋습니다.

Q. 중도금 부가세도 환급이 가능한가요?

A. 계약금, 중도금 회차별, 잔금 모두 시행사를 토대로 발행된 세금계산서로 홈택스를 통해 조기 환급이나 정기 신고 기간에 신청하여 받을

6) '자필 서명'의 줄임말. 대출 약정 서류에 직접 사인하는 것을 뜻한다.

수 있습니다. 또한 중도금 부가세가 대출에 포함되어 있는지 확인하지 않으면 본인이 부가세를 입금했다 돌려받기를 반복해야 할 수 있으니 반드시 체크해야 합니다.

이렇게 다양한 혜택과 절세 효과로 인해 많은 사업체가 지식산업센터에 관심을 가지며 이를 반영한 많은 지식산업센터가 세워지고 있습니다. 매매도 꾸준히 늘어나 연간 1만 건에 달하는 거래량을 보여 주고 있습니다. 지식산업센터 세금 혜택 기간이 연장되는 것은 물론이고 이로 인한 파급 효과가 일어나는 동시에 공급량의 원활한 증가로 사업체의 입주와 운영이 가능하게 되었습니다. 이를 기반으로 환경적인 구성과 활기찬 경제 활동을 가능하게 하고, 여러 구조적인 개선을 통해 가치를 높여 가는 지식산업센터가 될 것으로 예상됩니다. 전국 각지에서 건설되는 지식산업센터는 각 지역의 지자체 규정에 맞춰 입주 허가, 불가 업종의 차이가 있기에 사전에 잘 파악하고 시작하시길 바랍니다.

#수도권 과밀억제권역 이해하기

수도권은 인구와 산업이 지나치게 집중될 우려가 있어 인구와 산업을 적정하게 배치하기 위하여 「수도권정비계획법」에 따라 크게 세 가지 범위로 구분하고 규제를 실시하고 있습니다.

1. 과밀억제권역

인구와 산업이 지나치게 집중되었거나 집중될 우려가 있어 이전하거나 정비할 필요가 있는 지역

아래는 과밀억제권역의 상세 범위로서 수도권 과밀억제권역은 공장, 학교,

주택 등의 인허가가 제한됩니다.

1) 서울특별시

2) 인천광역시

[강화군, 옹진군, 서구, 대곡동, 불로동, 마전동, 금곡동, 오류동, 왕길동, 당하동, 원당동,인천경제자유구역(경제자유구역에서 해제된 지역을 포함한다.) 및 남동 국가산업단지는 제외한다.]

3) 경기도

의정부, 구리시, 남양주시(호평동, 평내동, 금곡동, 일패동, 이패동, 삼패동, 가운동, 수석동, 지금동, 및 도농동만 해당한다.) 하남시, 고양시, 수원시, 성남시, 안양시, 부천시, 광명시, 과천시, 의왕시, 군포시, 시흥시[반월특수 지역(반월특수 지역에서 해제된 지역을 포함한다)은 제외한다.]

2. 성장관리권역

과밀억제권역으로부터 이전하는 인구와 산업을 계획적으로 유치하고 산업의 입지와 도시의 개발을 적정하게 관리할 필요가 있는 지역

3. 자연보전권역

한강 수계의 수질과 녹지 등 자연환경을 보전할 필요가 있는 지역

같은 수도권이라 하더라도 지역에 따라 과밀억제권역, 성장관리권역, 자연보전권역으로 구역이 나뉘게 되는데, 과밀억제권역에 법인을 설립 시 납부해야 할 등록면허세가 기존 세율보다 3배 중과될 수 있습니다. 또한 법인이 과밀억제권역 내에서 본점이나 지점을 설립하거나 전입 시 부동산을 취득하는

경우와 더불어 설립 및 전입 5년 이내 부동산을 취득하는 경우에도 중과가 적용됩니다.

반면 수도권 과밀억제권역 밖으로 이전하는 법인은 세액 감면 혜택이 제공됩니다. 과밀억제권역에서 성장관리권역으로 사업체 이동 시 4년간 법인세 100% 감면, 그 후 2년간은 50% 감면됩니다. 여기서 주의하셔야 할 점은 성장관리권역에서 지식산업센터에 투자하여 이전 후 3년 이내 폐업 또는 해산하는 경우, 이전 후 1년 이내 과밀억제권역 내 구공장을 매매 혹은 철거하지 않은 경우, 감면 기간 내 수도권 과밀억제권역에 같은 제품을 생산하는 공장 또는 본사를 설치하는 이 세 가지의 경우에는 감면됐던 세액이 추징될 수 있습니다. 만약 과밀억제권역에서 성장관리권역으로 사업지를 이동하게 될 경우 추후 과밀억제권역으로 다시 복귀하는 것이 힘들 수 있으므로 지식산업센터 투자를 계획하고 계신다면 자신의 상황에 맞는 적절한 판단이 필요합니다.

4. 투자 팁 알아보기

1. 명의 따라 투자 수익이 달라질 수 있어요

흔히 지식산업센터는 대기업이 아닌 중소기업 대상으로 혜택이 많기 때문에 대부분 중소기업이 입주하고 있습니다. 법인의 경우에는 대표이사 본인이나 배우자의 명의로 사서 자신의 법인에 임대를 주는 사례가 상대적으로 많아지고 있습니다. 이렇게 하면 다소 높은 가격으로 임차료를 책정할 수 있고, 안정적인 임대차 소득을 얻을 수 있는 구조를 지니는 것입니다. 이 경우에는 어떤 것보다도 사업 리스크에서 부동산 하나는 확실히 지켜 낼 수 있는 장기적인 안정성을 가지고 가는 것입니다. 개인 명의로 구입을 하게 되는 사례에 한해서는 일부 차익을 양도소득세로 내야 하고, 법인을 설립한 후에는 법인세를 내야 하기 때문에 모든 경우의 수에서 차익을 생각하고 결정하는 것이 좋습니다.

2. 2년 동안은 분양가의 10% 유지로 가능

지식산업센터
틈새 투자 팁
2. 분양 시 2년 동안은 계약금으로
분양가의 10%만 가지고 있어도 유지 가능

만약 내가 여윳돈으로 가지고 있거나 추후 사업 계획을 가지고 있어 지식산업센터가 필요하다면 분양받을 시 분양가의 10% 계약금만 가지고 내 것으로 만들 수 있습니다. 분양받은 후부터 입주 시기에 이르기까지 공사 기간이 평균 2년이며, 그동안 중도금은 무이자로 받을 수 있고, 그 사이 분양권 프리미엄이 붙게 됩니다. 준공될 무렵 임대할 계획이라면 잔금을 내고 등기하면 되고, 돈이 모자를 시에는 여기에 생성된 프리미엄을 받고 팔면 됩니다. 실사용자라면 계약금 10~20%에 나머지 80~90%는 대출이 나오기에 부담을 낮추어 내 것으로 만들 수 있습니다. 이때 잔금은 완공된 지식산업센터를 끼고 할 수 있기 때문에 중도금 그리고 잔금까지 분양가의 70~90%가 대출로 납부 가능합니다.

3. 중개업소의 도움이 절실

이러한 투자를 결정할 때는 혼자 하는 것이 불리합니다. 이럴 때는 중개업소를 통해 시도하는 것이 유리하고, 지식산업센터 전문 중개업소를 찾되, 없다면 이와 관련된 사무실 중개를 하는 곳을 위주로 찾아야 합니다. 단, 입주업종에 제한이 있는 것을 모르는 부동산도 상당하기에 먼저 임대인 스스로 업종을 체크해 보는 것이 좋습니다. 가장 좋은 방법은 지식산업센터 투자 중개업체와 함께하는 것입니다. 추가적으로 부동산의 관련된 사이트와 앱(app) 등 여러 방법을 통해 원하는 건물의 해당 호실 사진을 미리 확인하고 비교해 보시는 것이 좋습니다.

#맞춤 투자법 찾아보기

일반적인 지식산업센터라 함은 수익형 상품이기 때문에 대출의 비율에 따라 가지는 수익률이 크게 달라질 수 있는 특징을 지니고 있습니다. 레버리지 효과로 인해 수익률을 우선하려면 대출을 최대한 받아야 합니다. 대출에 대한 리스크도 적지 않아 자신의 조건에 맞춰 가능한 무리 없이 진행할 수 있는 방법이 우선입니다. 지식산업센터 투자 물건을 선택할 때는 대출 이자를 고려하여 5~15% 사이의 높은 수익률을 가져다줄 수 있는 물건에 투자하는 것이 적합한 대안이라 볼 수 있습니다. 수익률을 체크할 때 12개월분 임대료에서 두 달 치 정도에 해당하는 임대료는 각종 세금과 혹시 모를 공실에 대한 대비, 대출 금리 인상과 같은 외부적 요소에 대비하여 예비비로 미리 준비해 놓는 것이 좋습니다.

한번 공실의 불안함으로 임대료를 낮춰서 임차인을 받을 시에는 매년 임대료가 상승하는 것이 아니기 때문에 신중해야 합니다. 그래서 무작정 임대료를 낮추기보다 과감하게 렌트프리[7]를 제공해 보는 것도 하나의 대안이 될 수 있습니다. 렌트프리는 임차인의 초기 비용을 줄여 주기도 하고 신뢰를 형성한 후에 꾸준히 안정적인 임대료를 받는 기반을 제공할뿐더러 임대할 시 우려되는 공실 문제도 차단할 수 있습니다.

---

7) Rent Free, 무상 임대. 일정 기간 임대료를 면제해 주는 혜택.

임대료를 낮춰 임차인을 받을 시 주의해야 합니다. 임대료를 깎아 수익률을 낮추는 것 보다는 과감하게 **렌트프리를 제공하는 것**도 대안이 될 수 있습니다.

지식산업센터에 입주하는 기업들의 경우에는 직원 수에 딱 맞춰서 사무실 공간을 얻으려는 성향이 있습니다. 공간이 넓으면 환경은 쾌적하겠지만 관리 유지비가 고정적으로 빠져나가기 때문에 부담이 될 수밖에 없는 것입니다. 이런 이유로 실제 현장은 자신의 기업 조건에 맞는 일반 평수보다 더 작은 유형을 찾는 추세이고, 임대 고민을 가지고 있다면 이런 점을 사전에 반영해 결정하는 것도 좋은 대안입니다. 작은 평형대의 사무실은 투자자의 입장에서도 자금에 대한 부담이 적고 평당 임대료 대비 수익률도 높습니다. 또한 상대적으로 수요가 많아 임대와 매도 진행이 빠르게 이루어지기 때문에 작은 평형대의 지식산업센터를 선택해 투자하는 것을 추천하고 있습니다.

지식산업센터 투자를 알아볼 때는 드라이브인 제조 여부, 지어진 연식이나 설계, 층고를 확인하는 것이 좋습니다. 또한 공장등록, 사업개시를 해야 임대할 수 있는지, 공실률은 어떻게 되는지 여부도 미리 확인하는 것이 좋습니다.

이런 점과 함께 층고, 드라이브인 존재 유무, 지어진 연식과 설계 부분을 잘 살펴보고, 공실이 전반적으로 얼마나 차지하는지 확인해야 합니다. 상대적으로 건물 규모가 클수록 지원시설이 많기에 공실률에도 영향을 미치기 때문입니다. 이러한 세세한 조건들을 잘 파악하여 맞춤 투자처를 잘 선택하시기 바랍니다.

#공실 리스크 대처 요령

아무리 지식산업센터가 대세라 하지만 여러 리스크를 고민하면서 신중한 결정이 필요한 시기인 만큼, 이에 공실 리스크 대처 요령을 알아 둔다면 선택에 있어 도움이 될 것입니다. 먼저 풍부한 배후 수요를 바탕으로 주변의 환경적 요소를 고려하는 것이 가장 중심으로 두어야 할 부분인데, 이는 한마디로 다방면의 수요 요건을 충족시킬 수 있다는 의미입니다. 아무래도 기업체 입장에서는 네트워크 구축에 유리한 위치를 선호하며, 유관 업무 기업체 및 관련

시너지 효과까지 갖춘 위치라면 앞으로 꾸준한 거래를 예상해 보기 좋은 조건이라 할 수 있습니다.

지식산업센터는 자체 업무시설의 고정적인 배후 수요를 자랑하고 있는 만큼 이 유형은 독점성과 희소성까지 갖춰 높은 수익률을 기대할 수 있고, 중소기업 육성 차원에서 지원되는 시설물 중 하나로 각종 세금 감면 혜택도 받을 수 있으며, 여러 정책 자금 지원 등이 가능하기에 이미 기업들에게 인기가 높습니다. 이에 따라 강남과 여의도 등 이미 기업들의 상당수가 이전하고 있는 모습을 보이면서 별도로 서울에 디지털밸리 등의 조성도 잇따르고 있는 현상을 찾아볼 수 있습니다.

이렇게 기업들의 입주가 가속화되는 추세에 맞물려 지식산업센터 내의 모습을 관찰해 본다면 상가 분양 시 임대가 잘 이뤄진 건물 위주로 배정을 받는 것이 먼저라 할 수 있습니다. 상층부의 고정적인 배후 수요를 확보해 둔 만큼 다른 지역에 일반 상가를 분양하는 것보다 오히려 입주율 좋은 지식산업센터 안에 자리하는 것이 고정수요 확보에 좋다고 할 수 있습니다. 또한 지식산업센터 내 상가 자체는 높은 수익률을 기대할 수 있는 기본적 요건이 존재합니다. 먼저 상가가 전체 면적의 10% 내외만 들어서는 희소성과 독점성이 보장되어 있습니다. 또한 소비력 좋은 상주인구가 풍족하게 형성되어 있기 때문에 상시 도움을 받으면서 안정적인 거래가 가능합니다. 특히 편의점이나 구내식당, 문구점과 같은 업종은 입주 기업들이 쉽게 이용할 수 있기에 꾸준한 수익률을 기대해 볼 수 있습니다. 벌써 정보가 빠른 분들이라면 이미 이러한 곳을 중심으로 호실을 선택하고 계십니다.

일반 공장 호실의 공실률을 줄이기 위해서는 제조업 또는 유통업 위주의 드라이브인 호실을 선택할 수 있고, 이는 차량으로 빨리 도착할 수 있는 낮은 층을 중심으로 결정하게 됩니다. 오피스형은 뷰가 좋은 고층이나 반대로 엘리베이터 없이도 이동 가능한 3층 정도의 저층을 선호합니다. 임대료가 조금 낮게 형성되는 지하라 하더라도 가성비의 장점이 있어 공실 우려를 줄일 수 있는 하나의 방법이라 할 수 있습니다. 기업들에게 분양되기 때문에 실질적 소비가 가능한 고정 수요 자체가 많다는 장점을 두고 있으나 입주 기업들 위주로만 지나치게 의존하는 형태는 지양해야 합니다. 이보다는 주변 배후 수요가 풍부하고 접근성이 좋은 곳을 선점한다면 유동인구의 유입까지 기대해 볼 수 있으면서 안정적인 요건까지 확보되어 공실 우려를 줄일 수 있습니다.

보통 지식산업센터 공실 리스크 대처 요령을 알아 두려는 분들이라면 일반 건물의 공실과는 다른 점을 지닌다는 걸 알기 때문입니다. 활성화가 이뤄진 상권에서는 일시적 사유로 인해 공실이 되어도 시간이 지나면 자연스럽게 됩니다. 기존과는 전혀 다른 업종이 들어서기도 하며 다양한 수익 형태로 소비가 이뤄져 있어 금방 정상화를 찾아가는 것입니다. 하지만 지식산업센터의 경우는 다릅니다. 상권 형성이 늦어지거나 공실이 너무 길어지면 버티기 힘들고, 상권이 쇠퇴하여 이미 경쟁에서 밀린 지역 내 입주한 경우라면 회복이 어려울 수 있습니다. 오랜 기간 수익성이 이뤄지지 않을 시 투자 실패가 될 수 있다는 소리입니다.

지식산업센터가 일반 오피스텔과 오피스와 달리 정부 지원 혜택이 많은 사무실로 각광받고 있는 만큼 이를 중심으로 입지 좋은 곳을 선점하는 것이 필요합니다. 이러한 장점이 부각되면서 수도권 역세권 주변의 지식산업센터들은 이미 연일 완판되는 행보를 보이고 있습니다. 또한 신규 공급되는 역세권 소재지들도 서서히 주목받고 있는 추세입니다. 주거용 부동산에 규제가 집중되고 있는 상황에다가 무엇보다 사회적 거리 두기 조정 방안이 발표되는 등 코로나에서 벗어나 다시 전반적인 일상 회복이 이뤄지면서 지식산업센터 시장의 분위기가 좋아질 것으로 예상한 투자자들을 중심으로 이미 활발한 거래가 이뤄지고 있습니다.

이를 포함하여 다른 호실에 비해 인테리어 구성이 잘 되어 있다면 이 또한 공실률을 줄일 수 있는 요소 중 하나입니다. 물론 상가 역시 마찬가지입니다. 때문에 입주자 입장에서는 기본적으로 인테리어가 잘 되어 있어 본인이 추가 부담하지 않아도 될 만한 곳을 선호하기 마련입니다. 기본 구조 안에 시스템 에어컨의 설치부터 여러 편의적인 지원까지 잘 되고 있다면 금상첨화입니다. 인테리어 여부에 따라 업무 환경에 변화를 주기도 하고 상가의 경우 매출과 직결되기 때문에 여러 장점을 지닌 인테리어가 반영되어 있다면 더 빠른 거래가 이루어질 것으로 예상합니다.

직접 체감하지 않는 이상 일반인의 입장에서는 구체적으로 어떤 조건을 따져야 할지 사실 잘 모를 수 있습니다. 그래서 초기 지식산업센터 분양을 할 때는 여러 경험을 지닌 부동산중개법인의 도움을 받는다면 공실 우려는 낮추고 안정적으로 투자 가치를 살릴 수 있는 방법을 찾아볼 수 있을 것입니다. 주변에서 누군가 안정적인 투자처라 할지라도 주변 여건부터 여러 조건을 면밀하게 비교하고, 롱런할 수 있는 투자처를 선택해야 합니다. 투자 시 가장 우려되는 공실 위험을 줄일 수 있는 조건, 그리고 지금까지 설명해 드린 내용들을 잘 기억해 둔다면 보다 현명한 선택지 접근이 가능할 것입니다.

#개인 투자 vs 법인 투자 무엇이 좋을까

지식산업센터에 투자하기 위해서는 반드시 사업자가 있어야 합니다. 사업자는 크게 간이사업자, 일반사업자, 법인사업자 세 가지 종류로 나눌 수 있는데, 이중 간이사업자와 일반사업자는 개인, 법인사업자는 법인으로 분류할 수 있습니다. 그렇다면 법인으로 투자하는 방법과 개인으로 투자하는 방법은 각각 어떤 장단점이 있을까요?

☑ Case 1. 법인사업자 투자

현장마다 차이가 있지만 중소기업이라면 법인으로 투자하는 경우 몇 가지 혜택이 있습니다. 앞에서 살짝 언급했듯이 대표이사가 100% 주식을 소유하였을 때 본인이나 배우자 명의로 지식산업센터 구입 후 다시 본인 법인에게 임대를 주는 경우가 있습니다. 이 경우 실제적으로 임대인과 임차인이 같기 때문에 안정적인 부동산 소득을 통해 공실 등 운영 리스크에 대한 안전장치를 마련해 둘 수 있다는 장점이 있습니다. 만약 지식산업센터를 구입하는 분이 법인의 대표라면 법인의 이름으로 살 것인지 개인의 이름으로 사서 법인에게 임대할 것인지 고민해 볼 가치가 있습니다.

사실 개인, 법인 투자를 고민할 때 가장 고려하게 되는 항목은 세금입니다. 법인은 매도 시에 양도세가 아닌 법인세를 납부합니다. 개인의 경우 6~38%의 누진세율이 적용되지만 법인으로 할 경우 10~22% 정도로 누진세율의 폭이 낮아집니다. 법인을 설립해 지식산업센터를 사면 비용 처리도 할 수 있고 가격이 오를 때 양도세보다 적은 법인세를 납부할 수 있다는 장점이 있습니다. 위에서 다뤘듯이 서울/수도권의 과밀억제권역은 총 세 가지로 과밀억제권역, 성장관리권역, 자연환경보전권역이 있는데, 만약 설립 5년 미만 법인사업자인 경우 과밀억제권역 산업단지 외 지식산업센터를 취득할 경우 취득세가 9.4%로 중과되니 주의하시기 바랍니다. 법인으로 자금을 가져왔을 때 개인소득세와 같이 따로 부담해야 하는 세금은 법인세 차감 후 세후 순이익을 감안하여 어느 쪽이 유리한지 판단하셔야 합니다.

☑ **Case 2. 개인사업자 투자**

개인사업자로 투자할 경우 최대 장점은 종합소득세 납부 후 자금을 마음대로 융통할 수 있다는 점입니다. 법인과 달리 설립이 쉽고 자금 운용 면에서 자유롭다는 큰 강점이 있습니다. 다만 고소득 개인사업자의 경우 성실신고확인제가 시행되고 있기 때문에 수입금이 5억 원 이상일 경우에는 법인으로 전환하는 것을 추천드립니다. 개인사업자는 지식산업센터를 분양받아 취득할 시 지역에 상관없이 4.6% 취득세 감면 혜택이 있습니다. 취득 후 일정 조건을 갖추고 본인이 직접 사용하는 경우 취득세를 50% 감면받아 2.3%까지도 가능합니다. (취득 시점은 준공 후 등기 시점 기준)

개인사업자, 법인사업자 모두 상황에 따라 누릴 수 있는 장점이 다르기 때문에 지식산업센터 투자를 두고 고민하는 분들은 전문가에게 문의하는 것을 추천드립니다.

#임장 시 꼭 확인해 보기

1. 전용률과 서비스면적 체크하기

요즘 지식산업센터는 전용률이 50%대인 경우가 많습니다. 전용률이 높은 지식산업센터는 부대시설이 차지하는 면적이 낮지만 분양가 대비 실면적이 좋다는 의미로 이 부분을 사전에 고려하시는 것이 좋습니다. 또한 발코니면적을 의미하는 서비스면적은 분양면적에 포함되지 않는, 쉽게 말하면 공짜로 주는 면적이라고 볼 수 있어 서비스면적이 넓은 호실은 인기가 많은 호실에 속합니다.

2. 엘리베이터는 몇 대인가?

지식산업센터는 주로 고층 빌딩이기 때문에 엘리베이터의 개수를 확인하는 것도 중요합니다. 엘리베이터의 개수가 적은 지식산업센터의 직장인들은 불편을 겪을 수밖에 없습니다. 일반 엘리베이터와 비상용 엘리베이터, 화물 엘리베이터의 유무와 위치를 확인하는 것이 좋습니다. 물건을 수시로 옮겨야 하는 업종의 경우 화물 엘리베이터의 주변 호실을 선호하기 때문에 이 부분도 미리 체크하는 것을 추천합니다.

3. 주차는 넉넉히 할 수 있는가?

지식산업센터는 일반 오피스텔 대비 주차대수가 많은 것이 장점입니다. 주차장면적이 클수록 쾌적한 환경에서 주차를 할 수 있겠죠? 전용률 50% 기준 연면적을 주차 수로 나누어 40평 이하 1대 정도로 주차가 가능하다면 괜찮은 곳이라고 가늠할 수 있습니다. 주차 대수뿐 아니라 주차를 위한 출입 동선도 꼼꼼하게 체크해 보는 것이 좋습니다.

4. 주변 인프라

대형 지식산업센터가 많이 등장하면서 건물 내 부대시설이 잘 갖춰져 있는 경우가 많습니다. 그렇다 하더라도 입주가 많아지면 이용에 한계가 있을 수 있기 때문에 인근 부대시설이 잘 갖추어져 있는지 확인하는 것이 좋습니다.

5. 인근 대기업 위치 여부

지식산업센터 인근에 대기업이 있다면 낙수효과로 인해 여러 하청업체와 일을 주고받아 수요가 많아질 수밖에 없습니다. 따라서 주변에 대기업이 위치해 있는지 확인하는 것이 좋습니다.

6. 연식, 연면적

최근 지어진 지식산업센터의 경우 연면적이 증가하고 대형화되어 가고 있습니다. 대체로 연면적은 1만 평 이상 되어야 각종 편의 시설을 지원하는 측면에서 장점이 많습니다. 참고로 서울 및 수도권과 인천에 연면적 1만 평 이상에 해당하는 지식산업센터는 300여 개가 있습니다. 이 외에도 신축 지식산업센터일수록 관리가 잘 되어 있고 쾌적한 편이기 때문에 임장 시 연식을 구분해서 확인하는 것이 필요합니다.

이 외에도 교통 여건, 시공사, 희소성, 임대 수요 유무 등 개인별 상황에 맞춘 지식산업센터 투자를 위해 가장 중요하다고 생각되는 부분의 목록을 미리 작성해 가시면 임장 시 필요한 부분을 꼼꼼하게 체크할 수 있습니다.

#전용면적과 서비스면적

많은 중소기업이 지식산업센터라는 곳에 입주하는 이유는 무엇보다 이용에 따른 편의성이 존재하기 때문일 것입니다. 흔히 도심 속 자리하는 작은 건물일수록 주차 또는 엘리베이터 등 필수 공용시설이 부족한 한계점이 존재하기도 합니다. 연면적 1만 평 이상 자리하고 있는 대형 지식산업센터라 함은 이 같은 문제점을 해결해 준다는 점에서 더욱 인기가 많습니다. 서울의 경우 공급 부지 자체가 이미 한정되어 있어 연면적 5000평 이하 수준의 지식산업센터도 물건이 없어 못 팔 정도입니다.

연면적이 작은 건물은 특히 전용률을 잘 따지고 찾아보아야 합니다. 전용률이 높게 이뤄져 있다는 것은 상대적으로 자체 공용공간이 부족하다는 뜻으로 이해할 수 있습니다. 최근에 지어지는 지식산업센터들의 전용률은 50% 전후를 이루고 있는데, 이는 전용면적 20평 정도를 사용하기 위해 분양면적으로는 총 40평을 매입해야 한다는 의미입니다. 이때의 40평이라 함은 공용으로 사용하게 되는 로비나 주차장, 엘리베이터, 별도 휴게실, 화장실, 발코니, 녹지 공간 등 모든 것이 포함되어 있습니다. 분양 단계 중에서는 공용 사용 공간들에 대한 편의성을 정확하게 알 수 없으므로 조감도는 물론 전용률을 기초로 하여 자체 설계 도면을 보고 몇 가지 필수 사항을 체크한다면, 실제 사용감에 맞는 편의성을 어느 정도 예측할 수 있습니다. 먼저 처음 마주하게 되는 건물의 이미지인 로비 공간의 중요성을 강조하고 싶습니다. 사람으로 치면 첫인상과도 같기 때문에 무엇보다 멋진 로비를 갖추었다는 것 자체가 기업을 경영하기에 매력적인 건물이라는 뜻입니다. 중요한 고객이 방문할 시, 주차 혹은 엘리베이터 이용 등 공용시설 전반을 사용하는 데 불편함을 겪는다면 그 건물의 가치는 현저히 떨어질 것입니다.

여러 지식산업센터 중 면적까지 파악하면서 알아본다면 분명 자신에게 맞는 결과를 찾을 수 있을 것입니다. 부동산 형태에 따라 면적을 이야기하는 방식이 다르기 때문에 전용면적, 공용면적은 물론 공급면적, 계약면적, 전용률, 평, 평형 등 면적에 관한 용어 및 쓰임새 등을 미리 알아보도록 하겠습니다. 보통 부동산의 면적은 '평'으로 표현하는 경우가 많습니다. 법적으로는 제곱미터 표기를 하게 되는데, 보통 제곱미터를 평으로 환산할 경우에는 1㎡×0.3025, 평을 제곱미터로 환산할 시 1평×3.3057로 계산할 수 있습니다. 혼자서 힘들게 계산하지 않아도 요즘은 부동산 관련 앱이나 사이트를 이용해 쉽게 알아볼 수 있습니다. 그러나 어떻게 계산되어 나오는지 정도는 알고 있다면 훨씬 더 도움이 될 것입니다.

공급면적이란 전용면적과 주거공용면적을 합한 면적을 지칭하는 것입니다. 아파트의 평형과 타입을 구분하고자 한다면 건축물대장상 전용면적과 주거용공용면적을 더하여 0.3025를 곱해 보면 알아볼 수 있습니다. 여기서 말하는 전용면적이란 실제 사용 면적으로 방, 거실, 주방, 화장실, 팬트리 등의 부분이 포함된 면적을 말하고, 흔히 이야기하는 베란다는 자체 면적에서 제외되기 때문에 서비스면적이라고 이야기할 수 있는 것입니다.

주거 공용면적이라 함은 아파트 건물 안에서 다른 세대와 함께 사용하는 공용 공간으로 엘리베이터, 계단, 공동 현관, 복도 같은 부분들이 이에 해당됩니다. 계단식 아파트 중 공동 공간이 유독 넓게 빠진 사례들을 볼 수 있는데, 주로 과거 건폐율이 높았던 때에 이런 유형들이 나타났다고 보시면 됩니다. 기타공용면적이란 주거공용면적을 제외하고 나서 전체 단지에서 공동으로 사용하게 되는 면적을 뜻합니다. 이는 대표적으로 관리 사무소의 면적 등이 해당되고, 최근엔 커뮤티티시설까지 매우 중요하게 여기는 공간이 다 들어가 있습니다. 이렇게 아파트 매매 계약을 할 때는 주로 전용면적을 표기하는 것으로 계약을 하게 되지만, 분양 계약 시 별도로 계약면적이라는 표현이 등장하게 됩니다. 이 계약면적 안에는 전용면적, 주거공용면적, 기타공용면적이 다 포함되어 있는 것입니다. 면적의 크기가 큰 순서로 이야기를 한다면 계약면적 〉 공급면적 〉 전용면적의 순입니다.

아파트나 지식산업센터 모두 집합건물에 속하기에 관련 용어에는 큰 차이가 없고, 단지 계약면적과 전용면적에 의미를 더한다는 것이 차이점입니다. 일반적으로 아파트는 평형으로 24평형, 34평형 또는 제곱미터로는 59㎡, 84㎡로 이야기하는 반면 지식산업센터에 대해서는 계약면적과 전용률 기준으로 말합니다. 통상적으로 지식산업센터는 평균 전용률을 50%이며 계약면적 100평을 기준으로 한다면 실제 전용면적은 50평이라고 구분할 수 있는 것입니다. 반대로 전용면적 기준 100평은 계약면적 200평이 되며, 이때 평당 가격이 2천만 원이라면 전용면적 기준으로 20억이 되는 것을 알 수 있습니다.

다락 구조 등 공간 활용성 및 업무 효율을 높이는 브랜드만의 차별화된 설계가 높은 인기를 얻는 곳이 많습니다. 일반 설계도상 다른 사무실과 같은 면적이라 하더라도 서비스면적까지 함께 가질 수 있는 오피스라면 빠르게 완판 소식을 알리게 됩니다. 이러한 부분에는 단순히 입지뿐만 아니라 건설사만의 노하우가 담긴 차별화된 설계가 가치를 좌우합니다. 그 결과로 서비스면적인 발코니를 무상으로 제공하여 공간 사용을 극대화할 수 있는 조건을 우선 제시하는 곳들도 상당히 많고, 브랜드를 내건 분양시장도 이제는 쉽게 찾아볼 수 있습니다. 물론 단순히 이름값으로 인기몰이를 하는 것이 아니라 서비스면적을 포함하여 드라이브인 시스템, 도어 투 도어 시스템 같은 구조상 남다른 설계와 상품성으로 주목받고 있습니다.

브랜드 건설사의 업무시설들은 우수한 상품성은 기본이고 그에 대한 로열티로 신뢰도와 안정성이 높다는 인식이 큽니다. 이런 경우 대부분 입주 후에 지역 랜드마크로 가격 상승 폭이 커지고, 내가 원하는 곳에 입지를 갖췄다면 더욱 이상적인 가치를 확인할 수 있습니다. 이런 효과를 누리려는 투자자들의 움직임이 커지고 있는 만큼 미리 앞을 내다보고 유형상 장점을 지닌 곳을 우선으로 찾아보아야 합니다.

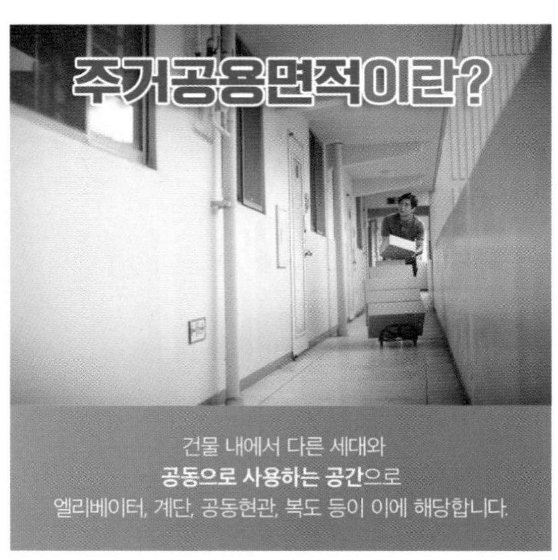

일반적으로 분양에서 건물면적을 잘 쓰진 않지만 건물면적이라 하면 건폐율을 의미하는 것입니다. 건폐율이라 함은 대지에 건물을 지을 수 있는 자체 면적을 이야기하며, 서비스면적은 포함하지 않습니다. 지식산업센터 사무실에는 호실마다 아파트의 베란다 발코니와 비슷한 특징을 가진 발코니 서비스면적이 제공되어 있습니다. 폐쇄형 발코니로 일반 업무용 사무실에 비하여 좀 더 넓게 공간을 활용할 수 있다는 장점이 있습니다. 관리비도 부과되지 않는 공간으로 보다 유용하게 해당 면적을 활용해 볼 수 있는, 말 그대로 서비스면적입니다. 하지만 임대 및 매매를 알아보실 경우라면 이를 제외한 전용면적으로만 알아보시는 것이 좋습니다.

기타공용면적이란?
기타공용면적은 주거공용면적을 제외하고
전체단지에서 공동으로 사용하는 면적을 말합니다.
대표적으로 관리사무소, 기계실, 경비실, 지하주차장 및
지하층 면적이 이에 해당합니다.

지식산업센터 사무실의 서비스면적이라 함은 대부분 폐쇄형 발코니 형태로 구분되어 있습니다. 폐쇄형 발코니는 바닥부터 천정까지 막혀 있는 구조를 이야기하며, 대부분 물품 보관 창고 용도 및 에어컨 실외기 설치 장소로 사용하

고 있습니다. 또한 지식산업센터 사무실이 건물 코너에 위치한 경우 이미 양면에 발코니가 있어 더 넓은 공간 사용이 가능하기 때문에 임대 및 매매 시에도 코너 호실이 더욱 인기도 많고 그만큼 가격도 조금 더 높게 책정되기도 합니다. 이처럼 전용면적 자체만의 업무 공간보다 서비스 공간이 제공되는 지식산업센터 사무실이 더 인기가 많을 수밖에 없습니다. 최근 건설사들은 수익형 부동산의 공간 활용을 기반으로 그에 따른 경쟁력 확보에 열을 올리고 있는 모습입니다. 발코니와 같은 공간을 제공하거나 복층형 설계 구조로 공간 활용을 극대화한 것이 대표적이며, 실사용 면적이 늘어남과 동시에 임차인 유치도 수월해져 결국 근본적인 문제인 공실률을 줄여 나갈 수 있게 되었습니다.

수익형 부동산에 눈을 돌리는 수요자들이 점점 더 많아지는 추세에 맞춰 이런 구조를 살핀다면 보다 유리한 입지를 가질 수 있습니다. 추가로 여러 특징적인 설계가 적용되면 분양가 인하 효과도 볼 수 있습니다. 최근에는 전체 호실에 발코니 서비스면적을 제공하는 곳들이 상당히 많이 존재하는데, 불법 확장 등의 문제에 대해 사전에 방지하기 위해 준비해 둔 것입니다. 지역마다 기준이 달라 혼선을 방지하고자 통합적 기준을 개정하게 된 것을 시작으로 전문가 및 허가권자 의견 수렴, 건축위원회 자문을 거쳐 주택 이외의 용도상 건축물의 발코니 설치 기준을 마련하였습니다. 기본 원칙 중에는 '발코니란 내부와 외부를 연결하는 완충공간으로서 전망이나 휴식 등의 목적을 기반으로 건축물 외벽에 접하는 것'을 이야기합니다. 부가적으로 설치된 공간 중 하나로 발코니에 일반 단순 창호는 설치 가능하지만 외벽의 든든한 역할을 필요로 하는 커튼월 구조의 창은 발코니에 부적합하다 할 수 있습니다. 또한 개별적으로 탈부착이 가능해야 하는 것은 물론이고 입면적 50% 이상을 개방하여 내부 그리고 외부의 완충 공간 기능을 충족해야 합니다. 주택 외 발코니에 대한 4대 원칙도 함께 설정되어 있어 꼼꼼하게 알아보고 준비해야 하며, 낙하물로 인한 보행자의 안전 및 거주자의 안전 수준까지 잘 고려하여 유사시 대피 공간으로 활용할 수 있는 구조를 지녀야 합니다. 이처럼 가장 중요한 안전을 기반으로 서비스면적을 적극 활용해 보시기 바랍니다.

제4장

지식산업센터 관련 세금

모든 부동산이 그러하듯 지식산업센터 구입 시 취득세가 발생되는 것은 물론 부가가치세를 포함해 보유 중일 때는 재산세, 종합소득세, 양도 시 양도세와 같은 세금이 발생하게 됩니다. 처음부터 세금에 있어 여러 부분을 따지고 봐야 나중에 기대 이상의 결과를 가져갈 수 있기 때문에 가장 먼저 알아볼 것은 취득세와 재산세의 감면 관련 내용입니다. 우리나라의 경우 소유한 부동산에 관련하여 각종 세금을 징수하고 이를 납부할 의무가 있습니다. 일부 법인세의 경우 조건이 붙어 있는 특징이 있지만, 조건 대상에 포함되기 쉽지 않아 사전에 확인해 보는 것이 좋습니다.

1. 취득 시 - 취득세

#취득세 감면 등 필요한 정보 알아보기

지식산업센터의 가장 큰 혜택으로 취득세 50% 감면은 물론이고, 재산세 37.5%의 감면 혜택이 주어집니다. 그래서 많은 분이 이런 부분을 보고 투자를 결심하곤 합니다. 지식산업센터를 취득하여 입주하는 중소기업이라면 법무사를 통하여 취득세 감면을 적용받는 대안을 찾고 계실 것입니다. 문제는 감면받은 후입니다. 이는 사후관리 위배로 추징되는 사례가 적지 않다는 점을 의미합니다. 이를 위하여 지식산업센터 입주자에 대한 감면과 사후관리에 대해 알아보도록 하겠습니다.

[조세특례제한법 제58조의 2]

② 「산업집적활성화 및 공장설립에 관한 법률」 제28조의 4에 따라 지식산업센터를 신축하거나 증축하여 설립한 자로부터 최초로 해당 지식산업센터를 분양받은 입주자(「중소기업기본법」 제2조에 따른 중소기업을 영위하는 자로 한정한다)에 대해서는 다음 각 호에서 정하는 바에 따라 지방세를 경감한다.

해당 내용을 토대로 22년 12월 31일까지 사업시설용으로 직접 사용하기 위하여 취득하는 부동산에 대해 취득세의 50%를 경감하도록 하는 조치가 따르고 있습니다. 다만, 다음 각 목의 어느 하나에 해당하는 경우 경감된 취득세를 추징하기에 잘 알아둘 필요가 있습니다. 일각에서 이미 보존 등기된 자산 자체를 매입하는 경우 감면 대상이 아니라는 경우가 있긴 하지만, 보존 등기된 경우는 물론이고 최초로 분양한 경우에도 감면 대상이 됩니다. 신탁회사 명의로 등기한 후 신탁회사가 분양하는 경우나 신탁 해지 등의 사유로 다시 처음부터 분양하는 경우에도 감면 대상이 될 수 있습니다. 하지만 취득세 감면 혜택은 모두에게 해당되는 것이 아니기 때문에 관련 사항을 정확히 숙지하고 이행하는 것이 중요합니다.

취득세 감면 혜택은 모두에게 해당되는 것이 아니기 때문에 관련 사항을 정확히 숙지하고 이행하는 것이 중요합니다.

지식산업센터 취득세 혜택을 잘 알아봐야 하는 이유로는 지식산업센터 매매나 경매에선 혜택이 없다는 것입니다. 즉, 지식산업센터 취득세에 관한 혜택이라 함은 분양에만 해당되는 것입니다. 물론 등기 전 분양권 전매의 경우엔 최초 분양 방식으로 보기에 취득세 감면이 됩니다. 현재 「지방세특례제한법」에 의거해 취득세 감면 혜택은 22년 12월 31일까지 실시되고 있으며, 차

후에 연장이나 감면율을 다시 한번 결정하게 될 것입니다. 주로 중소기업이 입주하기 때문에 취득세 감면 혜택은 앞으로도 계속 이어질 것으로 볼 수 있습니다. 하지만 이런 혜택을 아무 조건 없이 제공하는 것은 아니기에 지식산업센터를 취득하고자 하는 분들과 이미 취득세 감면 혜택을 받으신 분들까지도 모두 내용을 숙지하여야 합니다. 우선 지식산업센터 최초 분양에 의해 취득할 시 감면되는 대상의 업종에 대해 알아보겠습니다.

제조업은 물론이고 지식산업 그리고 정보통신업, 벤처기업, 첨단산업이 해당되며, 통계청 「한국표준산업분류」 코드에 해당되는 업종에 한정됩니다. 취득세 신고 납부 기간은 취득일, 즉 분양 대금 완납일로부터 60일 이내입니다. 사용승인일 이전에 분양 대금 완납 시에는 사용승인일로부터 60일 이내를 말합니다. 지식산업센터를 분양받아 취득세를 감면받은 후 1년 내에 신고한 사용 용도로 직접 하지 않거나 취득일로부터 5년 이내 임대, 매매, 증여 등 목적과 다르게 사용할 경우에 감면받은 취득세에 대해 추징될 수 있습니다. 「지방세특례제한법」 제58조의2 2항에 따르면 '정당한 사유 없이 그 취득일로부터 1년이 경과할 때까지 해당 용도로 직접 사용하지 아니하는 경우', '취득일로부터 5년 이내에 매각, 증여하거나 다른 용도로 사용하는 경우'로 표기되어 있습니다. 단순히 취득세만 추징당하는 것뿐만 아니라 감면받은 재산세도 추징 대상이 되기 때문에 미리 이 점을 꼭 유의하셔야 합니다.

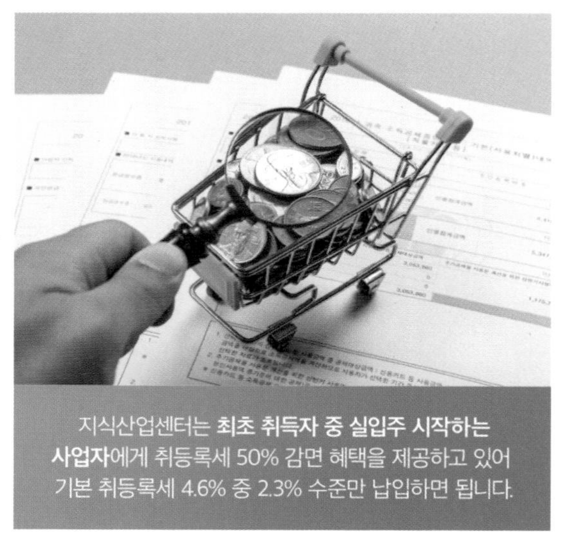

지식산업센터는 **최초 취득자 중 실입주 시작하는 사업자**에게 취등록세 50% 감면 혜택을 제공하고 있어 기본 취등록세 4.6% 중 2.3% 수준만 납입하면 됩니다.

지식산업센터는 최초 취득자 중 실입주를 시작하는 사업자에게 취·등록세 50% 감면 혜택을 제공하고 있습니다. 취·등록세 세부요율의 경우 취득세 2.0%에 농어촌특별세 0.2%, 등록세 2.0%, 지방교육세 0.4%를 더한 합계로 총 4.6%입니다. 여기에 지식산업센터 최초 취득자 중 실입주하는 사업자에게 50% 감면 혜택으로 2.3%만 납입하게 됩니다. 예를 들어 5억의 지식산업센터를 취득 시 기본 취·등록세는 2300만 원 정도를 예상해 볼 수 있는데, 이때 실사용으로 감면받게 되면 취등록세는 1150만 원이 되는 것입니다.

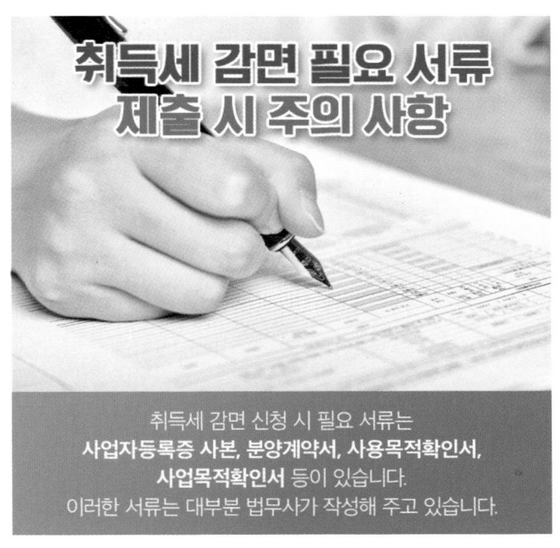

현재 취득세 감면 필요 서류로는 사업자등록증 사본, 분양 계약서, 사용목적확인서와 사업목적확인서 등이 있습니다. 이들은 대부분 법무사가 작성해 주고 있습니다. 보통 감면 결정 이후에 신청인이 작성 기재한 사항에 관련하여 이전의 감면 신청서 사실과 다르거나, 사후관리를 통해 감면 요건을 준수하지 않은 사항이 확인되는 경우 「지방세기본법」 제52조부터 제55조까지의 규정에 따라 처리됩니다. 이때 감면 받은 세액 이외에는 가산세가 추가로 징수될 수 있는데, 제52조 가산세의 부과와 제53조 무신고 가산세 등이 적용될 수 있습니다. 납세의무자가 신고하지 않은 무신고의 경우 1/5 금액이 가산세로 부과되며, [제54조 과소신고 가산세] 신고하여야 할 납부세액보다 적게 신고한 경우 1/10 금액을 가산세로 부과합니다. [제55조 납부지연 가산세] 납부 기한까지 납부하지 않거나, 적게 납부한 경우 세액의 100분의 75 한도로 가산세를 부과할 수 있는 것은 물론 납부고지서 납부 기한 초과 시에는 납부하지 않은 세액의 100분의 3이 부과됩니다.

만약 추징 사유[8)]가 발생한 경우 사유 발생일로부터 60일 이내에 신고 납부하도록 하고, 그렇지 아니하는 경우에도 가산세가 추가됩니다. 총세액이 30만 원 미만일 경우 1회에 한해 가산세가 적용되곤 하지만 30만 원을 초과할 경우 법으로 정해진 비율대로 60일간 매일 중가산되는 조항이 따릅니다. 이렇게 추징 사유로 인해 자진 신고를 하였다 하더라도 감면받았던 세액 외에 이자도 추가로 나타날 수 있습니다. 이자 상당액은 감면된 취득세를 기반으로 하고, 가산 기간은 취득세 납부 기한의 다음 날부터 추징 사유가 발생하는 날로 계산됩니다.

8) 「지방세특례제한법」 제58조의2 2항 정당한 사유 없이 그 취득일로부터 1년이 경과할 때까지 해당 용도로 사용하지 아니하는 경우, 취득일로부터 5년 이내에 매각, 증여하거나 다른 용도로 사용하는 경우

취등록세 감면 이자는 **연 9.125%**로
일반 은행 대출 이자의 2배 수준에 달합니다.
5년간 실사용이 힘들거나, 변수가 많은 상황일 경우에는
자진신고를 하는 것이 좋은 대안이 될 수 있습니다.

그에 대한 정확한 이자 상당액으로는 1일에 10만분의 25가 발생하는 것이 일반적입니다.

이자 상당액 : 감면된 취득세 x 가산 기간 x 이자율 (1일 10만분의 25 = 0.00025)

취·등록세 감면 이자는 연 9.125%로, 일반 은행 대출 이자의 2배 수준에 달합니다. 가산세 적용은 추징 사유가 발생한 날로부터 시작되기 때문에 만약 5년간 실사용이 힘들거나, 변수가 많은 상황일 경우에는 최대한 빨리 자진 신고하여 세금 감면분을 납부하고 이자를 낮추는 선택이 훨씬 좋은 대안이 될 수 있습니다. 일부 추징 사유가 발생했을 때 60일 이내 자진 신고하면 보통 가산세 없이 감면분만 납부하면 됩니다.

#취득세율 4가지 (감면 및 중과 조건)

취득세 감면 및 중과 시 달라지는 취득세율 네 가지에 대해 소개해드리겠습니다. 앞서 다뤘던 것처럼 지식산업센터 취득세 감면 혜택이 적용되는 경우도 있지만 반대로 중과되는 경우도 있습니다. 어떻게 나눠지는지 함께 살펴볼까요?

지식산업센터 취득세는 조건에 따라 4.6%, 2.3%, 9.4%, 4.7%로 총 4가지로 나눌 수 있습니다.

1. 취득세율 4.6% (기본)

- 개인 사업자나 법인이 임대 사업을 목적으로 구입했을 때
- 법인이 실사용 목적으로 최초 분양권이 아닌 매매로 구입했으며, 취득세 9.4%나 4.7% 조건에 해당하지 않을 때
- 지식산업센터의 공장이 아닌 근린생활시설이나 업무지원시설을 구입했을 때

2. 취득세율 2.3%

22년 12월 31일까지 취득한 경우 지식산업센터의 최초 분양자에 실입주 사용자이며, 입주 가능 업종에 해당될 경우 50% 감면 혜택을 받을 수 있습니다. 지식산업센터 세제 혜택은 정부가 지식산업센터에서 실수요자들에게 주는 지방세 감면 혜택으로 취득세 감면 50%, 재산세 감면 37.5%의 혜택을 5년 동안 받을 수 있습니다. 만약 지식산업센터를 임대 목적으로 분양받는 것이라면 세제 혜택을 받을 수 없다는 점을 참고하셔야 합니다.

3. 취득세율 9.4% (3배 중과)

지식산업센터에 입주하는 업체에 따라 취득세가 중과되는 경우가 있습니

다. 중과될 때는 등록세와 지방교육세에만 3배 중과되어 취득세 2.0%, 농어촌특별세 0.2%, 등록세 6.0%(3배 중과), 교육세 1.2%(3배 중과)로 총합이 9.4%가 됩니다.

어떤 경우에 3배 중과가 될까요?

- 과밀억제권역 안 설립 5년 미만 법인이 산업단지 밖 지식산업센터를 취득하여 이전할 경우
- 과밀억제권역 안에 설립한 법인이 산업단지 밖 지식산업센터를 취득하여 이전하는 경우
- 과밀억제권역 밖에 있는 법인이 과밀억제권역 산업단지 외 지식산업센터를 취득하여 이전할 경우

4. 취득세율 4.7% (중과된 취득세 50% 감면 조건)

앞서 중과된 취득세에서 조건에 따라 50% 감면을 받을 수도 있습니다. 일반 매매가 아닌 분양으로 실입주한 상태에서 입주 가능 업종으로 5년 이상 실제 사용한 경우 중과된 취득세 감면 조건에 해당됩니다. 따라서 중과된 9.4%에서 50% 감면된 4.7%가 부과되는 것입니다. 이외에도 다양한 케이스로 감면받을 수 있으므로 취득세 중과 대상이라면 전문가에게 상담을 요청하시는 것이 좋습니다.

보통 취득세라 함은 '과세표준'에 세율을 적용하여 계산합니다. 이때 부동산 가액만을 취득세 과세표준으로 계산하는 개인과 달리 법인의 입장에서는 법인 장부에 의해 확인되는 취득가액, 그 외의 취득 부대 비용 등의 금액까지 모두 포함하여 취득세 과세표준으로 삼고 있습니다. 지난 20년 「710 부동산 대책」 중 하나로 법인 취득세가 강화됐습니다. 그럼에도 불구하고 '주택 외의 부동산'을 취득하는 경우라면 여전히 과거와 같이 지방교육세, 농어촌특별세를 포함하여 4.6%로 적용되고 있습니다. 하지만 아무리 주택 외의 부동산을

취득한 경우라 할지라도 일정한 조건에 해당된다면 취득세가 중과됩니다. 그래서 대도시 안에 수도권 과밀억제권역 중 산업단지를 제외한 지역 포함 이하 대도시 안에서 법인을 설립한 이후, 5년 이내 대도시의 매매용 또는 임대용 부동산을 취득할 시 취득세 등 중과세율 9.4%가 반영되는 것입니다.

#취득세 감면 연장 알아보고 결정하기

지식산업센터에 대한 취득세 및 재산세 감면 제도에 대해 최근에는 적용 기한을 25년 말까지 3년 연장하는 법안이 국회에 제출되었습니다. 지식산업센터 설립자에 대한 지원을 이어가고자 「지방세특례제한법」이 일부 개정 법률안 안에 포함하여 준비하고 있습니다. 현행법은 지식산업센터를 설립하는 자의 경우 사업시설용으로 직접 사용할 때와 분양 또는 임대하기 위해 신축이나 증축하여 취득하는 부동산에 대해 취득세 및 재산세를 경감하고 있습니다. 그러나 해당 특례는 올해 말 종료될 예정이기에 아무래도 연장을 위한 준비 소식이 이어지고 있는 것입니다.

지방세 감면을 연장할 필요가 있다는 건 지식산업센터의 장점이 경제를 살리는 과정에 도움이 될 수 있는 대안으로 꼽힌다는 것입니다. 이번에 발의한 개정안은 지식산업센터에 대한 취득세 및 재산세 감면제도 대한 적용 기한을 25년 말까지 3년 연장함을 골자로 하고 있습니다. 지식산업센터 설립자에 대한 지원을 이어 나가는 내용을 담고 있기에 지식산업센터의 최초 분양자는 물론이고 실입주 사업자와 수익성 부동산을 원하는 투자자들에게도 앞으로 더욱 좋은 기회가 되어 줄 수 있을 것입니다.

2. 보유 시 - 재산세, 법인세, 종합부동산세

#재산세 필요한 정보 알아보기

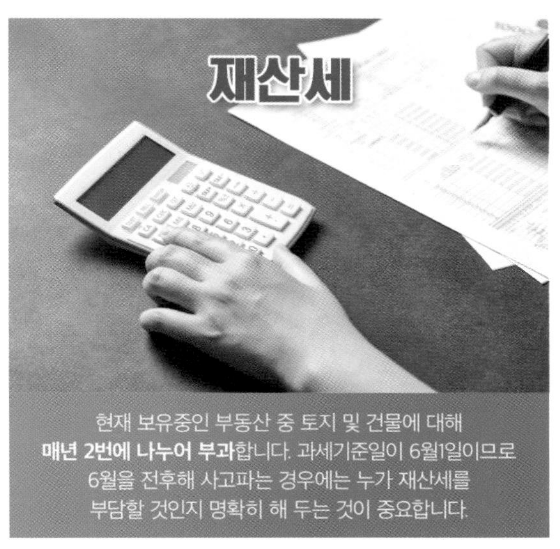
재산세
현재 보유중인 부동산 중 토지 및 건물에 대해
매년 2번에 나누어 부과합니다. 과세기준일이 6월1일이므로
6월을 전후해 사고파는 경우에는 누가 재산세를
부담할 것인지 명확히 해 두는 것이 중요합니다.

재산세는 취득세와 마찬가지로 실입주 기업에만 37.5% 감면 혜택을 제공하고 있습니다. 재산세라 함은 현재 보유 중인 부동산 중 토지 및 건물에 대하여 매년 두 번에 나누어 부과되는 것을 말합니다. 과세기준일이 6월 1일이므로 6월을 전후해 사고파는 경우에 누가 재산세를 부담할 것인지 명확히 해 두어야 하는 특징이 있습니다. 과세 기간은 매년 7월 16일부터 31일까지 주택의 1/2, 매년 9월 16일부터 30일까지 건축물 외에 주택의 토지 1/2에 관한 재산세가 부과됩니다. 7월에 건물분을 납부하고 9월에 토지분을 납부하는 것입니다.

지방세 감면 신청 구비 서류로는 취득가액 등을 증명할 수 있는 것으로 매매 계약서와 잔금 영수증 또는 법인 장부가 해당됩니다. 취득세 감면 신청서 중에는 취득세 신고서와 부동산 사용계획서가 있으며, 분양 계약서로 검인필, 준공 이후 분양 건은 부동산거래신고필증을 첨부해야 합니다. 시행사에게 받은 입금 확인서와 사업자등록증 및 법인등기부등록 사본 그리고 산업단지 입주 계약서 또는 입주 계약 확인서로 산업단지 입주 업체에 해당하는지 확인하게 됩니다. 또한 공장 배치가 필요한데, 간단히 호실 배치를 구분해서 그리면 가능하고, 법인의 경우 재무제표와 손익계산서 및 중소기업 기준 검토표를 준비해야 합니다. 이처럼 지식산업센터 재산세에는 세금 감면 혜택이 있지만 꼼꼼한 서류 검토 과정을 통해 이루어지며, 해당 조건과 맞지 않는 경우도 있어 이를 위해 꼼꼼히 알아보고 가능한 방법을 함께 찾아볼 필요가 있습니다.

#종합부동산세 이해하기

종합부동산세
종합부동산세는 기본적으로 주택과 토지에 부과되는
세금을 말하는 것으로 과세기준일(매년 6월 1일)
현재 보유한 과세유형별 공시가격의 전국 합산액을
기준으로 하여 공제금액인 과세기준금액을 초과하는
재산세 납세의무자를 대상으로 진행합니다.

지식산업센터라 함은 주택 수 산정 대상에서도 제외되는 특징이 있기에 양도소득세 중과와 종합부동산세 과세에서도 제외됩니다. 상업·업무용 부동산 중 지식산업센터를 포함하고 있는 오피스의 투자수익률은 6.0% 수준으로 중대형 상가 등에 비해 더 높다는 장점이 있습니다. 종합부동산세 납부 기간은 12월 1일부터 15일까지이며, 유형은 크게 건축물(주택)과 토지로 나뉩니다. 종합부동산세는 기본적으로 주택과 토지에 부과되는 세금을 말하는 것으로 '과세기준일(매년 6월 1일) 현재 보유한 과세 유형별 공시가격의 전국 합산액'을 기준으로 하여 공제금액인 과세 기준 금액을 초과하는 재산세 납세의무자를 대상으로 진행됩니다. 건축물(주택)은 공시가격 6억을 초과하면 부과 대상이 되고, 1세대 1주택의 경우 공시가격 11억 초과 시 부과 대상이 됩니다. 여기서 말하는 주택이라고 하면 아파트, 빌라, 연립, 단독, 다가구주택을 칭하는 것으로 오피스텔의 경우 주거용이라면 주택 안에 포함됩니다.

토지 같은 경우는 종합합산토지, 별도합산토지가 있습니다. 종합합산토지란 전국 합산 토지의 공시가격 합계액이 5억을 초과하는 것을 말하고, 별도합산토지는 전국 합산 토지의 공시가격 합계액이 80억을 초과할 때를 말합니다. 상가, 오피스 등 사업용 건축물들의 부속 토지로서 공시가격 80억까지 공제가 가능합니다. 지식산업센터의 경우 법령상 인허가 받은 사업용 토지에 포함되는 것으로 기타 일반건축물에 해당하여 별도합산토지에 속합니다. 지식산업센터가 아무리 비싸고, 많이 올랐어도 별도합산토지는 공시가격 80억까지 공제되니 종합부동산세 대상이 아니게 되는 것입니다. 다시 말하면 지식산업센터 건축물 부분은 종합부동산세 면제 대상이면서 토지는 별도합산토지인 만큼 공시가격 80억을 초과해야 종합부동산세 과세 대상에 해당하는 것입니다. 그래서 다른 부동산에 비해 세금에 대한 혜택이 상대적으로 더 많은 장점이 있습니다.

더불어 종합소득세에 대해서 간단하게 살펴보자면, 개인이라면 부동산 임대를 통해 얻는 소득이 있는 경우 종합소득세를 납부하여야 합니다. 종합소득세 납부 기간은 다음 해 5월 1일~5월 31일이며, 부동산 임대 소득을 포함하여 다른 소득까지도 합산해서 납부하는 것이 원칙입니다. 종합소득세는 초과누진세율이라 소득 금액이 커질 시에는 세율도 높아지게 됩니다.

3. 양도 시 - 양도소득세, 증여세

#양도소득세 간단하게 정리하기

양도소득세란 재산의 소유권을 양도하면서 발생하는 소득에 부과하는 세금을 말합니다. 먼저 양도소득세를 계산하기 위해 용어를 설명해 드리겠습니다.

양도차익(소득)이란 양도하고 남은 소득에서 취득가액과 필요경비·공제금액을 뺀 소득이며, 취득가액은 취득 당시 매입 가격에 취득 제 세금을 더한 금액을 말합니다. 또한 필요경비는 양도받은 자산에 들어간 수선비(냉난방기 설치 비용, 인테리어 비용 등 중개 수수료, 취득세, 법무사 비용) 등이 해당됩니다. 부동산 매도 시 세율은 차액에 따라 누진세가 적용되며, 1년에 1회 최초 거래분에 한해 250만 원의 양도소득 기본 공제를 받을 수 있습니다. 참고로 양도세는 단기 투기 거래를 줄이기 위해 비과세 항목이 많은 편입니다.

양도가액 - 취득가액 - 필요경비 = 양도차익

EX) 양도가액: 5억 - 취득가액 2억 - 필요경비 3000만 원 = 양도차익 2억 7000만 원

양도차익 - 장기보유특별공제 = 양도소득금액

EX) 양도차익 2억 7000만 원 - 장기보유특별공제(5년 이상 10% 감면) 2700만 원 = 2억 4300만 원

양도소득금액 - 양도소득 기본공제(250만 원) = 양도소득 과세표준

EX) 2억 4300만 원 - 250만 원 = 2억 4050만 원

양도소득 과세표준 X 양도소득 세율 =양도소득세 산출세액

EX) 2억 4050만 원 * 38% - 1940만 원(누진공제)

양도소득세 산출세액 + 지방소득세 = 총 납부세액

지식산업센터 분양권의 양도세율은 1년 미만의 경우 50%, 1년 이상~2년 미만 40%, 2년 이상은 일반 세율(6~45%)입니다. 지식산업센터 5년 보유 후 감면되는 것은 취득세, 재산세에만 해당되며, 양도세와는 무관하고 지식산업센

터는 주택에 해당되지 않아 1가구 2주택 적용 대상이 아니기 때문에 아무리 많은 호실을 가져도 양도세 중과 대상에 해당되지 않습니다.

#증여세 잘 파악하고 결정하기

지식산업센터는 자녀 증여용으로 최근에 많은 주목을 받고 있습니다. 아파트 등 주택 시장 규제가 나날이 이어지면서 이제는 지식산업센터가 분양 시장 블루칩으로 떠오른 가운데 산업단지 등에 포함되어 대규모 업무지구와 가까운 단지들이 인기를 끌고 있는 모습입니다. 공시지가도 해를 거듭해 점점 더 현실화되면서 종부세도 대폭 늘어나니, 이 기회에 절세 가능한 부동산인 지식산업센터를 자녀들에게 증여하기 위해 알아보는 분들이 많습니다. 어떤 장점이 있기에 지식산업센터를 자녀에게 증여하고 있는지 꼼꼼하게 따져 보도록 하겠습니다.

공제한도금액은 **증여한 날로부터 10년간의 누적 합계 금액을 뜻**합니다.
미리 10년 단위로 계획을 잡아서 전략적으로 증여를 결정하면 부담이 되는 부분을 줄일 수 있습니다.

먼저 증여세 공제 한도액과 같은 정보를 미리 알아 두는 것이 결정에 도움을 줄 수 있습니다. 증여한다고 무조건 세금이 다 부과되는 것은 아니기에 사전에 이런 점을 잘 파악해 볼 필요가 있습니다. 배우자에게 증여할 때는 6억 원, 직계존속 및 직계비속은 5천만 원이며 기타 친족은 1천만 원까지 증여세를 부과하지 않습니다.

공제 한도 금액은 증여한 날로부터 10년간의 누적 합계 금액을 뜻합니다. 그래서 미리 10년 단위로 계획을 잡아서 전략적으로 증여를 결정하면 부담을 줄일 수 있습니다. 배우자와 자녀에게 증여를 한 후 10년이 지나서 다시 하게 되면 새롭게 증여 재산 공제를 받을 수 있기에 이러한 타이밍을 잘 살필 필요가 있는 것입니다. 배우자의 경우 6억 원까지 증여세가 공제되어 10년을 앞서서 이 방법을 적용한다면 상당히 많은 세금을 줄이고 부담을 낮출 수 있습니다. 만약 이전에 증여한 날로부터 10년이 지나지 않았을 시점에서 증여하게 되면 그 이전의 금액과 합산하여 과세되기에 이런 경우 '부담부증여'를 활용하여 절세하기도 합니다.

'부담부증여'란?

'부담부증여'란 증여 재산에 포함된 채무까지 이전하는 것을 이야기하는 것으로 부동산 구입할 때 받은 대출이나 해당 부동산의 전세권설정 등이 포함된 것을 뜻합니다.

부담부증여란 증여 재산에 포함된 채무까지 이전하는 것으로, 즉 부동산을 구입할 때 받은 대출 또는 해당 부동산 전세권 등을 포함하여 증여하는 것이라 볼 수 있습니다. 채무액과 관련해서는 유상 양도로 구별되어 양도세가 부과되고, 이를 제외한 나머지만 증여 재산으로 간주하게 되는 것입니다. 만약 증여 시 공제되는 액수를 제외하고 해당 증여 금액이 임대 보증금이나 대출금으로 되어 있다면 실제로 내야 할 증여세는 결국 한 푼도 없게 되는 것입니다. 따라서 전략적으로 접근해야 합니다. 지식산업센터는 자녀에게 증여하기에 아주 좋은 부동산 상품이 분명합니다. 주택과 비교했을 때 주택 구입 자금 대출의 기준이 되는 LTV, DTI, DSR같이 총체적 상환 능력 비율을 지식산업센터 구입 시에는 점검하지 않게 됩니다. 또한 자금 조달 계획서 자체를 요구하지 않아서 절차가 간편하고, 대출 비율이 높기에 부담부증여를 할 수 있는 요인으로도 충분합니다.

증여세의 납부 의무는 수증자에게 있습니다.
재산을 증여하는 사람이 내는 것이 아니라
재산을 증여 받는 사람이 내야 하기 때문에 주의해야 합니다.
재산을 주는 사람이 증여세까지 대납할 경우
별도 가산세가 추징될 수 있습니다.

여기서 꼭 짚고 넘어가야 할 것은 우리가 흔히 재산을 넘겨주는 과정만 생각하고 결정하지만, 증여세의 납부 의무는 수증자에게 있기 때문에 재산을 증여하는 사람이 아니라 재산을 증여받는 사람이 내야 합니다. 만약 재산을 주는 사람이 증여세까지 대납해 줄 경우 그 비용 자체도 증여세 추가 대상이라고 할 수 있습니다. 흔히 이것을 모르고 대납까지 해 주는 경우가 의외로 많이 존재합니다. 추가 대상으로 잡히는 것은 물론 별도로 가산세에 이자까지 추징당할 수 있기에 충분한 계획이 필요합니다. 증여받는 자녀가 소득이 없을 때 내야 할 증여세에 추가 세금을 현금으로 더하는 방법도 있고, 소득이 있는 경우 대출을 받아 직접 증여세를 납부하도록 하는 방법도 있습니다.

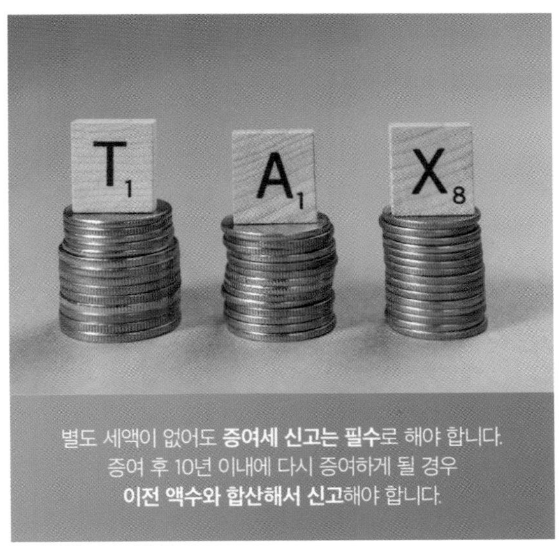

별도 세액이 없어도 **증여세 신고는 필수**로 해야 합니다.
증여 후 10년 이내에 다시 증여하게 될 경우
이전 액수와 합산해서 신고해야 합니다.

또한 별도 세액이 없어도 증여세 신고는 필수입니다. 증여 후 10년 이내에 다시 증여를 결정하게 되는 경우에는 이전에 했던 액수와 합산해서 신고해야 합니다. 만약 이전에 했던 신고 자료가 없다거나 혹은 신고했던 금액이 얼마인지 정확히 입증하지 못할 시 해당 부동산의 현시점 금액으로 측정되며, 시세가 많이 오른 상태라면 그만큼 세금 부담도 더해질 수 있습니다. 그래서 증여한 후라면 공제로 인해 낼 세금이 없다고 하더라도 무조건 신고를 해야 하고, 반드시 그 근거를 가지고 있어야 한다는 것입니다. 또한 부담부증여를 절세 목적으로만 사용한다면 또 다른 부정적인 부분에 직면할 수도 있습니다. 바로 부동산실명법[9] 위반 여부인데, 이 법은 조세 포탈, 법령상 제한 회피와 같은 목적으로 소유 부동산을 타인 명의로만 형식적으로 이전할 시, 배우자라고 하더라도 5년 이하의 징역 또는 2억 원 이하의 벌금 등 형사 처벌 대상이 될 수 있습니다. 국세청이 편법적인 부 대물림을 추적하고자 꼼꼼하게 모니터링을 강화하고 있다는 점을 고려해 본다면 절세 목적의 부담부증여는 신중히 선택해야 합니다.

법인을 설립하여 지식산업센터를 매수하는 것도 좋은 방법 중 하나에 속합니다. 법인은 본인 또는 부모와 자녀를 주주로 하여 설립도 가능한데, 법인 신용도에 따라 최대 80%까지 대출이 가능하기 때문에 필요경비로 인정되는 범위가 넓은 것도 하나의 특징이기도 합니다. 훗날 법인의 주식 자체를 자녀에게 넘김으로써 상속, 증여세를 절약할 수도 있지만, 법인의 돈이라 함은 가장 투명하게 운용해야 하므로 개인 명의로 돈을 가져오기 위해서는 따로 근로소득세와 4대 보험을 납부해야 합니다. 이자, 배당 등 금융소득이 2000만 원을 초과할 때는 종합소득세도 신고해야 하는데, 이때 기장 및 법인 등기부 관리가 필요하니 미리 세무사와 상담을 통해 보다 유리한 쪽을 택할 필요가 있습니다.

---

9) 정식 명칭은 「부동산 실권리자명의 등기에 관한 법률」이다.

지식산업센터가 **자녀 증여용으로 각광받는 이유**는 자금조달계획서를 제출하지 않고, 대출 규제가 없으며 다달이 소득을 만들 수 있다는 점입니다.

이미 다주택자의 우회로가 차단되어 배우자나 자녀에 대한 증여에 최고세율을 적용한다는 방침이 생겼습니다. 내년부터 다주택자에 무겁게 세금을 물리는 부동산 세제 개편 등을 골자로 정부가 절세 목적의 주택 증여와 같은 부분에 있어서 적극적으로 차단하게 된 것입니다. 과거 적용되고 있는 3.5%의 증여 취득세율을 최고 12%까지 상향하는 방침과 더불어 세대가 분리된 30세 미만 자녀를 대상으로 하는 증여를 사실상 부모와 같은 세대로 본다는 사항도 이에 해당됩니다. 이러한 상황으로 인해 지식산업센터를 선택하고자 하는 경우가 많아지고, 지식산업센터의 관심은 앞으로도 계속될 것이라 예상해 봅니다.

2부

동탄테크노밸리

기업 임차 수요가 증가하는 요즘 오피스 공실률이 13년 만에 최저 수준으로 떨어지고 있습니다. 이러한 분위기가 이어지고 있는 가운데 따로 아파트형 공장이라 불리는 지식산업센터가 대체 투자처로 주목을 받고 있는 모습을 볼 수 있습니다. 또한 지식산업센터 지원시설 입주 업종 자체를 대폭 확대하는 등 추가적인 규제 완화 움직임을 포함하여 호재로 작용할 것으로 전망됩니다. 특히 주택 시장이 강력한 규제를 받고 나날이 투자 수요가 상업이나 업무용으로 쏠리는 '풍선효과'가 작용하는 등의 추세를 보면 앞으로도 지식산업센터 장점이 더 주목을 받을 것으로 풀이됩니다. 한국부동산원 자료에 따라 본다면 이미 상업이나 업무용 건물은 지난해 전국에서 총 38만 849건이 거래될 정도의 수준을 이루고 있습니다. 전체 건축물 거래량 중에서도 18.01%에 달하는 수치로, 지식산업센터로 대표되는 비오피스텔 건물 유형은 지난해 총 21만 5816건에 포함됩니다. 정부가 최근 마련한 「산업집적활성화 및 공장설립에 관한 법률 시행령·개정규칙」 개정안에서도 앞으로 더 주목받을 투자처로 인정받고 있다고 합니다.

이러한 분위기 가운데 투자 가치로나 실제로 기업을 운영하기 위함으로 수도권 최고의 지식산업센터로 인정받고 있는 것이 바로 동탄테크노밸리입니다. 체계적인 계획과 설계로 지금의 모습이 완성되기까지 용지를 구분해 용도에 맞게 구성하였으며, 특별계획구역과 도시첨단산업단지로 지정하여 더욱 발전된 모습으로 성장하게 되었습니다. 이를 토대로 동탄테크노밸리를 설명하기 위해서는 두 가지로 분류해 볼 수 있는데, 관리 주체에 따른 분류와 용도에 따른 분류로 구분할 수 있습니다. 먼저 관리 주체에 따른 분류 안에는 지자체 관할과 산업단지 관할로 나뉘는데, 이에 대해 자세히 한 번 알아보도록 하겠습니다.

제1장

동탄테크노밸리 관리 주체에 따른 분류

위에서 말씀드렸다시피 동탄테크노밸리는 관리 주체에 따라 분류할 수 있는데, 지자체(화성시) 관할과 화성산업단지 관할 이렇게 두 가지로 구분할 수 있습니다. 지자체에서는 동탄테크노밸리를 포함해 동탄2신도시의 여러 구역을 특별계획구역으로 지정하여 발전시켰고, 화성 산업단지에서는 동탄테크노밸리 내에 일정 구역을 도시첨단산업단지로 구분하여 체계적인 성장을 목표로 발전해 오고 있습니다. 그럼 동탄테크노밸리를 지자체와 화성산업단지가 어떤 구체적인 계획을 가지고 지금의 모습까지 오게 되었는지 자세히 알아보도록 하겠습니다.

1. 지자체 관할 (화성시) - 동탄2신도시 특별계획구역

화성시 동탄2신도시에는 지구단위계획구역으로 신도시 개발이 이루어졌고, 그중 7곳은 특별계획구역으로 따로 지정되어 수도권 최대 신도시로서의 발전을 이루어 나갔습니다. 특별계획구역을 통해 동탄2신도시의 자족성 강화 및 수도권 남부 중핵도시 건설을 위해 광역업무 중심지를 육성하고, 문화적 주거가 결합된 수도권 남부의 랜드마크가 되었습니다. 그중에서도 우리가 주목해야 할 곳은 동탄테크노밸리입니다. 동탄테크노밸리는 21세기 국가 신성장동력 첨단산업을 육성하고, 수도권 남부 산업 고도화 촉진을 위한 최적의 인프라와 도시 시스템을 구축하고 있습니다. 또한 동탄2신도시의 상위 개발 콘셉트인 '한국적 신도시' 실현을 위해 지역적 세계화(Glocalization)를 선도하는 미래 지향적 도시 경관 창출에 방향을 두고 있습니다.

동탄의 미래 가치를 설명할 때 특별계획구역뿐 아니라 경부고속도로 직선·지하화 사업도 빼놓을 수 없습니다. 경부고속도로를 사이에 두고 단절되어 있던 동탄2신도시가 하나의 생활권으로 합쳐지는 수순에 들어섭니다. 내년 2월 준공 예정인 동탄2신도시를 관통하는 경부고속도로 직선·지하화 사업은 주변 부동산 시장에 큰 영향을 미칠 것이고, 그 위 지상부에는 93,995㎡ 규모의 잔디 광장이 조성돼 인근 동탄여울공원과 함께 초대형 녹지 공간이 조성될 예정입니다.

동탄2신도시가 이렇게 체계적인 계획을 가지고 발전해 왔고, 또 발전해 나갈 것이기에 동탄테크노밸리 안에 있는 지식산업센터들이 현재 얼마나 상품성 있는 투자 가치를 지니고 있는지, 또한 앞으로 얼마큼의 미래 가치를 가지고 있는지 확인하실 수 있을 것입니다.

이미지 : 서울특별시 제공

먼저 특별계획구역이란 지구단위계획구역 중에서 현상 설계 등에 의하여 창의적 개발안을 받아들일 필요가 있거나, 계획안을 작성하는 데 상당한 시간이 걸릴 것으로 예상되어 충분한 시간을 가질 필요가 있을 때 별도의 개발안을 만들어 지구단위계획으로 수용 결정하는 구역을 말합니다. 동탄2신도시 지구단위계획에서 지정한 특별계획구역의 명칭, 지정 목적, 주요 도입 시설은 그림과 같습니다.

〈그림 Ⅲ-1-1〉 특별계획구역 지정 총괄도

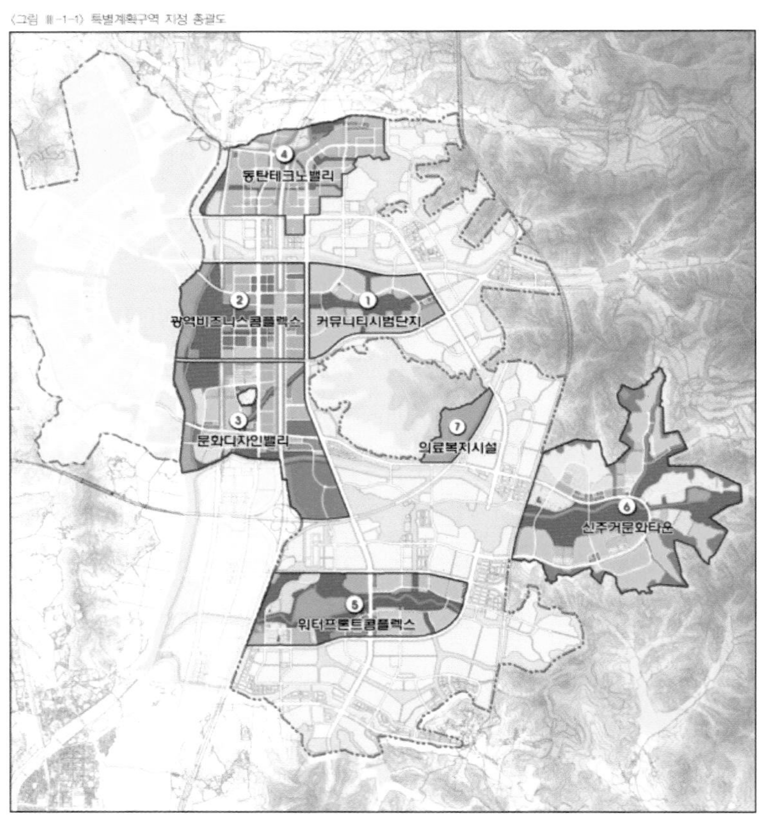

이미지: LH/경기주택도시공사 제공

〈표 Ⅲ-1-1〉 동탄(2) 신도시 특별계획구역 지정개요

구 분		면적(천㎡)	지정목적	주요 도입시설(예시)
1	커뮤니티 시범단지	1,080	• 수도권 최대 신도시로서 첫 이미지를 결정짓는 커뮤니티시범단지의 상징성을 감안한 차별화된 주거단지의 조성	• 복합커뮤니티센터 • 개방형 생활가로 • 열린학교
2	광역비즈니스 콤플렉스	1,500	• TOD 입체복합 개발 마스터플랜 수립 • 동탄(2) 신도시 자족성 강화 및 수도권 남부 중핵도시 건설을 위한 광역업무 중심지 육성	• 글로벌기업 본/지사 • 컨벤션센터/호텔 • 문화시설 • 광역중앙공원(오산천 연계)
3	문화 디자인밸리	2,013	• 세계문화와 지역문화가 공존하는 교류공간의 조성을 통해 수도권 남부를 대표하는 광역문화 거점 형성 • 수변부(오산천, 신리천, 오산리천) 활성화 및 공간 환경 수준 향상을 위한 통합 마스터플랜 수립	• 청소년문화시설 • 캠퍼스타운 • 공공문화복지시설 • 민간복합문화시설
4	동탄 테크노밸리	1,562	• 삼성반도체 등 지역기업, 지구 내 외투기업 등과 연계하여 첨단공장, R&D, 벤처시설이 집적된 수도권 남부의 첨단산업 클러스터 구축 • 기업입지와 외국인 투자유치에 적합한 첨단 도시시스템과 인프라를 갖추어 기업경쟁력 확보 지원, 신제품 시현 · 전시 등이 가능한 첨단기술 시현도시로 개발	• 첨단 도시형공장 • 연구시설 및 벤처시설 • 외투기업단지 • 기업지원시설
5	워터프론트 콤플렉스	1,635	• 산척저수지를 중심으로 수변공원/문화/쇼핑 시설이 복합된 동탄(2) 신도시의 남부 지역 생활권 중심지 조성 • 수변부 통합개발에 의한 도심형 친수공간 및 커뮤니티 중심공간 형성	• 호수공원 • 수변 상업시설 • 문화복합시설 • 주민편익시설
6	신주거 문화타운	3,368	• 저탄소 녹색도시 구현을 위한 지속가능한 미래형 정주모델 창출 • 신리천, 구릉지형 등 한국적 자연환경과 어우러진 전원 주거단지 조성	• 에너지 자립마을 • 중저밀의 한국형 아파트 • 한옥마을 (전통형/현대형) • 전원생활체험공원
7	의료복지 시설	220	• 미래 고령화사회를 대비한 고품격 실버타운 조성 • 자연지형을 친환경적으로 활용하는 단지 조성 후 공급 추진	• 실버세대를 위한 의료시설, 노인복지시설, 부대시설 등
합 계		11,378		

자료제공 : LH/경기주택도시공사 제공

동탄테크노밸리 이외에 다른 특별계획구역을 잠깐 살펴보자면 먼저 광역비즈니스콤플렉스는 도시 속 도시 개념의 24시간 잠들지 않는 활력 있는 도심 공간입니다. 직주 근접의 도시 구조를 형성하여 도심 공동화 현상을 최소화하고 녹지와 옥상 녹화, 보행 공간 등을 계획하여 주거 및 도심 환경을 증진시켰습니다. 동탄테크노밸리와 문화디자인밸리는 현재 70% 이상 개발 완료되었으며, 동탄호수공원을 중심으로 형성되어있는 워터프론트콤플렉스는 주거와 상업시설을 포함하여 현재 큰 규모의 주상복합으로 이루어진 레이크꼬모가 들어서 있어 자연과 사람이 공존하는 신도시 개발 목적과 일치하게 되었습니다.

자료제공 : LH/경기주택도시공사/저자 재가공

여기서 주목할 만한 점은 워터프론트콤플렉스 바로 위로 도시지원시설용지가 있는데 그곳에는 세계 최대의 반도체 노광장비 기업인 네덜란드 ASML이 22년 11월 착공하였고, 그 옆으로는 지난해보다 2배 규모인 5000억 원 후반대 투자를 할 예정이라고 발표한 삼성 SDS 데이터센터가 들어설 예정입니다. 이것만 봐도 이 주변 일대 부동산에 얼마나 큰 변화를 가져올지 예상이 갑니다.

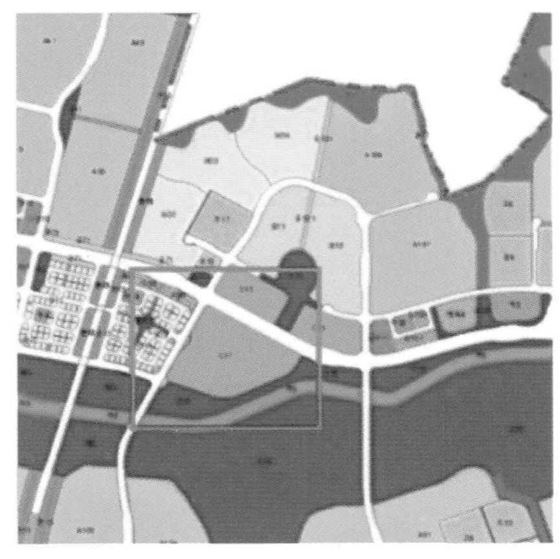

자료제공 : LH/경기주택도시공사/저자 재가공

또한 22년 초 동탄2신도시의 마지막 남은 땅인 신주거문화타운이 뜨거운 열기 속에 청약을 마쳤는데, 그중에서도 C27 블록의 인기가 대단했습니다. 현재 C27 블록은 유리치건설이 낙찰받았으며, 이곳은 입지 특성상 신주거문화타운 안쪽 깊이 있지 않기 때문에 자체 상권 외에 추가로 목동 상권 인프라를 이용할 수 있고, 목동사거리에 광역버스 정류장과 곧 개통하게 될 트램 정거장을 이용하기에 편리합니다. 동탄은 내부 지하철이 없기 때문에 24년에 개통 예정인 트램이 도시 내부를 이동하는 데 매우 중요한 교통수단이 될 것입니다. 우리가 살펴볼 동탄테크노밸리 이외에도 이렇게 모든 구역이 잘 조성되어있고, 서로 인프라를 형성하여 긍정적인 영향을 미치고 있기 때문에 투자가치로서 좋은 방향을 가리키고 있다는 것을 알 수 있습니다.

그렇다면 이제 본격적으로 동탄테크노밸리의 자세한 계획과 목적을 알아보도록 하겠습니다. 위의 표에서 본 것과 같이 동탄테크노밸리의 목적은 삼성반도체 등 지역 기업, 지구 내 외투기업 등과 연계하여 첨단 공장, R&D, 벤처 시설이 집적된 수도권 남부의 첨단산업 클러스터를 구축하고 기업 입지와 외국인 투자 유치에 적합한 첨단 도시 시스템과 인프라를 갖추어 기업 경쟁력 확보 지원, 신제품 시현, 전시 등이 가능한 첨단 기술 시현도시로 개발하기 위함입니다.

① 지정개요

1. 위치 : 동탄(2) 신도시 북측 도시지원시설
2. 면적 : 1,562,315.0㎡ (동탄도시첨단산업단지 149,483㎡ 중복지정, 경기도고시 제2014-47호)
3. 주요 도입시설 : 지식산업센터, 도시형공장, 연구시설, 벤처시설, 기업지원시설, 근로자주택 등

〈그림 Ⅲ-5-64〉 동탄테크노밸리 위치도

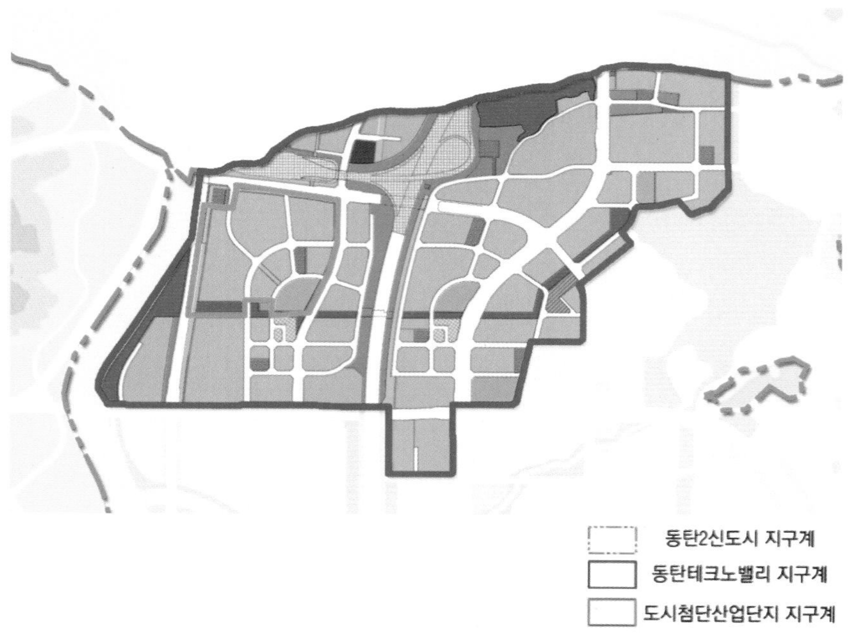

② 토지이용계획

〈표 Ⅲ-5-2〉 동탄테크노밸리 토지이용계획표

구분		면적(㎡)	비율(%)	비고
합계		1,562,315.0	100.0	
근린생활시설용지		10,018.7	0.7	
상업업무용지	상업시설용지	11,009.0	0.7	
	문화복합용지	7,262.8	0.5	
	주상복합용지	43,467.5	2.8	
도시지원시설용지		771,929.8	49.4	
공원녹지		205,719.0	13.1	공원, 녹지 등
공공시설용지		512,908.2	32.8	• 시험림, 사회복지시설, 자동차검사시설, 주차장 등

③ 인구주택계획

〈표 Ⅲ-5-3〉 동탄테크노밸리 인구주택계획

획지번호	주택유형	획지면적(㎡)	세대수(호)	평균규모(㎡)*	최고층수*	건폐율(%)	기준용적률(%)*	비고
계		43,467.5	1,492	-	-	-	-	
C1	60㎡ 이하	11,816.5	444	79	-	60% 이하	425% 이하 (주거 297%이하)	도시첨단산업단지
C2	60㎡ 이하	10,197.2	383	79	-	60% 이하	425% 이하 (주거 297%이하)	
C3	60㎡ 이하	15,094.9	468	79	-	60% 이하	350% 이하 (주거 245%이하)	
C4	60㎡ 이하	6,358.9	197	79	-	60% 이하	350% 이하 (주거 245%이하)	

주1) 평균규모는 세대수 산정을 위한 기준임
주2) 기준용적률은 부대복리시설이 포함된 것임
주3) 층수산정시 테라스하우스 등 접지가 가능한 층은 모두 1층으로 본다
주4) C1블록은 경기도고시 제2014-47호에 따른 동탄도시첨단산업단지에 포함됨

자료제공 : LH/경기주택도시공사 제공

먼저 위의 표에서 볼 수 있는 "도시지원시설용지"라 함은 택지개발지구 내에 당해 지역의 자족 기능 확보를 위한 도시형공장, 벤처기업 및 벤처기업집적시설, 소프트웨어사업용시설 등을 유치하기 위해 조성되는 용지를 말하며, "공공지원시설용지"라 함은 도시지원시설용지에 입주하는 기업을 지원하기 위한 비즈니스지원시설, 편익시설, 복지시설 등을 유치하기 위해서 조성되는 용지를 말합니다. 또한 "근로자주택용지"라 함은 동탄테크노밸리 직주근접을 실현하기 위하여 조성되는 소형주택용지로서 60㎡ 이하 소형 주택을 말합니다. 이들 중 우리가 주목해야 할 요소는 주택용지로서 동탄테크노밸리 안에 주거 공간이 이루어져 있다는 사실입니다. 현재 동탄테크노밸리에 위치한 주거 공간으로는 총 11개(C1, C2, C3, C4, 산2-2, 지04, 지14, 지25, 지35, 지39, 지40) 블록이 있고, 그 안에 아파트 1,764개, 오피스텔 1,097개, 기숙사 1,304개로 총 4,165개의 주거 환경이 조성되어 있습니다. 이는 직주근접의 목적을 둔 결과로서 실제 직접적으로 누리게 될 기업들뿐 아니라 투자자들까지도 동탄테크노밸리로 모이는 이유라고 할 수 있습니다.

〈그림Ⅲ-5-65〉 One-Path 개념도

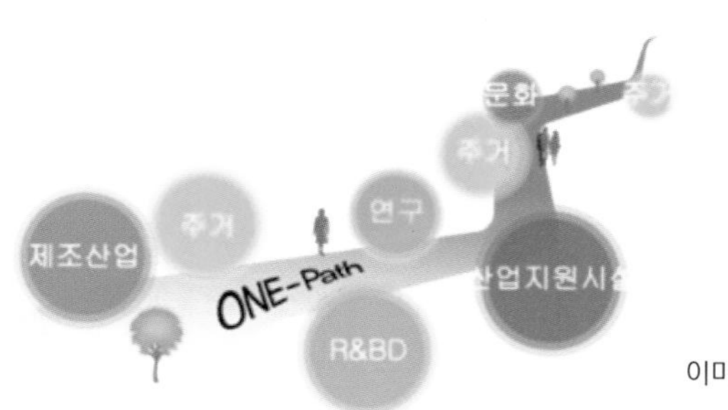

이미지 : LH/경기주택도시공사 제공

동탄테크노밸리는 단순한 산업단지를 넘어 주거 기능을 갖춘 직주근접이 실현되고 있으며, 그와 더불어 주거 생활에 필요한 편의생활시설도 함께 들어서 있다는 것이 가장 큰 핵심이자 장점입니다. 이뿐 아니라 보행자 중심의 거리 조성을 위하여 "One-Path"를 계획하였습니다. One-Path라 함은 근로 능률 향상을 위하여 주거, 편익, 공공, 문화시설 등을 종합적으로 배치한 다기능 복합 보행축으로서 각 권역별 중심지를 연계하는 테크노밸리의 중심 공간을 말하는 것입니다. 이러한 거리의 보행 활성화를 위해 건물 1, 2층은 카페, 음식점, 전시장, 보육시설, 복지시설 등 근로자를 위한 시설로 조성하였습니다. 쾌적한 보행 환경 조성을 위해 차량의 속도 저감, 무장애 공간 조성 기법을 도입하여 안전한 거리를 조성하고, 도로 공간을 효율적으로 운용하여 한정된 공간에서 최대한의 녹지 공간을 확보하였습니다.

〈그림Ⅲ-5-8〉 One-Path 조성 예시도

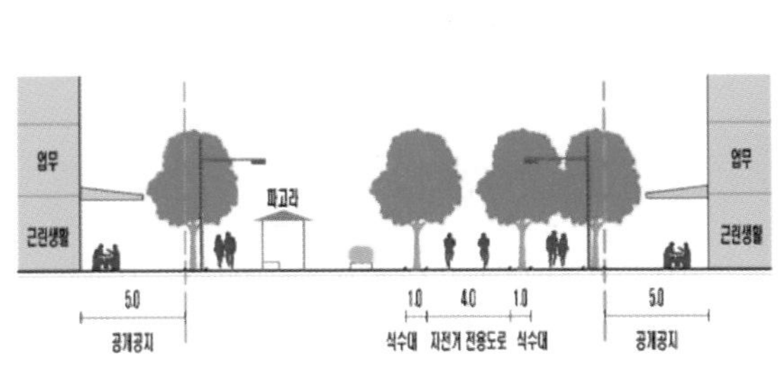

이미지 : LH/경기주택도시공사 제공

토지이용계획표에 보면 녹지 비율이 17.6%(273,640㎡)로 나와 있는 것을 확인할 수 있습니다. 기존에 다른 디지털단지와 비교해 보았을 때, 이처럼 녹지 비율이 높게 차지하는 것은 흔치 않은 모습입니다. 그만큼 업무 환경이 좋고, 일의 능률을 올리기 적합한 구조로 이루어져 있다고 볼 수 있습니다. 기존과는 차별화된 설계로 아파트형 공장이라는 삭막한 이미지를 벗어던지고, 주거 환경과 녹지 조성으로 업무 환경의 질을 높여 근로자들의 만족을 더욱 이끌어 내는 구조입니다. 요즘은 딱딱한 건물 안에 갇혀 일만 하는 것이 아니라 자유로운 공간과 시간 속에서 일하는 시대로 변화하였기 때문에 그만큼 주변 환경 조성이 중요한 부분으로 작용하게 되고 시대의 흐름을 잘 이해한 설계라고 할 수 있습니다.

제3조 (개발방향)

① 삼성반도체 등 지역기업 및 지구 내 첨단 외투기업과 연계하여 21세기 국가 신성장동력 첨단산업 육성

② 기업활동 지원과 수도권 남부 산업고도화 촉진을 위한 최적의 인프라 및 도시시스템 구축

③ 정부 • 경기도의 산업정책에 활용할 수 있는 외투기업 유치 및 첨단 복합단지 개발기반 확보

④ 동탄(2) 신도시 상위 개발컨셉인 '한국적 신도시' 실현을 위해 지역적 세계화(Glocalization)를 선도하는 미래지향적 도시경관 창출

자료제공 : LH/경기주택도시공사 제공

또한 삼성이라는 우리나라 최고의 대기업이 주는 낙수효과로 인해 협업 업체들이 끊이지 않게 유입되고 있고, 이러한 업무 조건을 보고 많은 기업들이 모여들고 있기에 동탄테크노밸리의 가치는 더욱 상승 중에 있습니다. 말 그대로 특별한 특별계획구역을 바탕으로 체계적인 계획과 이행이 지금의 동탄테크노밸리를 완성시켰습니다.

2. 화성산업단지 관할 - 동탄 도시첨단산업단지

동탄테크노밸리 내에 화성산업단지 관할로 지정된 동탄도시첨단산업단지는 동탄2신도시 테크노밸리 내 첨단산업 입주 기업의 지원 확대를 위하여 지정되었습니다. 신도시 내 복합 입지 활성화를 통해 일자리를 창출하고 화성시 지역 특화산업을 육성하여 지역 경제의 활성화와 도시 경쟁력을 확보하는 데 목표를 두었습니다. 또한 산업단지는 용도별 구역 계획을 정하여 체계적으로 관리하였습니다. 구역은 산업시설, 지원시설, 공공시설, 녹지 구역으로 나누어져 있으며, 배치 기준을 세워 명확한 목표로 발전되었습니다. 또한 주차장용지까지 포함하고 있어 복잡한 주차 공간을 해소해 주는 역할을 하고 있습니다. 현재 산업단지 내에는 지식산업센터를 포함해 우정바이오, 서린바이오 등 바이오 기업들이 대거 들어와 있으며, 주상복합용지에는 동탄역 힐스테이트(C1)가 들어와 있어 산업단지 또한 직주근접의 설계를 바탕으로 하고 있습니다.

이미지 : 화성산업단지관리사업소 제공

보시는 바와 같이 현재 복합용지가 신설로 지정되었습니다. 이곳은 인큐베이팅센터로 LH에서 직접 시행하여 입주 기업 종사자의 직주근접 실현을 위한 행복주택과 스마트시티산업 창업 기업의 집적 커뮤니티를 제공하고, 다양한 기업지원시설과 공간 및 프로그램을 종합적으로 제공하는 혁신적인 공간으로 22년 말 입주 예정에 있습니다. 이를 통해 안정된 주거 공간과 일자리 창출 공간이 함께 제공되는 혁신적인 창업 생태계를 창출하게 될 것이라는 기대를 안고 있습니다.

이미지 : LH/경기주택도시공사 제공

인큐베이팅센터는 입주 기업 유치와 기업 지원으로 구분하여 운영됩니다. 입주 기업 모집 대상에는 스마트시티산업 분야 창업 기업과 기업부설 연구소로 제한을 두었고, 여기서 창업 기업이란 스마트시티 창업 후 7년 이내(신청 접수 일자 기준) 중소기업을 말합니다. 입주를 지원한 기업을 대상으로 1단계 서류 평가, 2단계 사업 계획서 평가로 선발되게 됩니다. 임대 가격이 감정가의 90%로 측정되어있으니 비교적 시세보다 저렴한 금액으로 입주할 수 있는 조건입니다. 기업 지원 같은 경우는 코워킹스페이스, 메이커스페이스 등 기업 지원 공간을 운영하게 되는데 정부와 지자체 협조를 통해 프로그램을 제공할 계획입니다.

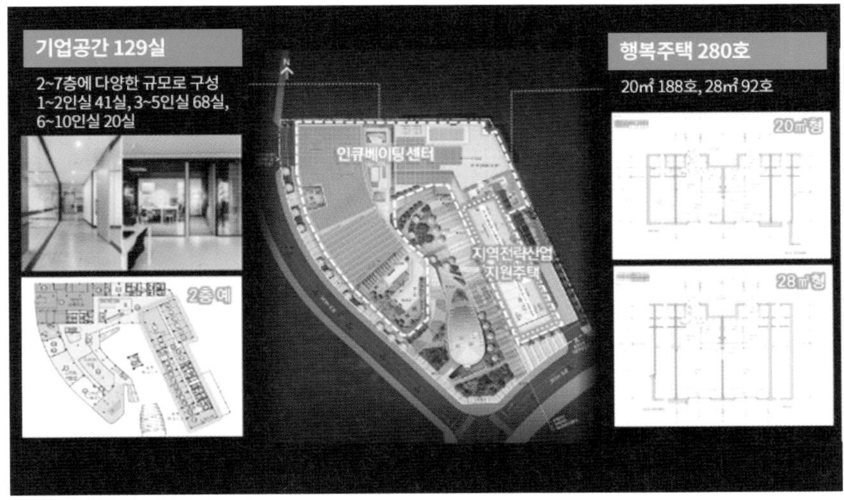

자료제공 : LH/경기주택도시공사 제공

직주근접의 혁신적인 공간으로서 창업 단계별 기업 규모를 고려하여 창업 공간 및 주거 성향별 행복주택을 공급하게 됩니다. 행복주택은 지역전략산업 지원주택으로 동탄2 인큐베이팅센터의 입주 대상 유치 업종인 스마트시티산업 분야 11개 업종에 해당하는 기업의 종사자에게 우선 공급되며, 행복주택 입주 요건이 충족해야 합니다. 24시간 창업 활동이 가능하도록 업무, 주거, 편의 공간을 통합하여 원스톱으로 지원하고 있는 인큐베이팅센터에 앞으로 더 많은 관심이 쏠릴 것으로 예상됩니다.

다음으로 가장 많은 부분을 차지하고 있는 동탄 도시첨단산업단지의 산업시설용지에는 첨단산업과 지식문화사업 관련 업종을 유치하였습니다. 지식문화산업은 방송, 통신, 서비스산업 등이 주를 이루므로 주거 및 상업시설 용지 인근의 소필지 중심으로 지정되었고, 첨단산업은 제조업 중심 입주가 예상되어, 주거 환경의 쾌적성을 위해 이격거리를 확보하여 대형 필지 중심으로 유도하였습니다. 복합용지는 입주 가능한 업종과 지구단위계획에서 허용한 용도로만 사용해야 하기에 가능 업종을 잘 알아보아야 합니다. 이렇게 엄격한 업종 배치 계획에 따라 적합한 업종에 맞춰 경영해야 하지만, 부수적으로 동탄 도시첨단산업단지 관리 기본 계획에서 정한 업종별 배치 계획에 따라 입주할 수 있는 업종을 관리 기관과의 협의를 통해 건축 연면적의 3분의 1의 범위 내에서 복합적으로 경영할 수 있도록 범위를 넓혀 주었습니다.

구분		면적(㎡)	구성비(%)	비고
총계		149,483	100.00	
산업시설용지	소계	105,816	70.8	
	산업시설용지	95,063	63.6	
	복합용지	10,753	7.2	1개소
주거 및 상업시설용지	소계	11,812	7.9	
	주상복합용지	11,812	7.9	444세대
지원시설용지	소계	3,182	2.1	
	주차장	3,182	2.1	1개소
지원시설용지	소계	28,673	19.2	
	근린공원	37,746	5.2	1개소
	공공공지	1,330	0.9	1개소
	도로	19,597	13.1	

자료제공 : 화성산업단지관리사업소 제공

업 종 배 치 도

범 례

<table>
<tr><th colspan="2">구분</th><th>유 치 업 종 명</th></tr>
<tr><td rowspan="2">산업
시설
용지</td><td>지식
문화
산업</td><td>출판업(J58), 영상·오디오 기록물 제작 및 배급업(J59), 방송업(J60), 통신업(J61), 컴퓨터 프로그래밍, 시스템 통합 및 관리업(J62), 정보서비스업(J63), 연구개발업 (M70), 전문서비스업(M71), 건축기술, 엔지니어링 및 기타 과학기술서비스업(M72), 기타 전문, 과학 및 기술 서비스업(M73), 사업지원 서비스업(N75), 교육 서비스업 (P85), 창작, 예술 및 여가관련 서비스업 (R90, 단 9023제외)</td></tr>
<tr><td>첨단
산업</td><td>인쇄 및 기록매체복제업(C18), 의료용 물질 및 의약품 제조업(C21), 금속가공제품 제조업전자부품(C25), 컴퓨터, 영상, 음향 및 통신장비 제조업(C26), 의료, 정밀, 광학기기 및 시계 제조업(C27), 전기장비 제조업(C28), 기타 기계 및 장비 제조업(C29), 자동차 및 트레일러 제조업(C30), 기타 운송장비 제조업(C31)</td></tr>
<tr><td colspan="2">복합용지</td><td>인쇄 및 기록매체복제업(C18), 의료용 물질 및 의약품 제조업(C21), 금속가공제품 제조업전자부품(C25), 컴퓨터, 영상, 음향 및 통신장비 제조업(C26), 의료, 정밀, 광학기기 및 시계 제조업(C27), 전기장비 제조업(C28), 기타 기계 및 장비 제조업(C29), 자동차 및 트레일러 제조업(C30), 기타 운송장비 제조업(C31) 출판업(J58), 영상·오디오 기록물 제작 및 배급업(J59), 방송업(J60), 통신업(J61), 컴퓨터 프로그래밍, 시스템 통합 및 관리업(J62), 정보서비스업(J63), 연구개발업 (M70), 전문서비스업(M71), 건축기술, 엔지니어링 및 기타 과학기술서비스업(M72), 기타 전문, 과학 및 기술 서비스업 (M73), 사업지원 서비스업(N75), 교육 서비스업(P85), 창작, 예술 및 여가관련 서비스업(R90, 단 9023제외)</td></tr>
</table>

자료제공 : 화성산업단지관리사업소 제공

<입주 대상 업종>

(1) 지식문화산업(중분류 13개 업종)

분류번호	항 목 명	분류번호	항 목 명
58111	교과서 및 학습서적 출판업	72111	건축 설계 및 관련 서비스업
58112	만화 출판업	72112	도시계획 및 조경설계 서비스업
58113	일반 서적 출판업	72121	건물 및 토목엔지니어링 서비스업
58121	신문 발행업	72122	환경관련 엔지니어링 서비스업
58122	잡지 및 정기간행물 발행업	72129	기타 엔지니어링 서비스업
58123	정기 광고간행물 발행업	72911	물질성분 검사 및 분석업
58190	기타 인쇄물 출판업	72919	기타 기술 시험, 검사 및 분석업
58211	유선 온라인 게임 소프트웨어 개발 및 공급업	72921	측량업
58212	모바일 게임 소프트웨어 개발 및 공급업	72922	제도업
58219	기타 게임 소프트웨어 개발 및 공급업	72923	지질조사 및 탐사업
58221	시스템 소프트웨어 개발 및 공급업	72924	지도제작업
58222	응용 소프트웨어 개발 및 공급업	73100	수의업
59111	일반 영화 및 비디오물 제작업	73201	인테리어 디자인업
59112	애니메이션 영화 및 비디오물 제작업	73202	제품 디자인업
59113	광고 영화 및 비디오물 제작업	73203	시각 디자인업
59114	방송 프로그램 제작업	73209	패션, 섬유류 및 기타 전문 디자인업
59120	영화, 비디오물 및 방송 프로그램 제작 관련 서비스업	73301	인물사진 및 행사용 영상 촬영업
59130	영화, 비디오물 및 방송 프로그램 배급업	73302	상업용 사진 촬영업
59141	영화관 운영업	73303	사진 처리업
59142	비디오물 감상실 운영업	73901	매니저업
59201	음악 및 기타 오디오물 출판업	73902	번역 및 통역서비스업
59202	녹음시설 운영업	73903	사업 및 무형 재산권 중개업

60100	라디오 방송업	73904	물품 감정, 계량 및 견본 추출업
60210	지상파 방송업	73909	그 외 기타 분류 안된 전문, 과학 및 기술 서비스업
60221	프로그램 공급업	75110	고용 알선업
60222	유선방송업	75121	임시 및 일용 인력 공급업
60229	위성 및 기타 방송업	75122	상용 인력 공급 및 인사관리 서비스업
61100	공영 우편업	75210	여행사업
61210	유선통신업	75290	기타 여행보조 및 예약 서비스업
61220	무선 및 위성통신업	75310	경비 및 경호 서비스업
61291	통신 재판매업	75320	보안시스템 서비스업
61299	그 외 기타 전기 통신업	75330	탐정 및 조사 서비스업
62010	컴퓨터 프로그래밍 서비스업	75911	문서 작성업
62021	컴퓨터시스템 통합 자문 및 구축 서비스업	75912	복사업
62022	컴퓨터 시설 관리업	75919	기타 사무지원 서비스업
62090	기타 정보 기술 및 컴퓨터운영 관련 서비스업	75991	콜센터 및 텔레마케팅 서비스업
63111	자료 처리업	75992	전시, 컨벤션 및 행사 대행업
63112	호스팅 및 관련 서비스업	75993	신용조사 및 추심 대행업
63120	포털 및 기타 인터넷 정보 매개 서비스업	75994	포장 및 충전업
63910	뉴스 제공업	75999	그 외 기타 분류 안된 사업 지원 서비스업
63991	데이터베이스 및 온라인 정보제공업	85502	방문 교육학원
63999	그 외 기타 정보 서비스업	85503	온라인 교육학원
70111	물리, 화학 및 생물학 연구개발업	85611	태권도 및 무술 교육기관
70112	농림수산학 및 수의학 연구개발업	85612	기타 스포츠 교육기관
70113	의학 및 약학 연구개발업	85613	레크리에이션 교육기관
70119	기타 자연과학 연구개발업	85614	청소년 수련시설 운영업
70121	전기 · 전자공학 연구 개발업	85631	외국어학원
70129	기타 공학 연구개발업	85632	기타 교습학원

70130	자연과학 및 공학 융합 연구개발업	85640	사회교육시설
70201	경제 및 경영학 연구 개발업	85650	직원훈련기관
70209	기타 인문 및 사회 과학 연구개발업	85669	기타 기술 및 직업훈련학원
71101	변호사업	85691	컴퓨터 학원
71102	변리사업	85699	그 외 기타 분류 안된 교육기관
71103	법무사업	85701	교육관련 자문 및 평가업
71109	기타 법무관련 서비스업	85709	기타 교육지원 서비스업
71201	공인회계사업	90110	공연시설 운영업
71202	세무사업	90121	연극단체
71209	기타 회계 관련 서비스업	90122	무용 및 음악단체
71310	광고 대행업	90123	기타 공연단체
71391	옥외 및 전시 광고업	90131	공연 예술가
71392	광고매체 판매업	90132	비공연 예술가
71393	광고물 문안, 도안, 설계 등 작성업	90191	공연 기획업
71399	그 외 기타 광고 관련 서비스업	90192	공연 및 제작관련 대리업
71400	시장조사 및 여론조사업	90199	그 외 기타 창작 및 예술관련 서비스업
71511	제조업 회사본부	90211	도서관 및 기록보존소 운영업
71519	기타 산업 회사본부	90212	독서실 운영업
71531	경영컨설팅업	90221	박물관 운영업
71532	공공관계 서비스업	90222	사적지 관리 운영업
71600	기타 전문 서비스업	90290	기타 유사 여가관련 서비스업

(2) 첨단산업(중분류 9개 업종)

분류 번호	항 목 명	분류 번호	항 목 명
18111	경 인쇄업	28119	기타 전기 변환장치 제조업
18112	스크린 인쇄업	28121	전기회로 개폐, 보호 장치 제조업
18113	오프셋 인쇄업	28122	전기회로 접속장치 제조업
18119	기타 인쇄업	28123	배전반 및 전기 자동제어반 제조업
18121	제판 및 조판업	28202	축전지 제조업
18122	제책업	28301	광섬유 케이블 제조업
18129	기타 인쇄 관련 산업	28303	절연 코드세트 및 기타 도체 제조업
18200	기록매체 복제업	28410	전구 및 램프 제조업
21101	의약용 화합물 및 항생물질 제조업	28421	운송장비용 조명장치 제조업
21102	생물학적 제제 제조업	28422	일반용 전기 조명장치 제조업
21210	완제 의약품 제조업	28423	전시 및 광고용 조명 장치 제조업
21220	한의약품 제조업	28429	기타 조명장치 제조업
21230	동물용 의약품 제조업	28511	주방용 전기기기 제조업
21300	의료용품 및 기타 의약 관련제품 제조업	28512	가정용 전기 난방기기 제조업
25111	금속 문, 창, 셔터 및 관련제품 제조업	28519	기타 가정용 전기기기 제조업
25112	구조용 금속판 제품 및 공작물 제조업	28520	가정용 비전기식 조리 및 난방 기구 제조업
25113	육상 금속 골조 구조재 제조업	28901	전기경보 및 신호장치 제조업
25114	수상 금속 골조 구조재 제조업	28902	전기용 탄소제품 및 절연제품 제조업
25121	산업용 난방보일러 및 방열기 제조업	28903	교통 신호장치 제조업
25130	핵반응기 및 증기보일러 제조업	28909	그 외 기타 전기장비 제조업
25911	분말 야금제품 제조업	29111	내연기관 제조업
25924	절삭 가공 및 유사 처리업	29119	기타 기관 및 터빈 제조업
25931	날붙이 제조업	29120	유압기기 제조업
25932	일반 철물 제조업	29131	액체 펌프 제조업

25933	비동력식 수공구 제조업	29132	기체 펌프 및 압축기 제조업
25934	톱 및 호환성 공구 제조업	29133	탭, 밸브 및 유사장치 제조업
25941	볼트 및 너트류 제조업	29141	구름베어링 제조업
25942	그 외 금속 파스너 및 나사제품 제조업	29142	기어 및 동력 전달장치 제조업
25991	금속캔 및 기타 포장 용기 제조업	29150	산업용 오븐, 노 및 노용 버너 제조업
25992	수동식 식품 가공기기 및 금속 주방용기 제조업	29161	산업용 트럭 및 적재기 제조업
25993	금속 위생용품 제조업	29162	승강기 제조업
25994	금속 표시판 제조업	29163	컨베이어장치 제조업
25999	그 외 기타 분류 안된 금속 가공제품 제조업	29169	기타 물품 취급장비 제조업
26111	메모리용 전자집적회로 제조업	29171	산업용 냉장 및 냉동 장비 제조업
26112	비메모리용 및 기타 전자집적회로 제조업	29172	공기 조화장치 제조업
26121	발광 다이오드 제조업	29173	산업용 송풍기 및 배기장치 제조업
26129	기타 반도체소자 제조업	29174	기체 여과기 제조업
26211	액정 표시장치 제조업	29175	액체 여과기 제조업
26212	유기발광 표시장치 제조업	29176	증류기, 열교환기 및 가스발생기 제조업
26219	기타 표시장치 제조업	29180	사무용 기계 및 장비 제조업
26221	인쇄회로기판용 적층판 제조업	29191	일반저울 제조업
26222	경성 인쇄회로기판 제조업	29192	용기 세척, 포장 및 충전기 제조업
26223	연성 및 기타 인쇄회로 기판 제조업	29193	분사기 및 소화기 제조업
26224	전자부품 실장기판 제조업	29194	동력식 수지공구 제조업
26291	전자축전기 제조업	29199	그 외 기타 일반 목적용 기계 제조업
26292	전자저항기 제조업	29210	농업 및 임업용 기계 제조업
26293	전자카드 제조업	29221	전자 응용 절삭기계 제조업
26294	전자코일, 변성기 및 기타 전자유도자 제조업	29222	디지털 적층 성형기계 제조업
26295	전자감지장치 제조업	29223	금속 절삭기계 제조업

26299	그 외 기타 전자부품 제조업	29224	금속 성형기계 제조업
26310	컴퓨터 제조업	29229	기타 가공 공작기계 제조업
26321	기억장치 제조업	29230	금속 주조 및 기타 야금용 기계 제조업
26323	컴퓨터 프린터 제조업	29241	건설 및 채업용 기계·장비 제조업
26329	기타 주변기기 제조업	29242	광물처리 및 취급 장비 제조업
26410	유선 통신장비 제조업	29250	음 · 식료품 및 담배 가공기계 제조업
26421	방송장비 제조업	29261	산업용 섬유 세척, 염색, 정리 및 가공 기계 제조업
26422	이동전화기 제조업	29269	기타 섬유, 의복 및 가죽 가공 기계 제조업
26429	기타 무선 통신장비 제조업	29271	반도체 제조용 기계 제조업
26511	텔레비전 제조업	29272	디스플레이 제조용 기계 제조업
26519	비디오 및 기타 영상 기기 제조업	29280	산업용 로봇 제조업
26521	라디오, 녹음 및 재생 기기 제조업	29291	펄프 및 종이 가공용 기계 제조업
26529	기타 음향기기 제조업	29292	고무, 화학섬유 및 플라스틱 성형기 제조업
26600	마그네틱 및 광학 매체 제조업	29293	인쇄 및 제책용 기계 제조업
27111	방사선 장치 제조업	29294	주형 및 금형 제조업
27112	전기식 진단 및 요법 기기 제조업	29299	그 외 기타 특수목적용 기계 제조업
27191	치과용 기기 제조업	30110	자동차용 엔진 제조업
27192	정형외과용 및 신체 보정용 기기 제조업	30121	승용차 및 기타 여객용 자동차 제조업
27193	안경 및 안경렌즈 제조업	30122	화물자동차 및 특수 목적용 자동차 제조업
27194	의료용 가구 제조업	30201	차체 및 특장차 제조업
27199	그 외 기타 의료용 기기 제조업	30202	자동차구조및장치변경업
27211	레이더, 항행용 무선 기기 및 측량 기구 제조업	30203	트레일러 및 세미트레일러 제조업
27212	전자기 측정, 시험 및 분석기구 제조업	30310	자동차 엔진용 신품 부품 제조업
27213	물질 검사, 측정 및 분석기구 제조업	30320	자동차 차체용 신품 부품 제조업

27214	속도계 및 적산계기 제조업	30331	자동차용 신품 동력 전달장치 제조업
27215	기기용 자동측정 및 제어장치 제조업	30332	자동차용 신품 전기 장치 제조업
27216	산업 처리공정 제어 장비 제조업	30391	자동차용 신품 조향장치 및 현가장치 제조업
27219	기타 측정, 시험, 항해, 제어 및 정밀기기 제조업	30392	자동차용 신품 제동 장치 제조업
27301	광학렌즈 및 광학요소 제조업	30399	그 외 자동차용 신품 부품 제조업
27302	사진기, 영사기 및 관련장비 제조업	30400	자동차 재제조 부품 제조업
27309	기타 광학기기 제조업	31201	기관차 및 기타 철도 차량 제조업
27400	시계 및 시계부품 제조업	31202	철도 차량 부품 및 관련 장치물 제조업
28111	전동기 및 발전기 제조업	31311	유인 항공기, 항공 우주선 및 보조장치 제조업
28112	변압기 제조업	31312	무인 항공기 및 무인 비행장치 제조업
28113	방전램프용 안정기 제조업	31321	항공기용 엔진 제조업
28114	에너지 저장장치 제조업	31322	항공기용 부품 제조업
		31991	자전거 및 환자용 차량 제조업

※ 입주계약 체결 시 입주가능업종이었으나, 관련 산업분류코드 개정에 따라 분류번호 변경으로 입주가능업종에서 제외된 경우에는 관리기관과의 협의 등을 거쳐 입주할 수 있다.(예, 비금융지주회사, 71520⇒64992)

자료제공 : 화성산업단지관리사업소 제공

<입주 제한 업종>

※ 지식산업형(I4)에 허용된 지식산업센터, 도시형공장은 다음 각 호의 어느 하나에 해당하지 않는 경우에 한하여 허용한다.

1. 「대기환경보전법」 제2조제9호에 따른 특정대기유해물질이 같은 법 시행령 제11조 제1항제1호에 따른 기준 이상으로 배출되는 것
2. 「대기환경보전법」제2조 제11호에 따른 대기오염물질배출시설에 해당하는 시설로써 동법 시행령 별표1의3에 따른 1종사업장 내지 4종사업장에 해당하는 것
3. 수질 및 수생태계 보전에 관한 법률」 제2조제8호에 따른 특정수질유해물질이 같은 법 시행령 제31조제1항제1호에 따른 기준 이상으로 배출되는 것. 다만, 동법 제34조에 따라 폐수무방류배출시설의 설치허가를 받아 운영하는 경우를 제외한다.
4. 수질 및 수생태계 보전에 관한 법률」 제2조제10호에 따른 폐수배출시설에 해당하는 시설로서 같은 법 시행령 별표 13에 따른 제1종사업장부터 제4종사업장까지에 해당하는 것
5. 「폐기물관리법」제2조 제4호에 따른 지정폐기물을 배출하는 것
6. 「소음・진동규제법」제7조에 따른 배출허용기준의 2배 이상인 것

자료제공 : 화성산업단지관리사업소 제공

이와 같이 입주 가능 업종과 입주 제한 업종이 규정되어 있습니다. 입주 기업체가 분양받은 산업 용지를 입주 계약에 의한 용도로 사용되지 않고 있을 때는 산업 용지를 환수할 수 있으며, 산집법이 정하는 바에 따라 입주 계약을 해지할 수 있으니 입주 가능 업종과 제한 업종을 잘 살펴보아야 합니다. 하지만 위에서 말씀드렸다시피 관리 기관과의 협의를 거쳐 복합적으로 이용할 수도 있는데, 예를 들어 입주 가능한 지식문화산업을 첨단산업 구역으로, 입주 가능한 첨단산업 업종을 지식문화산업구역으로 건축 연면적의 3분의 1 범위 내에서 경영할 수 있습니다.

또한 산업용지 외에도 복합용지에는 창업 공간, 창업 지원 주택, 근린생활, 사회적 기업, 문화시설 등 복합된 인큐베이팅 시설물을 건립하여 창업 지원 및 주거 공간 등으로 제공하고 있고, 녹지 공간까지 조성되어있어 산업단지 또한 근무 환경과 업무 능률을 올리기 위한 최적의 공간으로 설계되었습니다. 이러한 용도적 구분의 공간배치를 함으로써 동탄테크노밸리의 산업단지를 더욱 체계적으로 이끌어갈 수 있고, 긍정적인 투자 가치를 지닌다는 증거입니다.

제2장

동탄테크노밸리 토지 용도에 따른 분류

1050만 평의 수도권 최대 규모인 동탄테크노밸리는 판교테크노밸리의 2배에 달하는 규모를 자랑하며, 동탄1과 동탄 일반 산단을 포함하여 35㎢이며, 주택 15만 호, 입주 인구 41만 명이 생활하는 수도권 남부의 비즈니스 중심 도시이자 기업 지원형 산업 도시입니다. 이러한 거대한 규모의 동탄테크노밸리 용지를 효율적으로 사용하기 위하여 용도에 따라 구분하였는데, 그 종류로는 지식산업용지, 중심지원용지, 도심산업용지, R&D용지, 존치기업, 주상복합, 상업, 공급처리시설, 주차장, 공원, 완충 녹지, 공공공지 이렇게 12개로 구성되어 있습니다. 그림과 같이 용지별로 용도가 구분되어 있고, 그에 맞는 입주 가능 업종이 정해져 있어 그에 맞는 용도로만 사용하게 됩니다.

동탄테크노밸리 공급현황

자료제공 : LH/경기주택도시공사 제공

언뜻 보기에도 가장 많은 부분을 차지하고 있는 지식산업용지(파란색)는 목적 그대로 동탄테크노밸리를 이끌어 가는 머리 역할을 한다고 볼 수 있습니다. 존치기업(분홍색)으로는 한미약품, 삼한 일렉트로닉스, SH뷰텍, KMW, 현대다이모스, 등이 자리 잡고 있습니다. 또한 여기서도 주의 깊게 봐야 할 점은 동탄테크노밸리 내에 주거가 포함되어 있다는 것인데, 그것이 바로 중심지원용지(초록색)와 주상복합용지(주황색)입니다. 대부분의 용지에 업무시설은 오피스텔이 제외되지만 중심지원용지의 업무시설에만 오피스텔이 가능하다는 것을 확인하실 수 있습니다.

블럭	ART	OP	기숙사	계
C1	443	236		679
C2	382	214		596
C3	463	258		721
C4	196	95		291
산2-2	280			280
지04			101	101
지14			675	675
지25			418	418
지35		128		128
지39		166		166
지40			110	110
계				4,165

위의 표는 현재 주거 현황입니다. 동탄테크노밸리 규모에 맞게 많은 양의 주거 형태가 들어와 있다는 것을 확인하실 수 있습니다. 현재 주거용지인 C1~C4에는 각각 현대 힐스테이트(C1), 금강펜테리움더시글로(C2), 대방디엠시티 더센텀 주상복합(C3), 동탄2신도시 동원로얄듀크포레 4차(C4)가 위치하고 있습니다. 업무 공간 내에 이렇게 주거 공간을 구성하여 직주근접에 목표를 두었다는 것을 다시 한번 강조할 수 있으며, 그 주위로 공원과 녹지가 둘러싸고 있어 답답한 건물 숲이 아닌 자연의 숲을 느낄 수 있는 환경이 조성되어 있습니다. 이처럼 여러 가지 여건과 환경을 반영해 지정된 각 용지별 허용 가능 범위를 알아보고, 어떤 것들이 포함되고 제외되는지 살펴보도록 하겠습니다.

지식산업용지

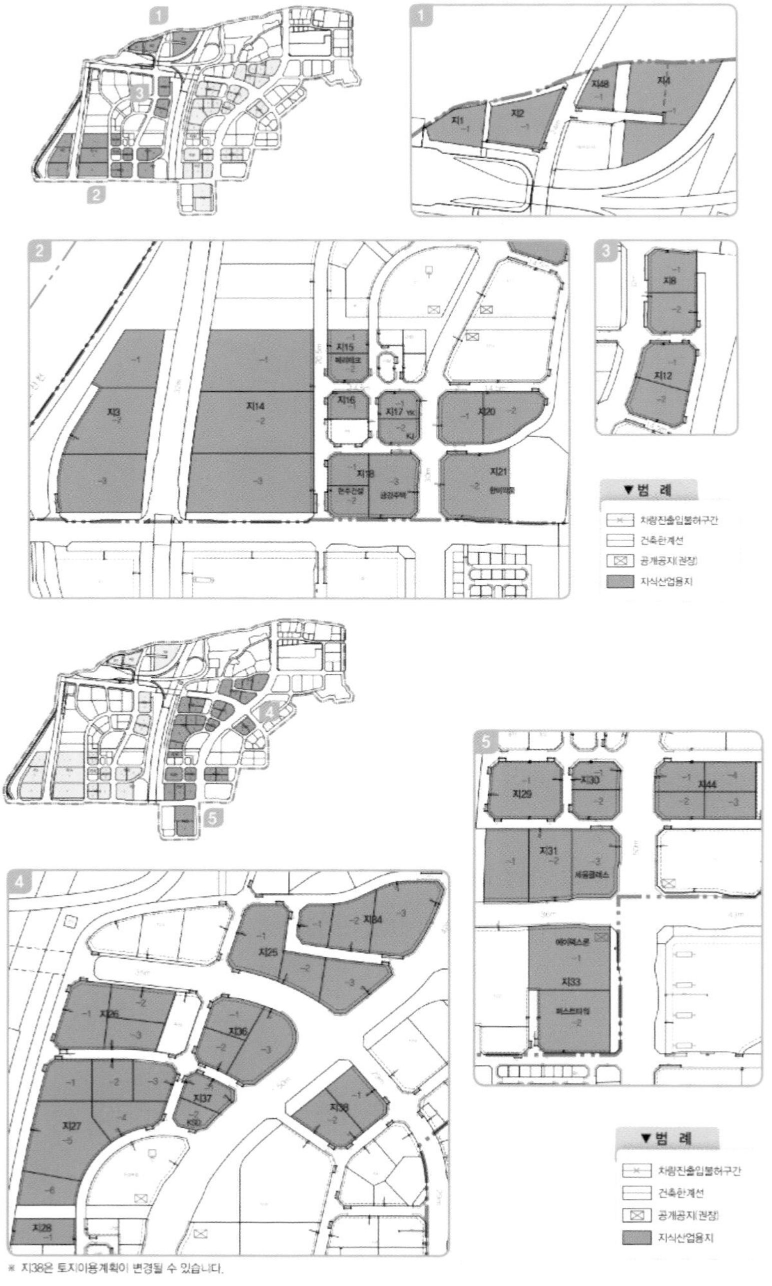

※ 지38은 토지이용계획이 변경될 수 있습니다.

[지식산업용지 입주 가능 업종]

- 지식산업센터 및 생산 활동을 지원하기 위한 시설
- 도시형공장 및 공장 부지 안에 설치하는 부대시설
- 벤처기업 및 벤처기업집적시설
- 소프트웨어진흥시설
- 문화 및 집회시설 중 공연장, 회의장, 전시장
- 교육연구시설 (미성년자를 대상으로 하는 학원 제외)
- 노유자시설 (노인복지시설 제외)
- 운동시설 (옥외 철탑이 설치된 골프 연습장 제외)
- 업무시설 (오피스텔 제외)
- 자동차관련시설 (폐차장 제외)
- 방송통신시설

중심지원용지

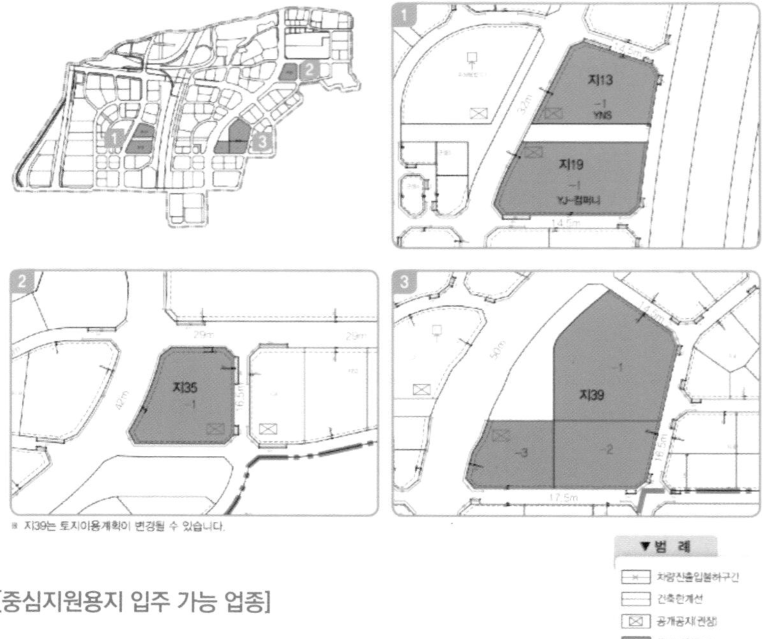

※ 지39는 토지이용계획이 변경될 수 있습니다.

[중심지원용지 입주 가능 업종]

- 지식산업센터 및 생산 활동을 지원하기 위한 시설
- 벤처기업 및 벤처기업집적시설
- 소프트웨어진흥시설
- 관광숙박시설
- 문화 및 집회시설 중 공연장, 회의장, 전시장
- 업무시설 (오피스텔 가능)
- 방송통신시설
- 제1, 2종근린생활시설 (안마 시술소, 단란주점, 옥외 철탑이 설치된 골프 연습장 및 다중생활시설은 제외)
- 판매시설
- 노유자시설 (노인복지시설 제외)
- 교육연구시설 (미성년자를 대상으로 하는 학원 제외)
- 운동시설 (옥외 철탑이 설치된 골프 연습장 제외)

도심산업용지

[도심산업용지 입주 가능 업종]

- 도시형공장 및 공장 부지 안에 설치하는 부대시설
- 벤처기업 및 벤처기업집적시설
- 소프트웨어진흥시설
- 교육연구시설(미성년자를 대상으로 하는 학원 제외)
- 창고시설
- 업무시설(오피스텔 제외)
- 자동차관련시설(폐차장 제외)
- 방송통신시설

R&D용지

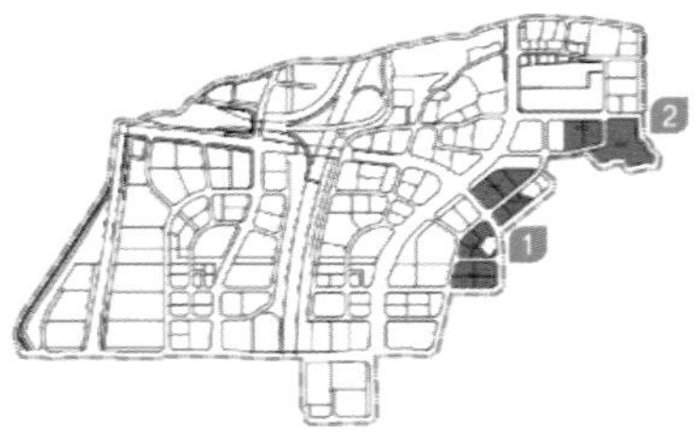

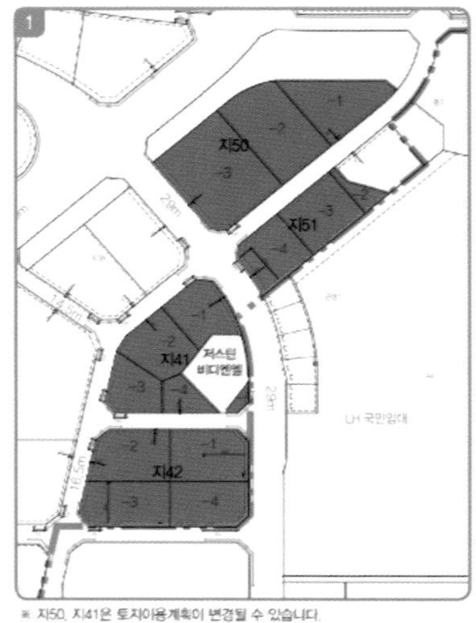

※ 지50, 지41은 토지이용계획이 변경될 수 있습니다.

[R&D용지 입주 가능 업종]

- 벤처기업 및 벤처기업집적시설
- 소프트웨어진흥시설
- 교육연구시설(미성년자를 대상으로 하는 학원 제외)
- 업무시설(오피스텔 제외)
- 문화 및 집회시설

존치기업

[존치기업 입주 가능 업종]

- 도시형공장 및 공장부지 안에 설치하는 부대시설
- 벤처기업 및 벤처기업집적시설
- 소프트웨어진흥시설
- 창고시설
- 교육연구시설 중 연구소
- 업무시설(오피스텔 제외)
- 위험물 저장 및 처리시설(지원21-1에 한함)

주상복합용지

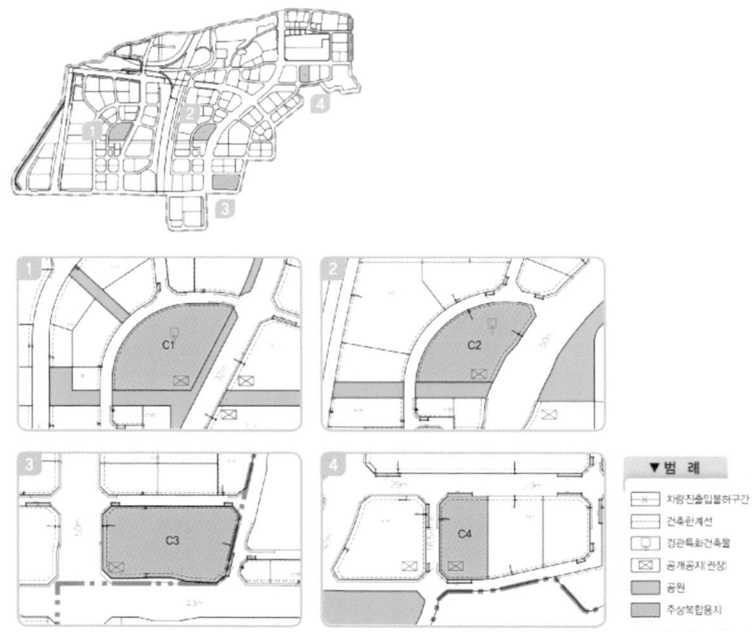

[주상복합용지 건축물 용도]

- 노유자 시설(1층 권장 용도, 노인복지시설 제외)
- 공동주택
- 제1종근린생활시설
- 제2종근린생활시설(안마 시술소, 단란주점, 옥외 철탑이 설치된 골프 연습장 및 고시원은 제외)
- 판매시설(1층 지정)
- 의료시설(정신병원 및 요양병원, 격리병원, 장례식장 제외)
- 교육연구시설
- 운동시설(옥외 철탑이 설치된 골프 연습장 제외)
- 업무시설
- 방송통신시설

근린생활시설용지

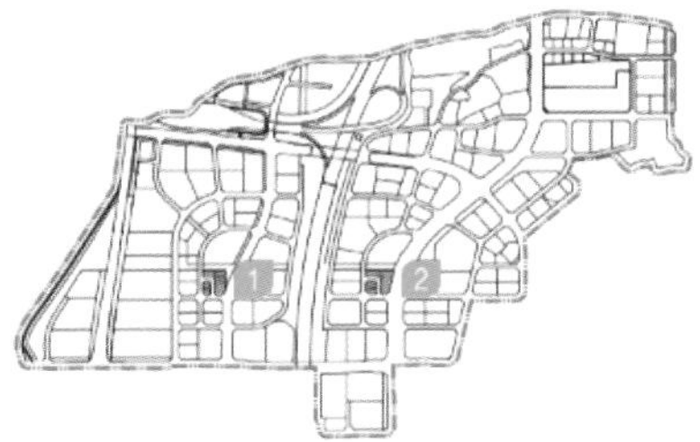

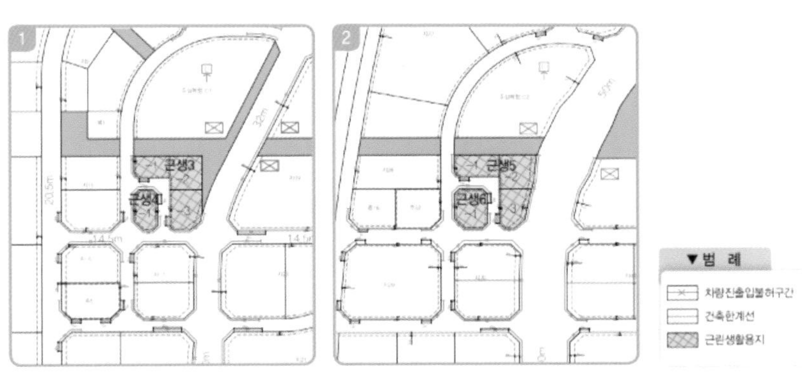

[근린생활시설 건축물 용도]

- 제1종근린생활시설
- 제2종근린생활시설(안마 시술소, 단란주점, 옥외 철탑이 설치된 골프 연습장 및 다중생활시설 제외)
- 「고등학교 이하 각급학교 설립・운영규정」에 의한 유치원
- 「영유아보육법」에 의한 보육시설

[불허 용도]

- 허용 용도 이외의 용도
- 학교환경위생정화구역 내 금지시설(당구장, 청소년실이 설치된 노래방 제외)

주차장용지

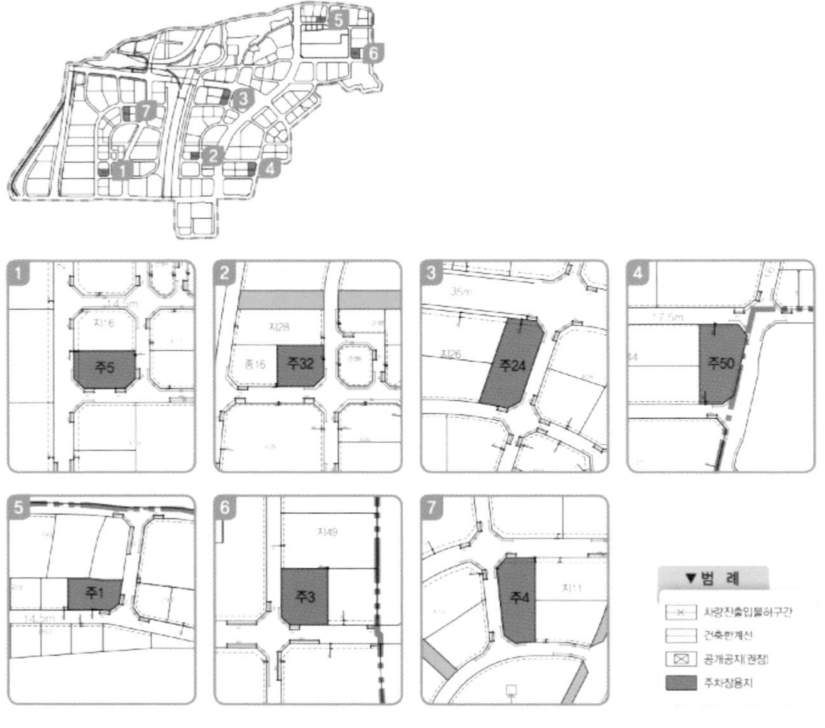

[주차장용지 토지 이용 방법]

- 「주차장법」 제2조에 의한 노외 주차장인 주차 전용 건축물
- 「건축법 시행령」 별표 1의 제1종근린생활시설, 제2종근린생활시설(안마시술소, 단란주점, 옥외 철탑이 설치된 골프 연습장 및 다중생활시설 제외), 문화 및 집회시설, 판매시설, 운동시설, 업무시설 또는 자동차관련시설(이하 '비주차장 용도'라 한다)과 복합적으로 건축할 수 있으며, 비주차장 용도는 건축물 연면적의 30% 미만으로 설치할 수 있다.
- 비주차장 용도는 주차 전용 건축물의 인지성을 높이고, 이용자의 편의성을 증진시키기 위하여 다음의 기준을 준수하여야 한다.

- 접도 길이가 가장 긴 도로에 수평 투영된 건축물의 입면 구성이 아래의 그림에 의한 예시처럼 비주차장 용도의 수직적 비율이 50%를 넘지 않도록 배치하여야 한다.
- 지하층은 용도에 구분 없이 배치할 수 있다.
- 주차장 용도로 배치된 입면부에는 비주차장 용도의 옥외 광고물을 설치할 수 없다.
- 주차장 용도는 교차로에 면한 부분에 우선적으로 배치하여야 한다.

[불허 용도]

- 허용 용도 이외의 용도
- 학교환경위생정화구역 내 금지시설

자료제공 : LH/경기주택도시공사 제공

제3장

동탄테크노밸리 건축 개요

자료제공 : LH/경기주택도시공사 제공/저자 재가공

[지원04 동탄엠토피아] [이미지 : 시행사 교육자료 제공]

<table>
<tr><td colspan="2">필지</td><td>지원04</td></tr>
<tr><td colspan="2">건물명</td><td>동탄엠토피아</td></tr>
<tr><td colspan="2">주소</td><td>-</td></tr>
<tr><td rowspan="2">착공일/
사용승인일</td><td>착공일</td><td rowspan="2">25년 4월 준공예정</td></tr>
<tr><td>사용승인일</td></tr>
<tr><td colspan="2">대지면적</td><td>15,008.00㎡ (4,539.92평)</td></tr>
<tr><td colspan="2">연면적</td><td>90,878.55㎡ (27,490.76평)</td></tr>
<tr><td colspan="2">용도</td><td>-</td></tr>
<tr><td colspan="2">건폐율</td><td>-</td></tr>
<tr><td colspan="2">용적률</td><td>-</td></tr>
<tr><td rowspan="5">주차대수</td><td>층</td><td>-</td></tr>
<tr><td>옥내</td><td>-</td></tr>
<tr><td>옥외</td><td>-</td></tr>
<tr><td>계</td><td>731</td></tr>
<tr><td>비율</td><td>89.04%</td></tr>
<tr><td rowspan="3">규모</td><td>지하</td><td>B3</td></tr>
<tr><td>지상</td><td>20</td></tr>
<tr><td>높이</td><td>106.19m</td></tr>
<tr><td colspan="2">평균 분양가 (분양면적 기준)</td><td>1,222만 원</td></tr>
</table>

(준공시점은 상황에 따라 달라질 수 있습니다.)

[지원05-2 엠타워 지식산업센터]

[이미지 : 시행사 교육자료 제공]

<table>
<tr><td colspan="2">필지</td><td>지원05-2(산업1-2)</td></tr>
<tr><td colspan="2">건물명</td><td>엠타워 지식산업센터</td></tr>
<tr><td colspan="2">주소</td><td>경기도 화성시 동탄첨단사업1로 51-9 (영천동)</td></tr>
<tr><td rowspan="2">착공일/
사용승인일</td><td>착공일</td><td>2018.01.18</td></tr>
<tr><td>사용승인일</td><td>2019.11.26</td></tr>
<tr><td colspan="2">대지면적</td><td>10,595.00㎡ (3,204.99평)</td></tr>
<tr><td colspan="2">연면적</td><td>68,938.11㎡ (20,853.78평)</td></tr>
<tr><td colspan="2">용도</td><td>공장(지식산업센터), 지원시설(근린생활시설, 업무시설,운동시설)</td></tr>
<tr><td colspan="2">건폐율</td><td>59.47%</td></tr>
<tr><td colspan="2">용적률</td><td>329.82%</td></tr>
<tr><td rowspan="5">주차대수</td><td>층</td><td>B2-6F</td></tr>
<tr><td>옥내</td><td>507</td></tr>
<tr><td>옥외</td><td>-</td></tr>
<tr><td>계</td><td>507</td></tr>
<tr><td>비율</td><td>126.12%</td></tr>
<tr><td rowspan="3">규모</td><td>지하</td><td>B2</td></tr>
<tr><td>지상</td><td>16</td></tr>
<tr><td>높이</td><td>86.55m</td></tr>
<tr><td colspan="2">평균 분양가 (분양면적 기준)</td><td>495만 원</td></tr>
</table>

[지원07-1 동탄비즈타워 **[이미지 : 시행사 교육자료 제공]**

필지		지원07-1(산업3-1)
건물명		동탄비즈타워
주소		경기도 화성시 동탄첨단산업1로 63-12 (영천동)
착공일/ 사용승인일	착공일	2016.11.24
	사용승인일	2018.03.14
대지면적		5,668.00㎡ (1,714.57평)
연면적		30,653.66㎡ (9,272.73평)
용도		공장, 근린생활시설, 업무시설
건폐율		59.94%
용적률		321.48%
주차대수	층	B1-10
	옥내	281
	옥외	-
	계	281
	비율	174.53%
규모	지하	B1
	지상	10
	높이	64.03m
평균 분양가 (분양면적 기준)		440만 원

[지원08-1, 2 더퍼스트타워투] **[이미지 : 시행사 교육자료 제공]**

필지		지원08-1,2
건물명		더퍼스트타워투
주소		경기도 화성시 동탄기흥로 614 (영천동)
착공일/사용승인일	착공일	2017.07.26.
	사용승인일	2019.12.03
대지면적		9,820.00㎡ (2,970.55평)
연면적		62,954.87㎡ (19,043.85평)
용도		공장(지식산업센터,창고), 근린생활시설, 업무시설(사무소)
건폐율		55.968%
용적률		359.304%
주차대수	층	B3-5F
	옥내	495
	옥외	-
	계	495
	비율	115.38%
규모	지하	B3
	지상	20
	높이	89.20m
평균 분양가 (분양면적 기준)		600만 원

[지원10-1 FIRST KOREA] **[이미지 : 시행사 교육자료 제공]**

필지		지원10-1(산업5-1)
건물명		FIRST KOREA
주소		경기도 화성시 동탄첨단산업1로 58 (영천동)
착공일/ 사용승인일	착공일	2017.09.21
	사용승인일	2019.04.24
대지면적		4,332.00㎡ (1,310.43평)
연면적		20,865.29㎡ (6,311.75평)
용도		공장(지식산업센터), 제1,2종근린생활시설
건폐율		58.63%
용적률		315.53%
주차대수	층	B2-1F
	옥내	169
	옥외	-
	계	169
	비율	44.13%
규모	지하	B2
	지상	10
	높이	52.60m
평균 분양가 (분양면적 기준)		603만 원

[지원12-1 더퍼스트타워Ⅲ] **[이미지 : 시행사 교육자료 제공]**

필지		지원12-1
건물명		더퍼스트타워Ⅲ
주소		경기도 화성시 동탄기흥로 602 (영천동)
착공일/ 사용승인일	착공일	2017.02.07
	사용승인일	2019.05.07
대지면적		5,406.00㎡ (1,635.32평)
연면적		32,814.57㎡ (9,926.41평)
용도		공장(지식산업센터), 업무시설, 근린생활시설 (지원시설)
건폐율		53.78%
용적률		359.91%
주차대수	층	B3-1F
	옥내	254
	옥외	-
	계	254
	비율	99.61%
규모	지하	B3
	지상	17
	높이	80.10m
평균 분양가 (분양면적 기준)		570만 원

[지원12-2 루체스타비즈] [이미지 : 시행사 교육자료 제공]

필지		지원12-2
건물명		루체스타비즈
주소		경기도 화성시 동탄기흥로 594-7 (영천동)
착공일/사용승인일	착공일	2017.01.16
	사용승인일	2018.12.28
대지면적		5,102.00㎡ (1,543.36평)
연면적		31,109.07㎡ (9,410.49평)
용도		공장(지식산업센터), 제1,2종근린생활시설, 업무시설(사무소)
건폐율		58.73%
용적률		359.35%
주차대수	층	B2-5F
	옥내	223
	옥외	-
	계	223
	비율	94.89%
규모	지하	B2
	지상	14
	높이	67.80m
평균 분양가 (분양면적 기준)		579만 원

[지원13-1 동탄센트럴에이스타워] **[이미지 : 시행사 교육자료 제공]**

<table>
<tr><td colspan="2">필지</td><td>지원13-1</td></tr>
<tr><td colspan="2">건물명</td><td>동탄센트럴에이스타워</td></tr>
<tr><td colspan="2">주소</td><td>경기도 화성시 동탄기흥로 590 (영천동)</td></tr>
<tr><td rowspan="2">착공일/
사용승인일</td><td>착공일</td><td>2017.07.19</td></tr>
<tr><td>사용승인일</td><td>2019.09.30</td></tr>
<tr><td colspan="2">대지면적</td><td>9,249.00㎡ (2,797.82평)</td></tr>
<tr><td colspan="2">연면적</td><td>50,790.62㎡ (15,364.16평)</td></tr>
<tr><td colspan="2">용도</td><td>업무시설(사무소, 오피스텔, 제1종 및 제2종 근린생활시설)</td></tr>
<tr><td colspan="2">건폐율</td><td>59.98%</td></tr>
<tr><td colspan="2">용적률</td><td>359.91%</td></tr>
<tr><td rowspan="5">주차대수</td><td>층</td><td>B2-B1</td></tr>
<tr><td>옥내</td><td>508</td></tr>
<tr><td>옥외</td><td>-</td></tr>
<tr><td>계</td><td>508</td></tr>
<tr><td>비율</td><td>58.66%</td></tr>
<tr><td rowspan="3">규모</td><td>지하</td><td>B2</td></tr>
<tr><td>지상</td><td>15</td></tr>
<tr><td>높이</td><td>74.32m</td></tr>
<tr><td colspan="2">평균 분양가 (분양면적 기준)</td><td>640만 원</td></tr>
</table>

[지원14 금강펜테리움IX타워]

[이미지 : 시행사 교육자료 제공]

<table>
<tr><td colspan="2">필지</td><td>지원14</td></tr>
<tr><td colspan="2">건물명</td><td>금강펜테리움IX타워</td></tr>
<tr><td colspan="2">주소</td><td>경기도 화성시 동탄첨단산업1로 27 (영천동)</td></tr>
<tr><td rowspan="2">착공일/
사용승인일</td><td>착공일</td><td>2018.04.23</td></tr>
<tr><td>사용승인일</td><td>2021.06.01</td></tr>
<tr><td colspan="2">대지면적</td><td>51,801.00㎡ (15,669.80평)</td></tr>
<tr><td colspan="2">연면적</td><td>287,024.48㎡ (86,824.91평)</td></tr>
<tr><td colspan="2">용도</td><td>공장(지식산업센터), 지원시설(기숙사,근린생활시설,업무시설)</td></tr>
<tr><td colspan="2">건폐율</td><td>35.41%</td></tr>
<tr><td colspan="2">용적률</td><td>344.81%</td></tr>
<tr><td rowspan="5">주차대수</td><td>층</td><td>B2-7F</td></tr>
<tr><td>옥내</td><td>1142</td></tr>
<tr><td>옥외</td><td>798</td></tr>
<tr><td>계</td><td>1940</td></tr>
<tr><td>비율</td><td>71.83%</td></tr>
<tr><td rowspan="3">규모</td><td>지하</td><td>B2</td></tr>
<tr><td>지상</td><td>38</td></tr>
<tr><td>높이</td><td>168m</td></tr>
<tr><td colspan="2">평균 분양가 (분양면적 기준)</td><td>650만 원</td></tr>
</table>

[지원16-1 삼성테크노타워] [이미지 : 시행사 교육자료 제공]

강남까지 20분대, 대한민국 최대규모
동탄테크노밸리 중심자리를 선점하라!
동탄테크노밸리 지식산업센터
삼성테크노타워
동탄역

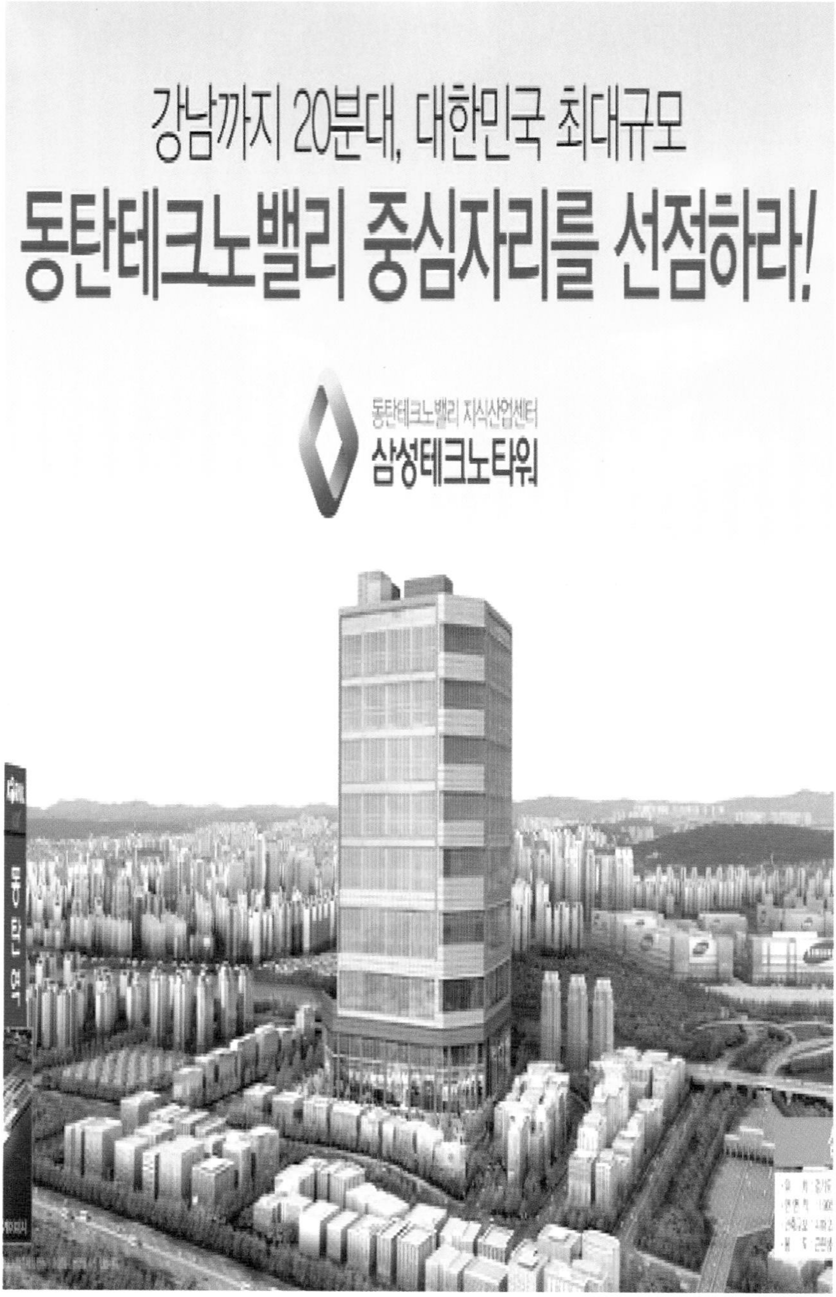

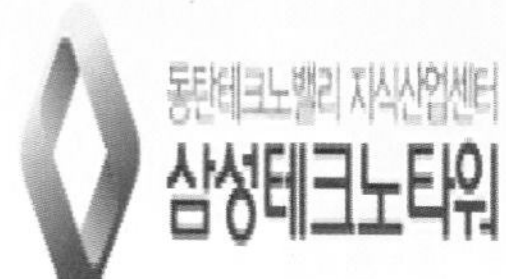

<table>
<tr><td colspan="2">필지</td><td>지원16-1</td></tr>
<tr><td colspan="2">건물명</td><td>삼성테크노타워</td></tr>
<tr><td colspan="2">주소</td><td>경기도 화성시 동탄첨단산업1로 20 (영천동)</td></tr>
<tr><td rowspan="2">착공일/
사용승인일</td><td>착공일</td><td>2016.02.22</td></tr>
<tr><td>사용승인일</td><td>2017.04.19</td></tr>
<tr><td colspan="2">대지면적</td><td>2,640.00㎡ (798.60평)</td></tr>
<tr><td colspan="2">연면적</td><td>11,905.09㎡ (3,601.29평)</td></tr>
<tr><td colspan="2">용도</td><td>근린생활시설, 공장</td></tr>
<tr><td colspan="2">건폐율</td><td>55.85%</td></tr>
<tr><td colspan="2">용적률</td><td>299.91%</td></tr>
<tr><td rowspan="5">주차대수</td><td>층</td><td>B2-B1</td></tr>
<tr><td>옥내</td><td>66</td></tr>
<tr><td>옥외</td><td>-</td></tr>
<tr><td>계</td><td>66</td></tr>
<tr><td>비율</td><td>57.39%</td></tr>
<tr><td rowspan="3">규모</td><td>지하</td><td>B2</td></tr>
<tr><td>지상</td><td>8</td></tr>
<tr><td>높이</td><td>40.35m</td></tr>
<tr><td colspan="2">평균 분양가 (분양면적 기준)</td><td>580만 원</td></tr>
</table>

[지원17-1 YK퍼스트타워] **[이미지 : 시행사 교육자료 제공]**

필지		지원17-1
건물명		YK퍼스트타워
주소		경기도 화성시 동탄기흥로 565 (영천동)
착공일/ 사용승인일	착공일	2015.12.22
	사용승인일	2017.05.02
대지면적		2,665.00㎡ (806.16평)
연면적		12,840.49㎡ (3,884.25평)
용도		공장, 근린생활시설, 업무시설
건폐율		58.48%
용적률		327.23%
주차대수	층	B2-B1
	옥내	79
	옥외	-
	계	79
	비율	49.69%
규모	지하	B2
	지상	10
	높이	46.74m
평균 분양가 (분양면적 기준)		598만 원

[지원17-2 으뜸U-테크밸리] **[이미지 : 시행사 교육자료 제공]**

필지		지원17-2
건물명		으뜸U-테크밸리
주소		경기도 화성시 동탄기흥로 559 (영천동)
착공일/ 사용승인일	착공일	2016.01.13
	사용승인일	2017.06.21
대지면적		2,408.00㎡ (728.42평)
연면적		12,034.53㎡ (3,640.44평)
용도		근린생활시설, 공장
건폐율		52.92%
용적률		329.9%
주차대수	층	B2-B1
	옥내	104
	옥외	-
	계	104
	비율	122.35%
규모	지하	B2
	지상	9
	높이	47.80m
평균 분양가 (분양면적 기준)		598만 원

[지원18-1 동탄케이밸리] **[이미지 : 시행사 교육자료 제공]**

필지		지원18-1
건물명		동탄케이밸리
주소		경기도 화성시 동탄첨단산업1로 14 (영천동)
착공일/ 사용승인일	착공일	2016.06.01
	사용승인일	2018.01.10
대지면적		3,114.00㎡ (941.99평)
연면적		15,259.33㎡ (4,615.95평)
용도		공장, 근린생활시설, 업무시설
건폐율		59.07%
용적률		323.93%
주차대수	층	B2-1F
	옥내	129
	옥외	-
	계	129
	비율	83.77%
규모	지하	B2
	지상	9
	높이	48.97m
평균 분양가 (분양면적 기준)		600만 원

[지원18-2 동탄IT타워] **[이미지 : 시행사 교육자료 제공]**

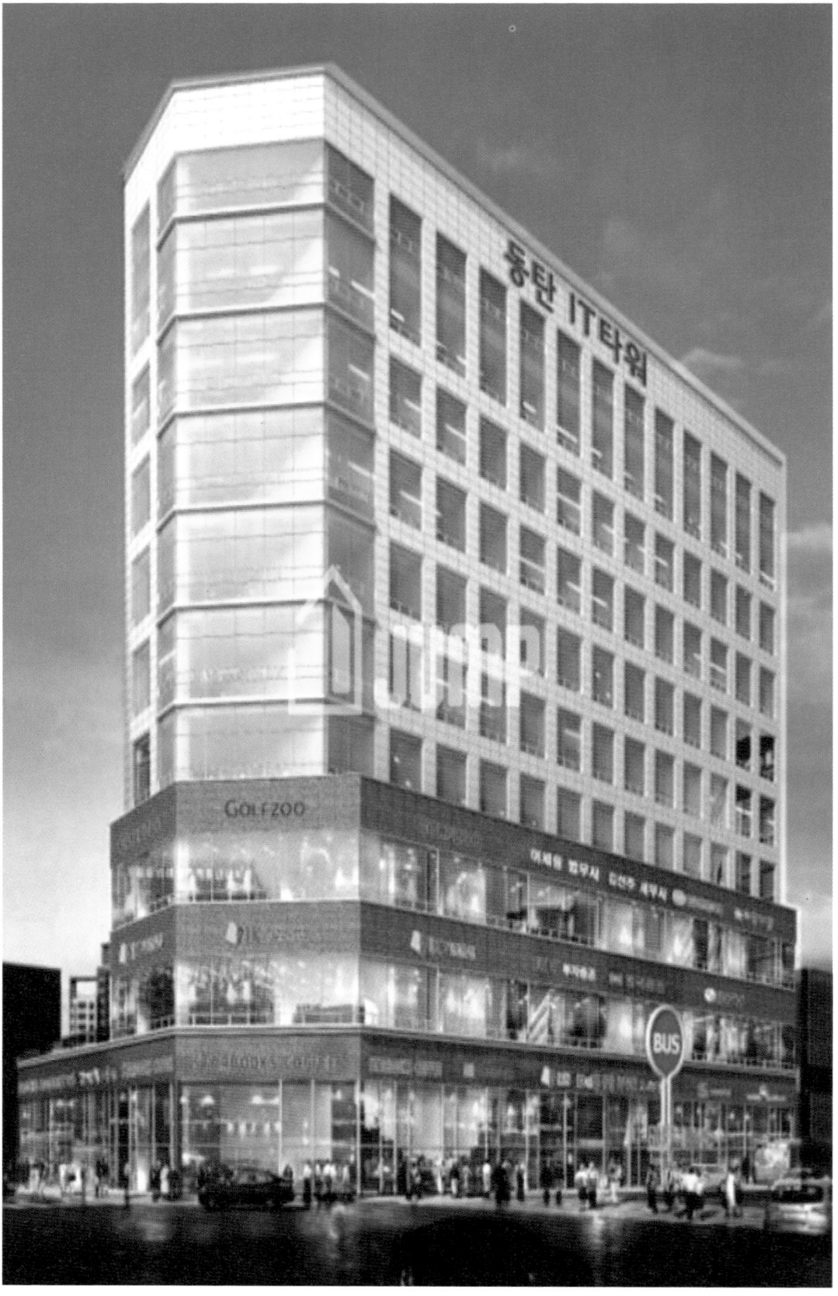

필지		지원18-2
건물명		동탄IT타워
주소		경기도 화성시 동탄순환대로 878 (영천동)
착공일/ 사용승인일	착공일	2015.11.05
	사용승인일	2017.02.13
대지면적		3,114.00㎡ (941.99평)
연면적		15,355.96㎡ (46,645.18평)
용도		공장, 근린생활시설, 업무시설
건폐율		45.31%
용적률		327.36%
주차대수	층	B2-B1
	옥내	147
	옥외	7
	계	154
	비율	124.19%
규모	지하	B2
	지상	10
	높이	42.05m
평균 분양가 (분양면적 기준)		592만 원

[지원18-3 금강펜테리움IT타워] **[이미지 : 시행사 교육자료 제공]**

<table>
<tr><td colspan="2">필지</td><td>지원18-3</td></tr>
<tr><td colspan="2">건물명</td><td>금강펜테리움IT타워</td></tr>
<tr><td colspan="2">주소</td><td>경기도 화성시 동탄기흥로 557 (영천동)</td></tr>
<tr><td rowspan="2">착공일/
사용승인일</td><td>착공일</td><td>2016.04.20</td></tr>
<tr><td>사용승인일</td><td>2017.12.01</td></tr>
<tr><td colspan="2">대지면적</td><td>7,550.00㎡ (2,283.88평)</td></tr>
<tr><td colspan="2">연면적</td><td>43,446.68㎡ (13,142.62평)</td></tr>
<tr><td colspan="2">용도</td><td>공장, 근린생활시설</td></tr>
<tr><td colspan="2">건폐율</td><td>42.12%</td></tr>
<tr><td colspan="2">용적률</td><td>359.81%</td></tr>
<tr><td rowspan="5">주차대수</td><td>층</td><td>B3-1F</td></tr>
<tr><td>옥내</td><td>294</td></tr>
<tr><td>옥외</td><td>-</td></tr>
<tr><td>계</td><td>294</td></tr>
<tr><td>비율</td><td>107.30%</td></tr>
<tr><td rowspan="3">규모</td><td>지하</td><td>B3</td></tr>
<tr><td>지상</td><td>20</td></tr>
<tr><td>높이</td><td>99.80m</td></tr>
<tr><td colspan="2">평균 분양가 (분양면적 기준)</td><td>551만 원</td></tr>
</table>

[지원20-1 동탄 골든아이타워] **[이미지 : 시행사 교육자료 제공]**

필지		지원20-1
건물명		동탄 골든아이타워
주소		경기도 화성시 동탄기흥로 570-6 (영천동)
착공일/ 사용승인일	착공일	2016.12.19
	사용승인일	2018.12.21
대지면적		5,585.00㎡ (1,689.46평)
연면적		29,977.78㎡ (9,068.28평)
용도		공장(지식산업센터), 제1,2종근린생활시설, 업무시설
건폐율		46.86%
용적률		359.95%
주차대수	층	B2-1F
	옥내	208
	옥외	-
	계	208
	비율	65.62%
규모	지하	B3
	지상	11
	높이	55.60m
평균 분양가 (분양면적 기준)		589만 원

[지원20-2 동익미라벨타워] [이미지 : 시행사 교육자료 제공]

<table>
<tr><td colspan="2">필지</td><td>지원20-2</td></tr>
<tr><td colspan="2">건물명</td><td>동익미라벨타워</td></tr>
<tr><td colspan="2">주소</td><td>경기도 화성시 동탄기흥로 560 (영천동)</td></tr>
<tr><td rowspan="2">착공일/
사용승인일</td><td>착공일</td><td>2018.08.07</td></tr>
<tr><td>사용승인일</td><td>2020.08.26</td></tr>
<tr><td colspan="2">대지면적</td><td>5,996.00㎡ (1,813.79평)</td></tr>
<tr><td colspan="2">연면적</td><td>37,259.02㎡ (11,270.85평)</td></tr>
<tr><td colspan="2">용도</td><td>지식산업센터, 업무시설, 근린생활시설</td></tr>
<tr><td colspan="2">건폐율</td><td>59.48%</td></tr>
<tr><td colspan="2">용적률</td><td>359.96%</td></tr>
<tr><td rowspan="5">주차대수</td><td>층</td><td>B2-5F</td></tr>
<tr><td>옥내</td><td>234</td></tr>
<tr><td>옥외</td><td>-</td></tr>
<tr><td>계</td><td>234</td></tr>
<tr><td>비율</td><td>72.67%</td></tr>
<tr><td rowspan="3">규모</td><td>지하</td><td>B3</td></tr>
<tr><td>지상</td><td>15</td></tr>
<tr><td>높이</td><td>79.10m</td></tr>
<tr><td colspan="2">평균 분양가 (분양면적 기준)</td><td>600만 원</td></tr>
</table>

[지원25 실리콘앨리]

[이미지 : 시행사 교육자료 제공]

<table>
<tr><td colspan="2">필지</td><td>지원25</td></tr>
<tr><td colspan="2">건물명</td><td>실리콘앨리</td></tr>
<tr><td colspan="2">주소</td><td>-</td></tr>
<tr><td rowspan="2">착공일/
사용승인일</td><td>착공일</td><td rowspan="2">23년 5월 준공예정</td></tr>
<tr><td>사용승인일</td></tr>
<tr><td colspan="2">대지면적</td><td>36,340.00㎡ (10,992.83평)</td></tr>
<tr><td colspan="2">연면적</td><td>238,482.62㎡ (72,140.99평)</td></tr>
<tr><td colspan="2">용도</td><td>-</td></tr>
<tr><td colspan="2">건폐율</td><td>-</td></tr>
<tr><td colspan="2">용적률</td><td>-</td></tr>
<tr><td rowspan="5">주차대수</td><td>층</td><td>B3-5F</td></tr>
<tr><td>옥내</td><td>1671</td></tr>
<tr><td>옥외</td><td>-</td></tr>
<tr><td>계</td><td>1671</td></tr>
<tr><td>비율</td><td>69.14%</td></tr>
<tr><td rowspan="3">규모</td><td>지하</td><td>B4</td></tr>
<tr><td>지상</td><td>20</td></tr>
<tr><td>높이</td><td>-</td></tr>
<tr><td colspan="2">평균 분양가 (분양면적 기준)</td><td>750만 원</td></tr>
</table>

(준공시점은 상황에 따라 달라질 수 있습니다.)

[지원27-2 HKL타워(스위트시그니처)] **[이미지 : 시행사 교육자료 제공]**

필지		지원27-2
건물명		HKL타워(스위트시그니처)
주소		-
착공일/ 사용승인일	착공일	23년 2월 준공예정
	사용승인일	
대지면적		3,672.00㎡ (1,110.78평)
연면적		18,707.02㎡ (5,658.87평)
용도		-
건폐율		-
용적률		-
주차대수	층	-
	옥내	152
	옥외	-
	계	152
	비율	50.84%
규모	지하	B2
	지상	10
	높이	-
평균 분양가 (분양면적 기준)		-

(준공시점은 상황에 따라 달라질 수 있습니다.)

[지원27-3,4 헤리엇 더 큐브]

[이미지 : 시행사 교육자료 제공]

필지		지원27-3,4
건물명		헤리엇 더 큐브
주소		-
착공일/ 사용승인일	착공일	25년 준공예정
	사용승인일	
대지면적		7,843.00㎡ (2,372.51평)
연면적		43,205.66㎡ (13,069.71평)
용도		-
건폐율		-
용적률		-
주차대수	층	-
	옥내	327
	옥외	-
	계	327
	비율	57.88%
규모	지하	B1
	지상	19
	높이	-
평균 분양가 (분양면적 기준)		1,271만 원

(준공시점은 상황에 따라 달라질 수 있습니다.)

[지원27-6 아너스카이]

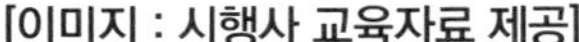

필지		지원27-6
건물명		아너스카이
주소		경기도 화성시 동탄대로23길 93 (영천동)
착공일/ 사용승인일	착공일	2020.10.05
	사용승인일	2022.04.12
대지면적		3,710.00㎡ (1,122.28평)
연면적		19,119.52㎡ (5,983.30평)
용도		지식산업센터
건폐율		59.59%
용적률		359.93%
주차대수	층	B2-1F
	옥내	148
	옥외	-
	계	148
	비율	71.15%
규모	지하	B2
	지상	11
	높이	52.51m
평균 분양가 (분양면적 기준)		790만 원

[지원28 W-SPACE]

[이미지 : 시행사 교육자료 제공]

필지		지원28
건물명		W-SPACE
주소		경기도 화성시 동탄대로23길 101 (영천동)
착공일/사용승인일	착공일	
	사용승인일	
대지면적		3,403.00㎡ (1,029.41평)
연면적		17,812.25㎡ (5,388.21평)
용도		공장(지식산업센터), 제1,2종근린생활시설, 업무시설(사무소)
건폐율		50.3%
용적률		359.77%
주차대수	층	B2-1F
	옥내	170
	옥외	-
	계	170
	비율	58.82%
규모	지하	B2
	지상	11
	높이	46.51m
평균 분양가 (분양면적 기준)		1,150만 원

[지원29 우미뉴브]　　　　[이미지 : 시행사 교육자료 제공]

<table>
<tr><th colspan="2">필지</th><td>지원29</td></tr>
<tr><th colspan="2">건물명</th><td>우미뉴브</td></tr>
<tr><th colspan="2">주소</th><td>-</td></tr>
<tr><th rowspan="2">착공일/
사용승인일</th><th>착공일</th><td rowspan="2">23년 6월 준공예정</td></tr>
<tr><th>사용승인일</th></tr>
<tr><th colspan="2">대지면적</th><td>8,512.00㎡ (2,574.88평)</td></tr>
<tr><th colspan="2">연면적</th><td>49,807.00㎡ (15,066.62평)</td></tr>
<tr><th colspan="2">용도</th><td>-</td></tr>
<tr><th colspan="2">건폐율</th><td>-</td></tr>
<tr><th colspan="2">용적률</th><td>-</td></tr>
<tr><th rowspan="5">주차대수</th><th>층</th><td>B1-6F</td></tr>
<tr><th>옥내</th><td>331</td></tr>
<tr><th>옥외</th><td>-</td></tr>
<tr><th>계</th><td>331</td></tr>
<tr><th>비율</th><td>85.75%</td></tr>
<tr><th rowspan="3">규모</th><th>지하</th><td>B1</td></tr>
<tr><th>지상</th><td>21</td></tr>
<tr><th>높이</th><td>-</td></tr>
<tr><th colspan="2">평균 분양가 (분양면적 기준)</th><td>707만 원</td></tr>
</table>

(준공시점은 상황에 따라 달라질 수 있습니다.)

[지원30-1 동탄역센테라아이티타워] **[이미지 : 시행사 교육자료 제공]**

<table>
<tr><td colspan="2">필지</td><td>지원30-1</td></tr>
<tr><td colspan="2">건물명</td><td>동탄역센테라아이티타워</td></tr>
<tr><td colspan="2">주소</td><td>경기도 화성시 동탄대로 643 (영천동)</td></tr>
<tr><td rowspan="2">착공일/
사용승인일</td><td>착공일</td><td>2017.06.23</td></tr>
<tr><td>사용승인일</td><td>2019.04.24</td></tr>
<tr><td colspan="2">대지면적</td><td>2,725.00㎡ (824.31평)</td></tr>
<tr><td colspan="2">연면적</td><td>14,120.10㎡ (4,271.33평)</td></tr>
<tr><td colspan="2">용도</td><td>지식산업센터, 업무시설, 근린생활시설</td></tr>
<tr><td colspan="2">건폐율</td><td>54.25%</td></tr>
<tr><td colspan="2">용적률</td><td>359.99%</td></tr>
<tr><td rowspan="5">주차대수</td><td>층</td><td>B2-B1</td></tr>
<tr><td>옥내</td><td>92</td></tr>
<tr><td>옥외</td><td>-</td></tr>
<tr><td>계</td><td>92</td></tr>
<tr><td>비율</td><td>55.09%</td></tr>
<tr><td rowspan="3">규모</td><td>지하</td><td>B2</td></tr>
<tr><td>지상</td><td>10</td></tr>
<tr><td>높이</td><td>51.47m</td></tr>
<tr><td colspan="2">평균 분양가 (분양면적 기준)</td><td>595만 원</td></tr>
</table>

[지원30-2 삼성어반타워]

[이미지 : 시행사 교육자료 제공]

필지		지원30-2
건물명		삼성어반타워
주소		경기도 화성시 동탄대로 637 (영천동)
착공일/ 사용승인일	착공일	2017.02.02
	사용승인일	2018.06.20
대지면적		2,838.00㎡ (858.50평)
연면적		15,239.56㎡ (4,609.97평)
용도		지식산업센터, 제1,2종근린생활시설, 업무시설
건폐율		58.69%
용적률		359.95%
주차대수	층	B2-B1
	옥내	104
	옥외	-
	계	104
	비율	45.81%
규모	지하	B2
	지상	10
	높이	51.26m
평균 분양가 (분양면적 기준)		580만 원

[지원31-1,2 동탄 SK V1 center] 이미지 : 시행사 교육자료 제공]

필지		지원31-1,2
건물명		동탄 SK V1 center
주소		경기도 화성시 동탄순환대로 830 (영천동)
착공일/ 사용승인일	착공일	2016.12.15
	사용승인일	2019.01.29
대지면적		13,364.00㎡ (4,042.61평)
연면적		89,807.22㎡ (27,166.68평)
용도		공장(지식산업센터), 근린생활시설, 업무시설
건폐율		59.91%
용적률		359.98%
주차대수	층	B2-7F
	옥내	657
	옥외	-
	계	657
	비율	126.59%
규모	지하	B2
	지상	20
	높이	92.50m
평균 분양가 (분양면적 기준)		582만 원

[지원31-3 SH TIME SQUARE ㅣ 1동]

<table>
<tr><td colspan="2">필지</td><td>지원31-3</td></tr>
<tr><td colspan="2">건물명</td><td>SH TIME SQUARE Ⅰ 1동</td></tr>
<tr><td colspan="2">주소</td><td>경기도 화성시 동탄대로 635 (영천동)</td></tr>
<tr><td rowspan="2">착공일/
사용승인일</td><td>착공일</td><td>2016.08.04</td></tr>
<tr><td>사용승인일</td><td>2018.09.06</td></tr>
<tr><td colspan="2">대지면적</td><td>6,705.00㎡ (2,028.26평)</td></tr>
<tr><td colspan="2">연면적</td><td>43,646.33㎡ (13,203.01평)</td></tr>
<tr><td colspan="2">용도</td><td>공장(근린생활시설, 업무시설)</td></tr>
<tr><td colspan="2">건폐율</td><td>59.97%</td></tr>
<tr><td colspan="2">용적률</td><td>359.84%</td></tr>
<tr><td rowspan="5">주차대수</td><td>층</td><td>B2-6F</td></tr>
<tr><td>옥내</td><td>296</td></tr>
<tr><td>옥외</td><td>-</td></tr>
<tr><td>계</td><td>296</td></tr>
<tr><td>비율</td><td>75.70%</td></tr>
<tr><td rowspan="3">규모</td><td>지하</td><td>B2</td></tr>
<tr><td>지상</td><td>15</td></tr>
<tr><td>높이</td><td>73.32m</td></tr>
<tr><td colspan="2">평균 분양가 (분양면적 기준)</td><td>551만 원</td></tr>
</table>

[지원33-1 에이팩시티]

[이미지 : 시행사 교육자료 제공]

필지		지원33-1
건물명		에이팩시티
주소		경기도 화성시 동탄순환대로 823 (영천동)
착공일/ 사용승인일	착공일	2015.11.19
	사용승인일	2017.11.28
대지면적		11,098.10㎡ (3,357.18평)
연면적		72,072.83㎡ (21,802.03평)
용도		공장, 근린생활시설, 업무시설
건폐율		59.51%
용적률		359.94%
주차대수	층	B3-6F
	옥내	574
	옥외	-
	계	574
	비율	132.87%
규모	지하	B3
	지상	17
	높이	81.45m
평균 분양가 (분양면적 기준)		569만 원

[지원33-2 더 퍼스트타워] **[이미지 : 시행사 교육자료 제공]**

필지		지원 33-2
건물명		더 퍼스트타워
주소		경기도 화성시 동탄대로21길 10 (영천동)
착공일/사용승인일	착공일	2016.01.28
	사용승인일	2018.03.28
대지면적		9,659.00㎡ (2,921.85평)
연면적		57,692.26㎡ (17,451.91평)
용도		공장(지식산업센터), 지원시설(근릲생활시설, 업무시설)
건폐율		55.97%
용적률		337.915%
주차대수	층	B3-1F
	옥내	441
	옥외	21
	계	462
	비율	120.0%
규모	지하	B3
	지상	20
	높이	91.67m
평균 분양가 (분양면적 기준)		588만 원

[지원35 힐스테이트 동탄 르센텀]

[이미지 : 시행사 교육자료 제공]

필지		지원35
건물명		힐스테이트 동탄 르센텀
주소		-
착공일/ 사용승인일	착공일	25년 4월 준공예정
	사용승인일	
대지면적		10,098.80㎡ (3,054.89평)
연면적		56,210.9㎡ (17,003.80평)
용도		-
건폐율		-
용적률		-
주차대수	층	-
	옥내	370
	옥외	-
	계	370
	비율	66.31%
규모	지하	B2
	지상	24
	높이	-
평균 분양가 (분양면적 기준)		1,195만 원

(준공시점은 상황에 따라 달라질 수 있습니다.)

[지원36-1 효성 ICT타워]

[이미지 : 시행사 교육자료 제공]

<table>
<tr><td colspan="2">필지</td><td>지원36-1</td></tr>
<tr><td colspan="2">건물명</td><td>효성 ICT타워</td></tr>
<tr><td colspan="2">주소</td><td>경기도 화성시 동탄대로 677-12 (영천동)</td></tr>
<tr><td rowspan="2">착공일/
사용승인일</td><td>착공일</td><td>2018.03.06</td></tr>
<tr><td>사용승인일</td><td>2020.02.17</td></tr>
<tr><td colspan="2">대지면적</td><td>3,667.00㎡ (1,109.27평)</td></tr>
<tr><td colspan="2">연면적</td><td>19,160.41㎡ (5,796.02평)</td></tr>
<tr><td colspan="2">용도</td><td>공장(지식산업센터 및 지원시설)</td></tr>
<tr><td colspan="2">건폐율</td><td>43.12%</td></tr>
<tr><td colspan="2">용적률</td><td>359.75%</td></tr>
<tr><td rowspan="5">주차대수</td><td>층</td><td>B2-1F</td></tr>
<tr><td>옥내</td><td>145</td></tr>
<tr><td>옥외</td><td>-</td></tr>
<tr><td>계</td><td>145</td></tr>
<tr><td>비율</td><td>52.92%</td></tr>
<tr><td rowspan="3">규모</td><td>지하</td><td>B2</td></tr>
<tr><td>지상</td><td>12</td></tr>
<tr><td>높이</td><td>63.50m</td></tr>
<tr><td colspan="2">평균 분양가 (분양면적 기준)</td><td>650만 원</td></tr>
</table>

[지원36-2 동탄IT밸리 지식산업센터] **[이미지 : 시행사 교육자료 제공]**

필지		지원36-2
건물명		동탄IT밸리 지식산업센터
주소		경기도 화성시 동탄대로 677-10 (영천동)
착공일/사용승인일	착공일	2017.07.07
	사용승인일	2018.10.22
대지면적		3,012.00㎡ (911.43평)
연면적		14,613.48㎡ (4,420.58평)
용도		공장(지식산업센터)
건폐율		54.51%
용적률		329.82%
주차대수	층	B2-1F
	옥내	112
	옥외	-
	계	112
	비율	54.63%
규모	지하	B2
	지상	9
	높이	48.70m
평균 분양가 (분양면적 기준)		610만 원

[지원36-3 SH SQUARE II] **[이미지 : 시행사 교육자료 제공]**

필지		지원36-3
건물명		SH SQUARE II
주소		경기도 화성시 동탄대로 683 (영천동)
착공일/ 사용승인일	착공일	2017.12.15
	사용승인일	2019.07.05
대지면적		6,541.00㎡ (1,978.65평)
연면적		35,576.23㎡ (10,761.81평)
용도		공장(지식산업센터)
건폐율		59.65%
용적률		359.92%
주차대수	층	B2-1F
	옥내	241
	옥외	-
	계	241
	비율	53.20%
규모	지하	B2
	지상	10
	높이	49.42m
평균 분양가 (분양면적 기준)		620만 원

[지원37-1 비젼IT타워] **[이미지 : 시행사 교육자료 제공]**

필지		지원37-1
건물명		비젼IT타워
주소		경기도 화성시 동탄대로 677-5 (영천동)
착공일/ 사용승인일	착공일	2017.09.15
	사용승인일	2019.01.08
대지면적		2,980.00㎡ (901.45평)
연면적		15,285.28㎡ (4,623.80평)
용도		공장(지식산업센터), 제1종근린생활시설, 제2종근린생활시설
건폐율		59.17%
용적률		348.85%
주차대수	층	B2-B1
	옥내	106
	옥외	-
	계	106
	비율	-
규모	지하	B2
	지상	10
	높이	49.15m
평균 분양가 (분양면적 기준)		590만 원

[지원38-1 동탄 코너원 스마트타워] [이미지 : 시행사 교육자료 제공]

필지		지원38-1
건물명		동탄 코너원 스마트타워
주소		경기도 화성시 동탄영천로 131 (영천동)
착공일/ 사용승인일	착공일	2019.12.19
	사용승인일	2021.09.24
대지면적		4,260.00㎡ (1,288.65평)
연면적		24,252.31㎡ (7,336.32평)
용도		공장(지식산업센터,창고), 제1,2종근린생활시설
건폐율		52.65%
용적률		359.72%
주차대수	층	B2-3F
	옥내	152
	옥외	-
	계	152
	비율	38.97%
규모	지하	B2
	지상	14
	높이	69.19m
평균 분양가 (분양면적 기준)		750만 원

[지원38-2 동탄G타워]

필지		지원38-2
건물명		동탄G타워
주소		-
착공일/ 사용승인일	착공일	24년 6월 준공예정
	사용승인일	
대지면적		5,192.00㎡ (1,570.58평)
연면적		32,066.31㎡ (9,700.06평)
용도		-
건폐율		-
용적률		-
주차대수	층	-
	옥내	251
	옥외	-
	계	251
	비율	89.64%
규모	지하	B4
	지상	10
	높이	56.60m
평균 분양가 (분양면적 기준)		1,200만 원

(준공시점은 상황에 따라 달라질 수 있습니다.)

[지원39 힐스테이트 동탄역 멀티플라이어] **[이미지 : 시행사 교육자료 제공]**

<table>
<tr><td colspan="2">필지</td><td>지원39</td></tr>
<tr><td colspan="2">건물명</td><td>힐스테이트 동탄역 멀티플라이어</td></tr>
<tr><td colspan="2">주소</td><td>-</td></tr>
<tr><td rowspan="2">착공일/
사용승인일</td><td>착공일</td><td rowspan="2">24년 6월 준공예정</td></tr>
<tr><td>사용승인일</td></tr>
<tr><td colspan="2">대지면적</td><td>15,323.00㎡ (4,635.21평)</td></tr>
<tr><td colspan="2">연면적</td><td>94,211.56㎡ (28,499.00평)</td></tr>
<tr><td colspan="2">용도</td><td>-</td></tr>
<tr><td colspan="2">건폐율</td><td>-</td></tr>
<tr><td colspan="2">용적률</td><td>-</td></tr>
<tr><td rowspan="5">주차대수</td><td>층</td><td>-</td></tr>
<tr><td>옥내</td><td>-</td></tr>
<tr><td>옥외</td><td>-</td></tr>
<tr><td>계</td><td>-</td></tr>
<tr><td>비율</td><td>-</td></tr>
<tr><td rowspan="3">규모</td><td>지하</td><td>B3</td></tr>
<tr><td>지상</td><td>18</td></tr>
<tr><td>높이</td><td>-</td></tr>
<tr><td colspan="2">평균 분양가 (분양면적 기준)</td><td>1,150만 원</td></tr>
</table>

(준공시점은 상황에 따라 달라질 수 있습니다.)

[지원40 더챔버 라티파니]

[이미지 : 시행사 교육자료 제공]

<table>
<tr><td colspan="2">필지</td><td>지원40</td></tr>
<tr><td colspan="2">건물명</td><td>더챔버 라티파니</td></tr>
<tr><td colspan="2">주소</td><td>-</td></tr>
<tr><td rowspan="2">착공일/
사용승인일</td><td>착공일</td><td rowspan="2">25년 8월 준공예정</td></tr>
<tr><td>사용승인일</td></tr>
<tr><td colspan="2">대지면적</td><td>12,697.00㎡ (3,840.84평)</td></tr>
<tr><td colspan="2">연면적</td><td>82,527.59㎡ (24,964.60평)</td></tr>
<tr><td colspan="2">용도</td><td>-</td></tr>
<tr><td colspan="2">건폐율</td><td>-</td></tr>
<tr><td colspan="2">용적률</td><td>-</td></tr>
<tr><td rowspan="5">주차대수</td><td>층</td><td>B3-5F</td></tr>
<tr><td>옥내</td><td>603</td></tr>
<tr><td>옥외</td><td>-</td></tr>
<tr><td>계</td><td>603</td></tr>
<tr><td>비율</td><td>131.09%</td></tr>
<tr><td rowspan="3">규모</td><td>지하</td><td>B3</td></tr>
<tr><td>지상</td><td>20</td></tr>
<tr><td>높이</td><td>87.40m</td></tr>
<tr><td colspan="2">평균 분양가 (분양면적 기준)</td><td>1,261만 원</td></tr>
</table>

(준공시점은 상황에 따라 달라질 수 있습니다.)

[지원40-1, 2, 3 이든앤스페이스] **[이미지 : 시행사 교육자료 제공]**

<table>
<tr><td colspan="2">필지</td><td>지원40-1,2,3</td></tr>
<tr><td colspan="2">건물명</td><td>이든앤스페이스</td></tr>
<tr><td colspan="2">주소</td><td>-</td></tr>
<tr><td rowspan="2">착공일/
사용승인일</td><td>착공일</td><td rowspan="2">25년 준공예정</td></tr>
<tr><td>사용승인일</td></tr>
<tr><td colspan="2">대지면적</td><td>9,471.00㎡ (2,864.98평)</td></tr>
<tr><td colspan="2">연면적</td><td>49,794.79㎡ (15,062.92평)</td></tr>
<tr><td colspan="2">용도</td><td>-</td></tr>
<tr><td colspan="2">건폐율</td><td>-</td></tr>
<tr><td colspan="2">용적률</td><td>-</td></tr>
<tr><td rowspan="5">주차대수</td><td>층</td><td>B2-1F</td></tr>
<tr><td>옥내</td><td>320</td></tr>
<tr><td>옥외</td><td>-</td></tr>
<tr><td>계</td><td>320</td></tr>
<tr><td>비율</td><td>40.92%</td></tr>
<tr><td rowspan="3">규모</td><td>지하</td><td>B2</td></tr>
<tr><td>지상</td><td>15</td></tr>
<tr><td>높이</td><td>-</td></tr>
<tr><td colspan="2">평균 분양가 (분양면적 기준)</td><td>1,158만 원</td></tr>
</table>

(준공시점은 상황에 따라 달라질 수 있습니다.)

[지원42-4 서영아너시티] **[이미지 : 시행사 교육자료 제공]**

<table>
<tr><td colspan="2">필지</td><td>지원42-4</td></tr>
<tr><td colspan="2">건물명</td><td>서영아너시티</td></tr>
<tr><td colspan="2">주소</td><td>경기도 화성시 동탄영천로 101 (영천동)</td></tr>
<tr><td rowspan="2">착공일/
사용승인일</td><td>착공일</td><td>2019.08.09</td></tr>
<tr><td>사용승인일</td><td>2021.06.28</td></tr>
<tr><td colspan="2">대지면적</td><td>2,849.00㎡ (861.82평)</td></tr>
<tr><td colspan="2">연면적</td><td>14,312.23㎡ (4,329.45평)</td></tr>
<tr><td colspan="2">용도</td><td>공장(지식산업센터), 제1,2종근린생활시설(지원시설)</td></tr>
<tr><td colspan="2">건폐율</td><td>58.95%</td></tr>
<tr><td colspan="2">용적률</td><td>329.95%</td></tr>
<tr><td rowspan="5">주차대수</td><td>층</td><td>B2-B1</td></tr>
<tr><td>옥내</td><td>93</td></tr>
<tr><td>옥외</td><td>-</td></tr>
<tr><td>계</td><td>93</td></tr>
<tr><td>비율</td><td>30.00%</td></tr>
<tr><td rowspan="3">규모</td><td>지하</td><td>B2</td></tr>
<tr><td>지상</td><td>13</td></tr>
<tr><td>높이</td><td>72.70m</td></tr>
<tr><td colspan="2">평균 분양가 (분양면적 기준)</td><td>730만 원</td></tr>
</table>

[지원44-1 동탄역 메가비즈타워 A동] **[이미지 : 시행사 교육자료 제공]**

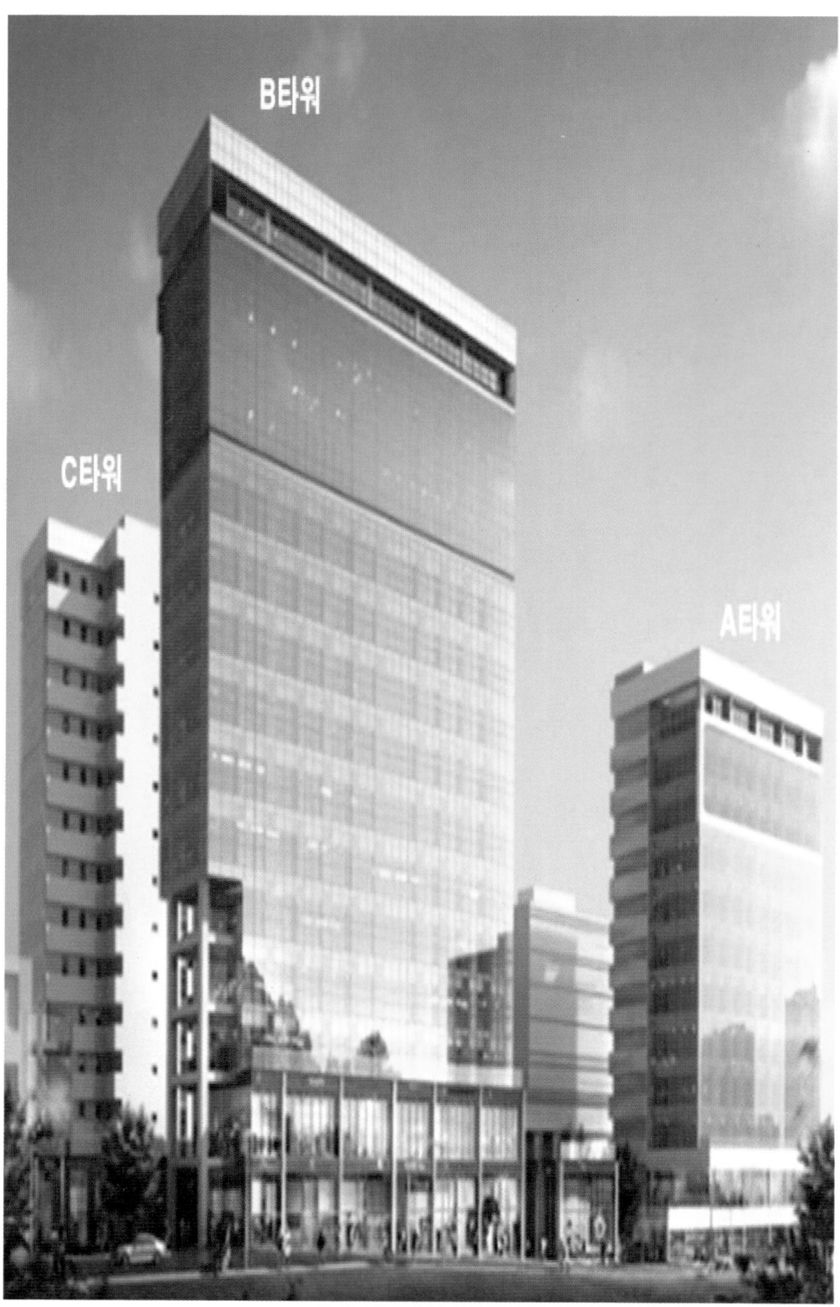

필지		지원44-1
건물명		동탄역 메가비즈타워 A동
주소		경기도 화성시 동탄대로 646-2 (영천동)
착공일/ 사용승인일	착공일	2017.03.01
	사용승인일	2018.12.06
대지면적		3,012.00㎡ (911.13평)
연면적		16,527.98㎡ (4,999.71평)
용도		공장(지식산업센터/제1,2종근생/업무시설)
건폐율		59.85%
용적률		359.55%
주차대수	층	B3-B1
	옥내	113
	옥외	-
	계	113
	비율	46.50%
규모	지하	B3
	지상	12
	높이	57.72m
평균 분양가 (분양면적 기준)		570만 원

[지원44-2 동탄역 센테라IT타워2]

[이미지 : 시행사 교육자료 제공]

<table>
<tr><td colspan="2">필지</td><td>지원44-2</td></tr>
<tr><td colspan="2">건물명</td><td>동탄역 센테라IT타워2</td></tr>
<tr><td colspan="2">주소</td><td>경기도 화성시 동탄대로 636-1 (영천동)</td></tr>
<tr><td rowspan="2">착공일/
사용승인일</td><td>착공일</td><td>2019.04.01</td></tr>
<tr><td>사용승인일</td><td>2020.10.28</td></tr>
<tr><td colspan="2">대지면적</td><td>2,784.00㎡ (842.16평)</td></tr>
<tr><td colspan="2">연면적</td><td>16,362.52㎡ (4,949.66평)</td></tr>
<tr><td colspan="2">용도</td><td>지식산업센터</td></tr>
<tr><td colspan="2">건폐율</td><td>59.89%</td></tr>
<tr><td colspan="2">용적률</td><td>359.78%</td></tr>
<tr><td rowspan="5">주차대수</td><td>층</td><td>2F-4F</td></tr>
<tr><td>옥내</td><td>88</td></tr>
<tr><td>옥외</td><td>-</td></tr>
<tr><td>계</td><td>88</td></tr>
<tr><td>비율</td><td>66.67%</td></tr>
<tr><td rowspan="3">규모</td><td>지하</td><td>B1</td></tr>
<tr><td>지상</td><td>13</td></tr>
<tr><td>높이</td><td>63.31m</td></tr>
<tr><td colspan="2">평균 분양가 (분양면적 기준)</td><td>750만 원</td></tr>
</table>

[지원44-3 동탄역 메가비즈타워 B동] **[이미지 : 시행사 교육자료 제공]**

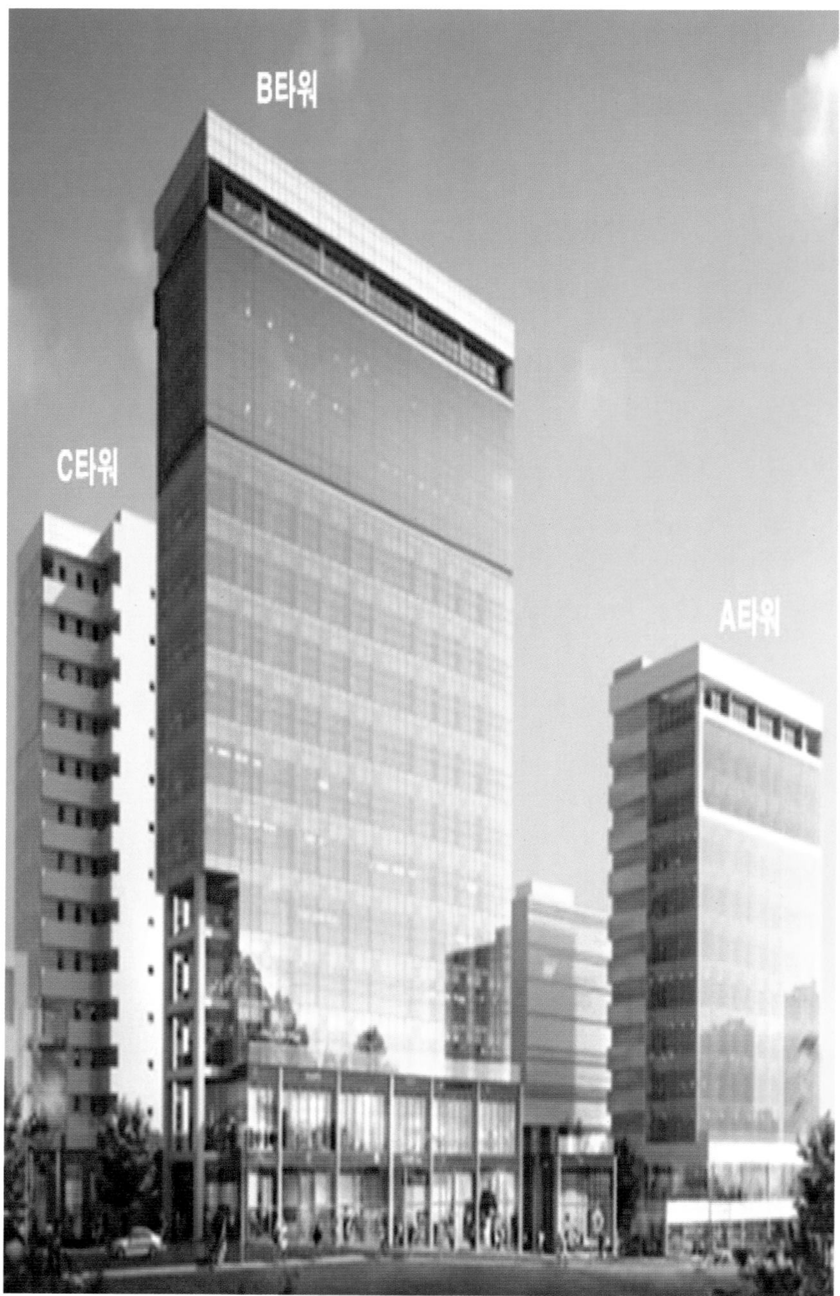

필지		지원44-3
건물명		동탄역 메가비즈타워 B동
주소		경기도 화성시 동탄대로 646-4 (영천동)
착공일/ 사용승인일	착공일	2017.03.06
	사용승인일	2019.01.18
대지면적		3,245.00㎡ (981.61평)
연면적		17,183.75㎡ (5,198.08평)
용도		공장(지식산업센터), 제1,2종근린생활시설, 업무시설
건폐율		59.93%
용적률		329.08%
주차대수	층	B3-B1
	옥내	114
	옥외	-
	계	114
	비율	28.36%
규모	지하	B3
	지상	15
	높이	72.61m
평균 분양가 (분양면적 기준)		570만 원

[지원44-4 동탄역 메가비즈타워 C동] **[이미지 : 시행사 교육자료 제공]**

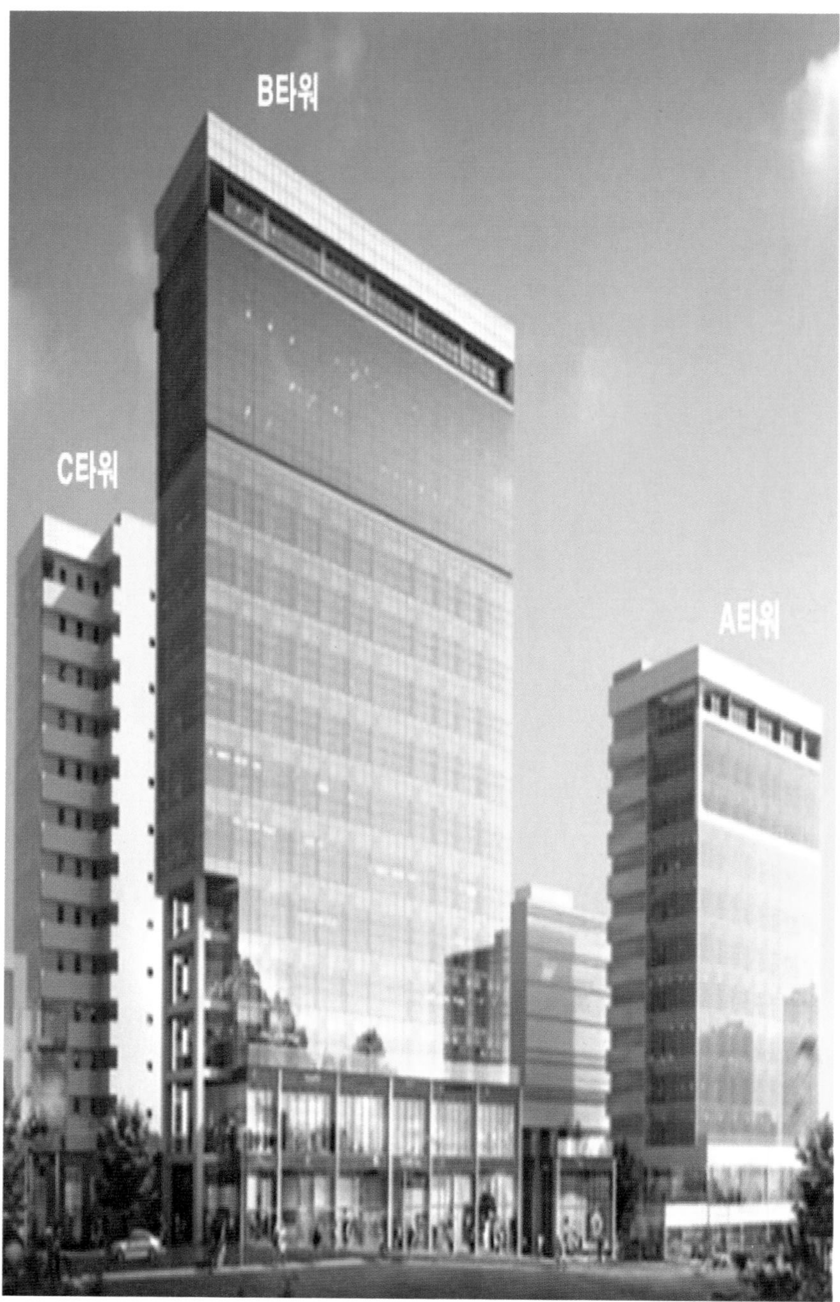

<table>
<tr><th colspan="2">필지</th><td>지원44-4</td></tr>
<tr><th colspan="2">건물명</th><td>동탄역 메가비즈타워 C동</td></tr>
<tr><th colspan="2">주소</th><td>경기도 화성시 동탄대로 636-3 (영천동)</td></tr>
<tr><th rowspan="2">착공일/
사용승인일</th><th>착공일</th><td>2017.04.03</td></tr>
<tr><th>사용승인일</th><td>2019.01.18</td></tr>
<tr><th colspan="2">대지면적</th><td>2,970.00㎡ (898.43평)</td></tr>
<tr><th colspan="2">연면적</th><td>15,245.94㎡ (4,611.90평)</td></tr>
<tr><th colspan="2">용도</th><td>공장(지식산업센터), 제1,2종근린생활시설,
업무시설</td></tr>
<tr><th colspan="2">건폐율</th><td>59.87%</td></tr>
<tr><th colspan="2">용적률</th><td>329.98%</td></tr>
<tr><th rowspan="5">주차대수</th><th>층</th><td>B2-B2</td></tr>
<tr><th>옥내</th><td>104</td></tr>
<tr><th>옥외</th><td>-</td></tr>
<tr><th>계</th><td>104</td></tr>
<tr><th>비율</th><td>52.00%</td></tr>
<tr><th rowspan="3">규모</th><th>지하</th><td>B2</td></tr>
<tr><th>지상</th><td>12</td></tr>
<tr><th>높이</th><td>68.72m</td></tr>
<tr><th colspan="2">평균 분양가 (분양면적 기준)</th><td>570만 원</td></tr>
</table>

[지원50-2 동탄IT밸리II 1동] **[이미지 : 시행사 교육자료 제공]**

필지		지원50-2
건물명		동탄IT밸리 II 1동
주소		경기도 화성시 동탄대로 706 (영천동)
착공일/사용승인일	착공일	2019.04.03
	사용승인일	2020.11.24
대지면적		5,508.00㎡ (1,666.17평)
연면적		29,602.92㎡ (8,954.88평)
용도		공장(지식산업센터), 지원시설(근린생활시설, 업무시설)
건폐율		49.47%
용적률		359.72%
주차대수	층	B2-1F
	옥내	261
	옥외	30
	계	291
	비율	68.31%
규모	지하	B2
	지상	11
	높이	57.69m
평균 분양가 (분양면적 기준)		750만 원

[지원50-3 샹보르 줌타워] **[이미지 : 시행사 교육자료 제공]**

필지		지원50-3
건물명		샹보르 줌타워
주소		경기도 화성시 동탄대로 700 (영천동)
착공일/ 사용승인일	착공일	2019.07.04
	사용승인일	2021.08.03
대지면적		5,508.00㎡ (1,666.17평)
연면적		29,963.34㎡ (9,063.91평)
용도		공장(지식산업센터), 지원시설(근린생활시설, 업무시설)
건폐율		59.95%
용적률		359.82%
주차대수	층	B2-1F
	옥내	316
	옥외	-
	계	316
	비율	82.51%
규모	지하	B2
	지상	12
	높이	68.90m
평균 분양가 (분양면적 기준)		750만 원

[지원53 D-WAVE] **[이미지 : 시행사 교육자료 제공]**

필지		지원53
건물명		D-WAVE
주소		-
착공일/ 사용승인일	착공일	24년 준공예정
	사용승인일	
대지면적		5,225.50㎡ (1,580.71평)
연면적		24,988.66㎡ (7,559.07평)
용도		-
건폐율		-
용적률		-
주차대수	층	-
	옥내	234
	옥외	-
	계	234
	비율	65.18%
규모	지하	B3
	지상	11
	높이	-
평균 분양가 (분양면적 기준)		1,277만 원

(준공시점은 상황에 따라 달라질 수 있습니다.)

[지원62-1, 2, 3 동탄 SK레이크원] **[이미지 : 시행사 교육자료 제공]**

<table>
<tr><td colspan="2">필지</td><td>지원62-1,2,3</td></tr>
<tr><td colspan="2">건물명</td><td>동탄 SK레이크원</td></tr>
<tr><td colspan="2">주소</td><td>-</td></tr>
<tr><td rowspan="2">착공일/
사용승인일</td><td>착공일</td><td rowspan="2">24년 준공예정</td></tr>
<tr><td>사용승인일</td></tr>
<tr><td colspan="2">대지면적</td><td>-</td></tr>
<tr><td colspan="2">연면적</td><td>21,695.60㎡ (6,562.92평)</td></tr>
<tr><td colspan="2">용도</td><td>99,484.98㎡ (30,094.21평)</td></tr>
<tr><td colspan="2">건폐율</td><td>-</td></tr>
<tr><td colspan="2">용적률</td><td>-</td></tr>
<tr><td rowspan="5">주차대수</td><td>층</td><td>-</td></tr>
<tr><td>옥내</td><td>B1-2F</td></tr>
<tr><td>옥외</td><td>926</td></tr>
<tr><td>계</td><td>-</td></tr>
<tr><td>비율</td><td>926</td></tr>
<tr><td rowspan="3">규모</td><td>지하</td><td>81.51%</td></tr>
<tr><td>지상</td><td>B1</td></tr>
<tr><td>높이</td><td>15m</td></tr>
<tr><td colspan="2">평균 분양가 (분양면적 기준)</td><td>-</td></tr>
</table>

(준공시점은 상황에 따라 달라질 수 있습니다.)

[지원65 동탄 푸르지오시티 웍스]

[이미지 : 시행사 교육자료 제공]

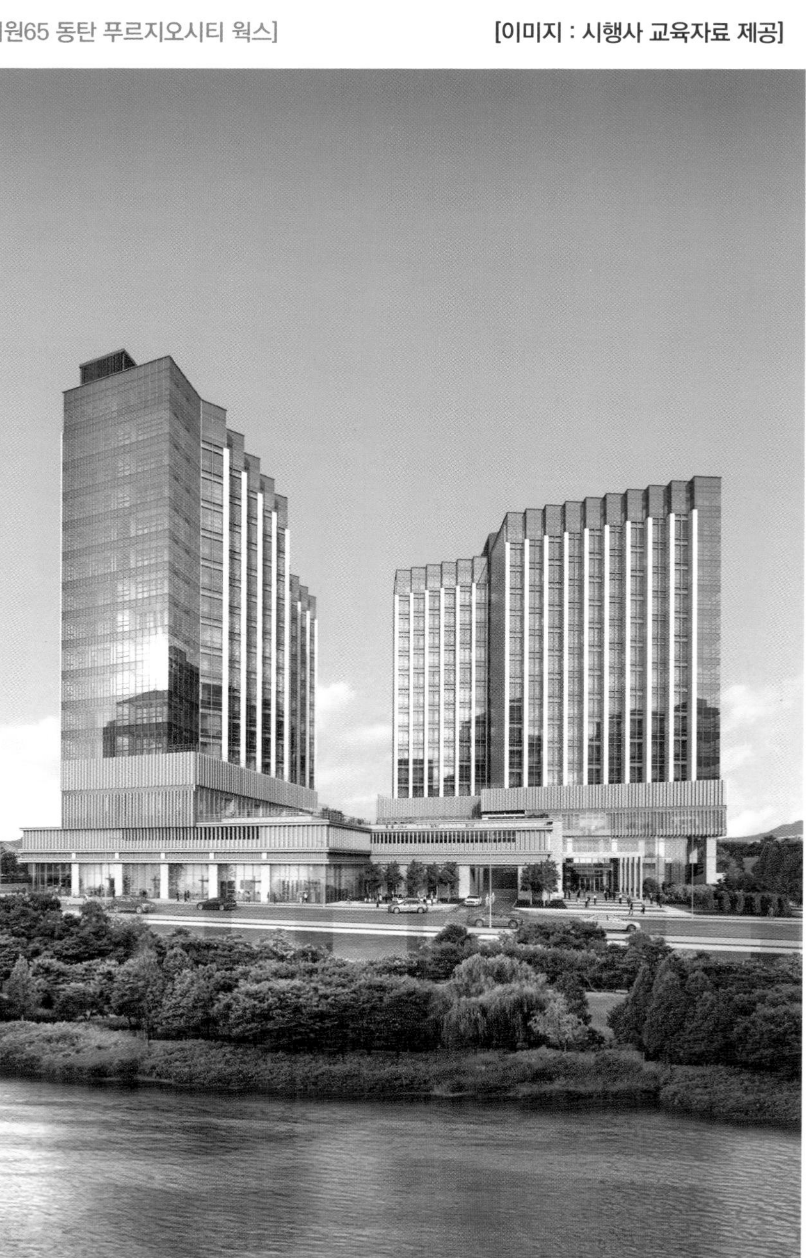

필지		지원65
건물명		동탄 푸르지오시티 웍스
주소		-
착공일/ 사용승인일	착공일	25년 준공예정
	사용승인일	
대지면적		12,727.10㎡ (3,849.95평)
연면적		58,352.61㎡ (17,651.66평)
용도		-
건폐율		-
용적률		-
주차대수	층	-
	옥내	545
	옥외	-
	계	545
	비율	91.60%
규모	지하	B1
	지상	15
	높이	-
평균 분양가 (분양면적 기준)		1,381만 원

(준공시점은 상황에 따라 달라질 수 있습니다.)

제4장

동탄테크노밸리의 미래 가치

1. 교통수단의 요지

부동산의 미래 가치 유무를 따질 때 어렵지 않게 생각할 수 있는 것 중 하나가 바로 교통입니다. 교통이 좋은 곳엔 사람이 모이게 되고, 그에 필요한 것들이 유통되며 상권과 모든 것이 발달하게 됩니다. 그래서 역세권이라면 모두가 눈여겨보게 되고, 그 주변 부동산들의 가격은 당연히 오르게 되는 것입니다. 이러한 조건을 따졌을 때 모든 것을 다 갖추고 있는 것이 바로 동탄신도시입니다. 현재 동탄역은 SRT가 지하 6층에서 운행 중이며, 향후 동탄-인덕원선, GTX-A 노선까지 트리플 역세권으로 탈바꿈하게 됩니다. 게다가 기흥-오산을 지나는 지하철 분당선이 있으며, 더불어 24년 개통 예정인 동탄 트램까지 들어서면서 퀸튜플(Quintuple) 역세권을 이루게 되었습니다. 이 중 중요한 GTX와 동탄 트램에 대해 간단히 설명하면서 왜 이러한 교통수단이 부동산에 큰 영향을 미치고, 어떤 장점을 가지고 있는지 알아보도록 하겠습니다.

이미지 : CINEMATIC PERSON Youtube-수도권 광역급행철도 전시영상 동영상 발췌

GTX는 Great train expess의 약자로, '수도권 광역급행철도'를 의미합니다. 수도권을 빠른 속도로 연결한다는 개념으로 2010년 경기도 지사 선거에서 김문수 후보가 공약으로 제시하면서부터 일반인들에게 알려졌습니다. 그렇다면 GTX(수도권 광역급행철도)가 왜 필요한 걸까요? 서울, 수도권은 현재 약 2600만 명으로 우리나라 인구의 절반이 거주하고 있고, 출퇴근 시간뿐만 아니라 주요 도심은 거의 24시간 교통 체증으로 몸살을 앓고 있습니다. 특히 서울은 세계 인구 밀도 도시 순위에서 7위(15,650명)를 차지할 정도로 인구가 많은 도시입니다. 좁은 공간에 인구가 밀집되면서 집값, 교통 대란 등 수많은 문제를 야기하게 되는데, 이를 해결하기 위해서 메가시티들은 많은 고민을 하게 되었습니다. 「광역교통개선대책」 등을 수립하여 인구를 적절히 분배하는 정책을 내놓았고, 도심 접근성을 높이기 위한 다각적인 고민과 정책이 만들어지기 시작했습니다. 그 결과 대도시와 그 주변의 위성도시를 연계하기 위하여 장거리를 운행하는 형태의 버스 노선인 광역버스가 도입되었고, 한정된 지상의 도로 공간만으로는 한계가 있어 지하철과 급행 전철 계획으로 진보하였으며, 그 하나의 축이 되었던 것이 GTX, 바로 수도권 광역급행철도입니다.

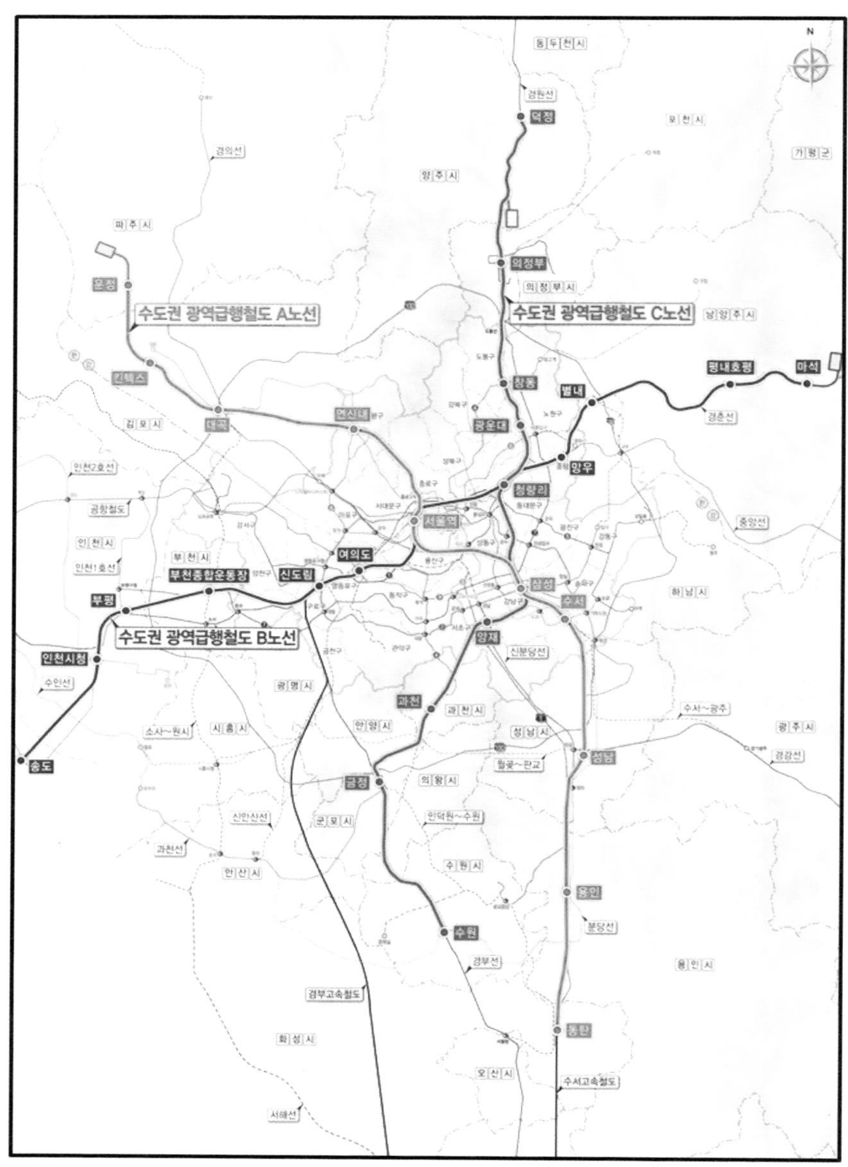

동두천시
경원선
덕정
포천시
가평군
경의선
양주시
파주시
운정
수도권 광역급행철도 A노선
의정부
의정부시
수도권 광역급행철도 C노선
남양주시
킨텍스
평내호평
마석
창동
별내
경춘선
대곡
연신내
광운대
김포시
인천2호선
망우
청량리
공항철도
서울역
중앙선
인천시
부천시
여의도
인천1호선
부천종합운동장
신도림
삼성
수서
하남시
부평
수도권 광역급행철도 B노선
양재
신분당선
인천시청
수인선
광명시
과천
과천시
수서~광주
광주시
소사~원시
시흥시
안양시
성남시
송도
월곶~판교
성남
경강선
금정
의왕시
신안산선
군포시
인덕원~수원
과천선
수원시
안산시
용인
분당선
수원
경부선
용인시
경부고속철도
동탄
화성시
오산시
수서고속철도
서해선

이미지 : 경기도청 제공

동탄을 지나가는 GTX-A 노선은 파주 운정신도시와 동탄역을 이어주는 붉은색 노선입니다. 여러 노선 중에서 가장 빨리 개통될 것으로 예상되는데 착공은 19년 6월에 시작했으며, 총 83.3km의 길이로 형성되어 파주 운정, 킨텍스, 대곡, 연신내, 서울, 삼성, 수서, 성남, 용인, 동탄역 등 10곳의 정거장을 지나가며, 현재 지하철의 노선과 비교했을 때 비교적 직선화 되어 있다는 것도 GTX의 장점이라고 볼 수 있습니다. A 노선이 계획에 차질 없이 개통 예상 기간 안에 완공된다면 시민들이 교통을 이용하는 데 있어서 시간 단축과 편리함을 제공할 수 있을 것입니다. 기존에 지하철을 타고 일산에서 서울역까지 이동하는 경우 소요되는 시간이 50분대였다면, GTX-A 노선을 이용하게 되면 14분대까지, 일산에서 삼성역까지는 80분에서 20분대까지 소요 시간이 대폭 감소하게 됩니다. 이렇게 GTX-A 노선이 운행되면 동탄2신도시는 수도권 서남부 교통의 요지로 비약적인 성장을 할 것입니다.

이미지 : 경기도 제공

현재 동탄2신도시는 도로에 중앙 분리대 없이 잔디가 깔려 있는데, 이것이 바로 동탄 트램 노선이 들어올 공간입니다. 트램이라는 것이 생소하실 수 있는데 트램이란 일반적인 도로 위에 깔린 레일 위를 주행하는 노면 전차로 프랑스, 독일, 일본 등 이미 여러 나라에서 흔한 교통수단으로 활용되고 있습니다. 트램은 지하 공사를 하지 않기 때문에 지하철의 6분의 1 수준으로 건설비용이 적게 들고, 무가선 방식으로 탄소 배출이 낮아 교통 에너지 절감 측면에서 우수합니다. 또한 도시 경관이 좋아지고 관광 인프라로 활용되며 관광객의 교통편의 및 요금도 저렴합니다.

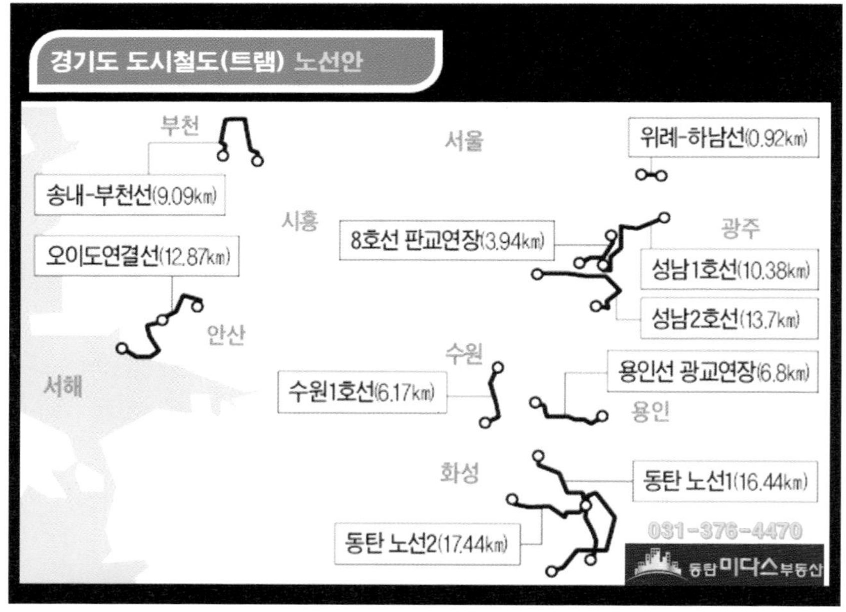

이미지 : 네이버블로그 달마이어

현재 경기도 도시 철도(트램) 노선안을 보면 총 10개 노선으로 되어있고, 그 중 동탄 노선은 2개입니다. 화성, 용인, 하남 등 경기도 곳곳에서 추진되는 트램 중 동탄 트램은 24년까지 완공 예정이며, 가장 먼저 모습을 드러낼 것으로 전망됩니다. 총편익을 총비용으로 나눈(B/C) 값이 1보다 크면 경제성이 있다고 판단하는데, 경기 도시철도망 구축 계획 트램 노선 중 동탄 도시 철도 1단계만 B/C값이 1.3을 기록하며 유일하게 기준(1.0)을 넘겼습니다. 동탄 트램이 개통되었을 때 동탄 내 이동이 수월해지며, 자칫 출퇴근 시간에 교통 체증이 있다 하더라도 시간대에 구애받지 않는 교통수단으로 원활하게 이용될 것입니다. 이렇게 소개해 드린 GTX와 트램을 포함해 SRT, 분당선, 동탄-인덕원선을 통틀어 퀸튜플 역세권을 이루게 됩니다. 모든 측면으로 보았을 때에 경제적, 입지적 강점을 가지고 교통의 요지로 탄생하게 될 동탄테크노밸리의 가치는 여전히 상승 중에 있습니다.

2. 경부고속도로 지하 터널 개통

서울=뉴시스 경부선 화성~서울 구간 추가도로 확장 개념도 이미지 : 국토교통부 제공

대한민국은 경부고속도로를 착공하면서 전국을 일일생활권으로 만들었고 이를 기반으로 대한민국은 비약적인 발전을 이룩하였습니다. 교통 인프라는 인적 자원과 물적 자원의 원활한 이동을 위하여 계획적으로 개발되는데, 국가기간교통망계획으로 전 국토의 균형 발전을 이뤄내고 있습니다. 하지만 대도시권으로 인구가 몰리면서 교통량이 현저히 늘어나고, 수도권의 경우 일

부 구간의 극심한 정체가 지속되면서 혼잡 구간이 11년도 226km, 15년도 330km, 19년도 445km로 특히 수도권의 혼잡 구간 증가가 더욱 심화됐습니다. 이러한 문제점을 개선하기 위해 정부에서는 경부고속도로 확장 사업 계획을 수립하게 되었습니다. 대도시권 등 상습적인 교통 혼잡을 해소하고, 증가한 교통 수요에 대응하기 위해 간선망을 강화해 이동 편의를 높이며, 화물차와 같은 물류 차량에 대한 사고 위험이 높은 구간에 대한 도로 용량 확대 등 안전을 위한 방안도 내놓았습니다.

< 기존도로 지하에 추가도로 확장 개념도 >

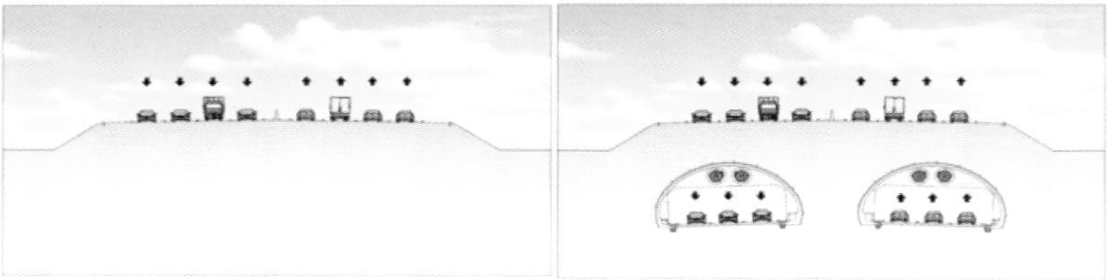

(시행 전) (시행 후)

이미지 : 국토교통부 제공

특히, 상습 정체 구간이지만 주변의 도시 개발 등으로 인해 수평적인 도로 용량 확장이 불가능한 경부선, 경인선, 수도권 제1순환선 등의 일부 구간은 지하에 추가 도로 터널을 확장해 도로 용량을 증대하는 목표를 두고 있습니다. 경부선의 적정 교통량은 13.4만 대이지만 현재 일일 교통량이 20만 대가 넘는 극심한 정체 구간인 양재IC-한남IC, 화성-서울 구간 내에서 기존 고속도로는 그대로 두고 그 아래로 지하화하여 확장하는 계획을 가지고 있습니다.

이러한 지하화 작업은 성공 사례에 의해 더욱 확실한 안정성을 가지고 있는데, 그것이 바로 21년 9월에 개통된 서울 서부간선지하도로입니다. 지하도로 개통으로 5만 대의 교통량을 분산해 성산대교 남단에서 서해안고속도로 진입까지 출퇴근 시간대 통행 시간이 기존 30분대에서 10분대로 줄고, 월드컵대교를 개통하여 기존에 서부간선도로에서 내부순환로까지 직접 연결하는 도로가 없어 성산대교를 이용해야 했던 불편함을 해소하고 주변 교통 정체 구간도 해결하게 되었습니다. 10.33km의 짧은 구간에 2,500원의 요금이 부가되어 이용량이 많지 않을 것이라는 우려도 있었지만, 현재 교통 정체 완화와 활발한 이용량으로 지하 터널의 성공적 사례로 꼽을 수 있습니다.

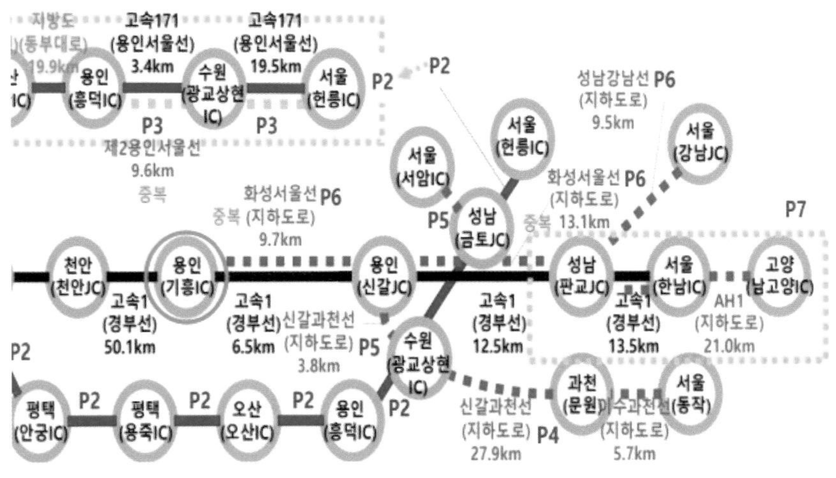

이미지 : 국토교통부 제공

이렇게 성공 사례를 통해 비추어 보았을 때 경부선 지하화는 분명 성공적으로 마무리될 것으로 더욱 기대되며, 수십 년간 상습 정체 구간으로 악명을 떨쳤던 화성-한남 구간이 이번 기회를 빌려 완전히 해소될 것으로 보입니다. 기업을 운영하기 위해서는 늘 고민해야 하는 것이 우수한 인력 채용입니다. 인사가 만사라는 말은 예나 지금이나 동일하듯이 가산동, 구로동, 성수동이 안정적으로 급성장할 수 있었던 이유는 바로 우수한 인재들을 불러 모았기 때문입니다. 그러기 위해서는 교통의 발달 또한 한몫한다는 것을 알 수 있습니다.

성수동과 한남IC는 바로 코앞에 위치하고 있고, 한남IC에서 경부고속도로 지하 터널을 진입하면 기흥IC 지상으로 빠져나옵니다. 자, 그럼 기흥IC 바로 앞에 뭐가 있느냐가 가장 중요하겠죠? 바로 동탄 지식산업센터가 밀집한 동탄2신도시 자족의 핵심인 동탄테크노밸리입니다. 이러한 견해로 보았을 때 현재 평당 1500만 원을 넘겨 동탄 메이저 지식산업센터로 꼽히는 동탄실리콘앨리, 동탄금강펜테리움IX타워, 동탄SKV1센터 등의 가격이 평당 2500~3000만 원은 충분히 상회할 것으로 예측됩니다. 사람이 모이고 돈이 모이면 부동산의 가치는 자연스럽게 우상향하기 때문입니다.

3. 화성시만의 경쟁력 3가지

1. 젊은 도시 동탄2신도시

통계청 자료에 의하면 경기도는 이미 고령화 사회에 진입한 상태이지만, 경기도 전체로 보았을 때 화성시는 고령화 지수가 가장 낮은 5개 도시 중 하나로 꼽혔습니다. 행정안전부 주민등록 인구 통계에 따르면 14년 말 54만여 명에 불과하던 화성시 총인구는 매년 5만여 명씩 증가하면서 19년에는 80만 명을 넘어섰고, 22년 90만 294명에 이르렀습니다. 여기서 눈여겨볼 것은 평균 연령이 37.5세의 젊은 도시로 생산하고 소비하는 능력이 큰 도시라고 하는 점입니다. 실제로 화성시 생산 가능 인구는 21년 기준으로 62만 8594명으로 전체의 72.7%에 달하며, 1인당 GRDP(지역내총생산)에서 증가율 12.7%로 1위를 차지하며 우리나라 지방자치단체 평균인 4.4%를 훨씬 뛰어넘습니다. 이뿐만 아니라 지난 10년간 전국 인구 증가율, 지방자치 경쟁력 지수, 경기도 토지 거래량에서도 1위를 차지하며 기업하기 좋은 도시로 발전해 왔습니다. 이렇게 인구 유입이 계속해서 늘어나고 평균 연령대가 낮다는 것은 자족 기능이 활발히 이루어진다는 의미로 앞으로 동탄의 충분한 경쟁력이 될 요소임이 분명합니다.

2. K-반도체 벨트

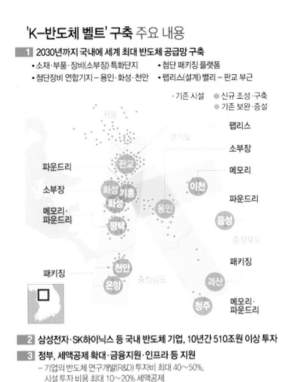

정부와 민간이 손잡고 2030년까지 국내에 세계 최대의 반도체 공급망인 'K-반도체 벨트'를 구축하기로 했습니다. 반도체 제조부터 소재·부품·장비(소부장), 첨단장비, 팹리스(Fabless, 설계) 등을 아우르는 반도체 제조 인프라를 만들겠다는 것입니다. 이를 위해 삼성전자, SK하이닉스 등 기업이 10년간 510조 원 이상을 투자하며, 정부는 민간 투자를 뒷받침하기 위해 세액 공제 확대·금융 지원·인프라 등을 패키지로 지원하기로 하였습니다. 기업들과 함께 국내에 세계 최대·최첨단 반도체 공급망을 만들겠다는 것이 이번 전략의 핵심입니다. 정부는 이를 'K-반도체 벨트'라고 명명했고, 보시는 그림과 같이 이 벨트는 판교와 기흥-화성-평택-온양의 서쪽, 이천-청주의 동쪽이 용인에서 연결돼 'K자형' 모양을 띠고 있습니다. 반도체 제조시설에 필수적인 용수 공급을 위해 용인·평택 등 반도체 단지의 10년 치 용수 물량을 확보하고, 반도체 관련 전력 인프라는 정부와 한전이 최대 50% 범위에서 공동 분담해 지원하기로 했으며, 반도체 인력 양성에도 나서 10년간 산업인력 3만 6천 명을 육성하게 됩니다. 반도체 관련 학과 정원을 확대해 1천500명을 배출하고, 반도체 장비 기업과 연계해 5개교에 계약 학과를 신설, 학사 인력 1만 4천400명 등을 양성할 계획입니다. 이런 전략이 차질 없이 추진된다면 연간 반도체 수출은 지난해 992억 달러에서 2030년 2천억 달러로 증가하고, 고용 인원도 총 27만 명으로 늘 것으로 정부는 전망했습니다. (서울=연합뉴스) 조재영 기자

이와 같은 내용으로 K-반도체 벨트의 구심점 역할을 하는 동탄테크노밸리는 글로벌 반도체 공급망을 주도할 수 있는 주체로서 앞으로 더 많은 일자리와 수요들이 유입되어, 경쟁이 치열한 반도체 시장 구도에서 새로운 변화의 시작점이 될 것으로 기대됩니다.

3. 다이어그램으로 보는 부동산 미래 가치를 결정짓는 요소

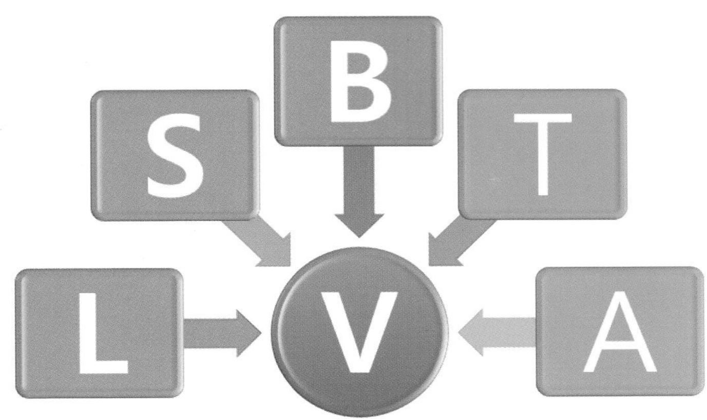

모든 부동산의 미래 가치 V(Value, 가치, 가격)를 이야기할 때 B, S, L 세 가지가 기본이 되어 형성되고, 그 외 T, A는 외부 변수로 존재하게 됩니다. 여기서 기본 요소인 B, S, L은 각각 B(Brand, 브랜드적인 가치), S(Scale, 규모적인 가치), L(Location, 입지적인 가치)이며, 외부 변수인 T, A는 T(Trend, 시기에 따른 트렌드), A(Administration, 행정 절차)입니다.

부동산의 미래 가치(V)는 브랜드(B)와 규모(S), 입지(L)를 기본으로 하며, 트렌드(T)와 행정 절차(A)와는 상관없이 가격은 시간이 지나면 우상향합니다. 물론 트렌드에 따라서 아파트가 성행할 수도 있고, 지식산업센터나 상가가 성행할 수도 있지만 그런 것과 상관없이 B, S, L 이 3가지를 부합한다면 그 부동산의 미래 가치는 충분히 존재한다고 볼 수 있습니다. 현재 동탄테크노밸리에 이 3가지를 다 가지고 있는 것이 동탄SKV1센터, 금강펜테리움IX타워, 동탄실리콘앨리입니다. 브랜드적 가치, 규모적인 가치, 입지적인 가치 등을 종합적으로 고려하면 위 3개의 지식산업센터가 바로 동탄테크노밸리의 3대 축입니다.

이미지 : 시행사 교육자료 제공

먼저 동탄SKV1센터는 경부고속도로 상, 하행선 노출 프리미엄을 고려하여 설계하였습니다. 그렇기 때문에 경부고속도로에서 보면 동탄SKV1센터가 아주 잘 노출되는 것을 볼 수 있습니다. 서편으로는 경부고속도로가 위치해 있으며, 북편으로는 기흥IC, 남편으로는 동탄역과 롯데백화점 동탄점 등이 있습니다. SKV1센터는 지하 2층에서 지상 20층 한 동 규모의 지식산업센터이며 건축물의 높이는 92.5m입니다. 대지 면적은 4,000평이 넘으며 연면적은 27,166평이 넘습니다. 이 규모는 동탄테크노밸리 내에서도 현재 기준 3위에 해당하는 상당한 규모입니다.

다음으로 금강펜테리움IX타워는 용인-서울고속도로의 끝에서 바로 연결되며, 퍼킨스 이스트만(Perkins Eastman)의 세계적인 건축가 브래드포드 퍼킨스가 설계한 38층 쌍둥이 지식산업센터로 수도권 서남부에서 이름이 상당히 알려진 랜드마크입니다. 북쪽으로는 기흥IC, 기흥동탄IC가 있고, 남쪽으로는 동탄역이 위치하며, 동쪽으로는 한미약품 연구소가 위치해 있습니다. 탁월한 입지와 경부고속도로에서도 확연히 노출되는 동탄 금강펜테리움IX타워는 현재 전체 입주율이 거의 90%에 다다를 정도로 인기가 좋은 지식산업센터입니다. 대단지의 A, B, C 타워와 금강펜테리움IX스테이, 상가동으로 근린생활시설

225개, 드라이브인 215개, 공장 지식산업센터 1,586개, 기숙사 675개, 이렇게 총 2,701개의 호실로 구성된 자족의 핵심인 동탄 지식산업센터의 대표 메이저급 건물입니다.

마지막으로 23년 6월 준공 예정인 동탄 실리콘앨리입니다. 기흥IC에서 약 600m 남단에 위치한 동탄 실리콘앨리는 경부고속도로의 탁월한 접근성과 수도권 서남부 광역 교통의 메카인 동탄역을 약 1.7km 거리에 두고 있는 동탄테크노밸리 내 최고의 지식산업센터라 꼽을 수 있습니다. 실리콘앨리의 대지 면적은 약 11,000여 평이며, 건축물의 연면적은 72,140평이 넘는데, 이는 축구장의 약 37배 규모이며 동탄테크노밸리 내에서도 압도적인 규모입니다. 지하 4층에서 지상 20층까지 총 7개 동으로 설계되었으며, 공장 지식산업센터인 A, B, C 타워와 드라이브인과 도어 투 도어 시스템 제조동인 D타워로 구성되었습니다. 그 외에 기숙사동, 근린생활시설, 상가동이 있고, 특히 상가동에는 동탄테크노밸리 최초로 대형 미디어 파사드를 도입하였습니다. 게다가 브랜드 지식산업센터 중에 최고라고 할 수 있는 현대 건설과 삼성전자의 콜라보레이션으로 시공 중이며, 미국 뉴욕의 실리콘밸리의 감성을 그대로 동탄에 옮겨 온 콘셉트입니다. 아직 준공 전인데도 현재 가장 뜨거운 관심이 쏠리고 있는 실리콘앨리는 앞으로 더 큰 가치를 가질 것으로 기대됩니다.

이렇게 동탄테크노밸리의 3대 지식산업센터를 알아보신 것과 같이 브랜드(B)와 규모(S), 입지(L)를 모두 갖췄다면 충분한 미래 가치가 있다고 말할 수 있습니다. 뿐만 아니라 동탄은 이미 젊은 층의 기업들이 주를 이루고 있어 변화에 예민하고 빠르게 반응하는 트렌디(T)함을 갖춘 지역이고, 이제 지식산업센터라 하면 모두가 알고 있는 행정적인 정부지원혜택(A)들을 누릴 수 있으니 이보다 더 좋은 미래 가치를 지닌 투자처는 없을 것입니다. 또한 모든 조건을 갖춘 동탄 지식산업센터 3대장이 버티고 있으니, 동탄테크노밸리의 경쟁력을 논할 때 당당히 내놓을 수 있는 히든카드이며, 동탄이 앞으로도 미래 가치를 가지고 발전할 것이라는 증거입니다.

여기까지 알아본 화성시만의 경쟁력 3가지와 더불어 동탄테크노밸리뿐 아니라 전국 지식산업센터의 호재로 여겨질 개정안이 22년 12월 통과되었습니다. 바로 지식산업센터 지원시설 입주에 관한 진입규제를 완화한 것입니다. 1부에서도 언급하였듯이 기존에 열거방식으로 입주할 수 있는 지원시설을 규정했다면, 개정된 규정에는 네거티브 형태로 나열하여 원칙적으로 모든 시설을 입주 대상으로 하되, 사행행위 영업 및 위락시설 등을 입주 제한 대상으로 설정하여 진입 규제를 완화하였습니다.

1 지식산업센터 지원시설 입주 대상 확대 (산업부)

기존 지식산업센터 지원시설에 입주할 수 있는 지원시설을 **열거방식*** 으로 규정(원칙적 금지, 예외적 승인)

* 금융, 의료, 기숙사, 운동시설, 어린이집 등

※ 산업집적활성화 및 공장설립에 관한 법률 시행령 제36조의4

개선 지식산업센터 지원시설에 입주할 수 있는 시설을 **네거티브 형태*로 규정**('22.12월 예정)

* 예) 미술관, 문화전시장, **수영장**, 볼링장 등 다양한 업종 입주 확대

☞ **(효과) 원칙적으로 모든 시설을 입주대상**으로 하되, **사행행위 영업** 및 **위락시설 등**을 입주 제한 대상으로 설정하여 **진입규제 완화**

◇주요 규제 정비사례 중 지식산업센터 관련 설명자료 /자료=국무조정실 제공

출처 : 대한전문건설신문(http://www.koscaj.com)

과거 동탄테크노밸리만 보더라도 공장은 거의 80~90%가 차 있지만 1, 2층의 지원시설은 눈으로 보기에도 공실이 많은 것을 볼 수 있었습니다. 하지만 이렇게 개정안이 통과된 현재, 지원시설에 대한 관심이 조금씩 늘어나고 있습니다. 아마 이런 추세라면 지원시설의 수요가 늘어나는 것은 물론이고 앞으로

지식산업센터 지원시설의 모습과 분위기가 많이 달라질 것으로 예상됩니다. 이는 지식산업센터의 긍정적인 발전 방향을 제시할 것이며 특히 여전히 공급량이 존재하는 동탄테크노밸리가 그 타깃이 될 것입니다.

다각도에서 보더라도 장점이 넘치는 동탄테크노밸리는 초기인 15년도에 비해 확연히 성장한 모양이며 전체적인 스카이라인이 약 70% 이상 완성되었다고 해도 과언이 아닙니다. 게다가 초기에 비해 삼성전자 1차 벤더사들의 유입이 확연히 늘었으며, 상주 기업의 수와 종류도 많이 늘어 매우 안정적으로 자리매김하고 있다고 말할 수 있습니다. 동탄테크노밸리는 판교테크노밸리에 비해 규모적인 면에서 2.3배나 되는 상당한 규모의 대단지 지식산업센터 클러스터입니다. 많은 분이 질문하시는 내용 중 하나는 건물이 이렇게 많은데 어떻게 채워지겠는가 하는 것인데, 이런 질문을 받을 때마다 하는 공통된 답변은 현재 공실 없이 거의 다 차 있는 상황이고, 중견기업 이상의 수요가 늘고 있어 층 단위 고객의 수요가 현격히 늘고 있다는 것입니다. 이렇게 강경하게 동탄테크노밸리의 반도체와 바이오가 대한민국의 경제를 떠받들고 있으며 전국에서 꾸준히 기업들의 유입이 이뤄지고 있는 상황입니다. 항상 그렇지만 시장의 트렌드 변화와 정부 정책 등의 행정적 요인은 부동산 시장에 민감한 영향력을 미칩니다. 주식도 그러하듯, 정확한 분석과 장기 투자가 결론적으로 돈을 만들어냅니다. 하물며, 움직이지 않는 물건인 부동산은 늘 그러하듯이 정확한 분석과 판단 그리고 장기 투자가 정답입니다. 이는 과거의 경험치를 보면 더욱 명확해지는데, 과거 IMF 국제 통화 기금의 지원을 받던 시절의 부동산 시장은 정말 처참했습니다. 그 가운데에서도 부의 반열에 오른 거상들이 존재하였듯이 행정적인 요인들로 인해서 변화하는 시장은 단기적으로는 강력한 영향력을 미치지만, 장기적으로 보았을 때 기업과 벤처 창업자들의 경영 활동을 멈추게 하는 것이 아니라 오히려 이를 타고 우상향하게 될 것입니다.

우리 대한민국은 부동산을 통하지 않고는 부의 반열에 오를 수 없습니다. 이를 위해서 우리는 선택과 집중을 해야 하는데, 그 선택은 지식산업센터이며, 집중해야 할 그 끝에는 앞으로 동탄테크노밸리가 중심에 서 있을 것입니다.

별첨

* 아래 법령은 「산업집적활성화 및 공장설립에 관한 법률」중 본 도서와 관련된 일부만을 발췌하여 옮겼으며, 정확한 법령 정보를 확인하시려면 법제처에서 운영하는 웹사이트 〈국가법령정보센터〉를 참조해 주시기 바랍니다. (https://www.law.go.kr)

산업집적활성화 및 공장설립에 관한 법률

(약칭: 산업집적법)

[시행 2022. 6. 29.] [법률 제18661호, 2021. 12. 28., 타법개정]

산업통상자원부(입지총괄과) 044-203-4409
산업통상자원부(입지총괄과_개별입지) 044-203-4435
산업통상자원부(입지총괄과_계획입지) 044-203-4437
산업통상자원부(입지총괄과_농공단지) 044-203-4431
산업통상자원부(입지총괄과_구조고도화) 044-203-4434

제1장 총칙 〈개정 2009. 2. 6.〉

제1조(목적) 이 법은 산업의 집적(集積)을 활성화하고 공장의 원활한 설립을 지원하며 산업입지 및 산업단지를 체계적으로 관리함으로써 지속적인 산업발전 및 균형 있는 지역발전을 통하여 국민경제의 건전한 발전에 이바지함을 목적으로 한다.

[전문개정 2009. 2. 6.]

제2조(정의) 이 법에서 사용하는 용어의 뜻은 다음과 같다. 〈개정 2010. 4. 12., 2011. 7. 25., 2014. 1. 21., 2019. 12. 10., 2020. 12. 8., 2021. 6. 15., 2021. 10. 19.〉

1. "공장"이란 건축물 또는 공작물, 물품제조공정을 형성하는 기계 · 장치 등 제조시설과 그 부대시설(이하 "제조시설등"이라 한다)을 갖추고 대통령령으로 정하는 제조업을 하기 위한 사업장으로서 대통령령으로 정하는 것을 말한다.
2. 삭제 〈2010. 4. 12.〉
3. 삭제 〈2010. 4. 12.〉

4. 삭제 〈2010. 4. 12.〉
5. “유치지역(誘致地域)”이란 공장의 지방이전 촉진 등 국가정책상 필요한 산업단지를 조성하기 위하여 제23조에 따라 지정 · 고시된 지역을 말한다.
6. “산업집적”이란 기업, 연구소, 대학 및 기업지원시설이 일정 지역에 집중함으로써 상호연계를 통하여 상승효과를 만들어 내는 집합체를 형성하는 것을 말한다.
7. “지식기반산업집적지구”란 지식기반산업의 집적을 촉진하기 위하여 제22조에 따라 지정 · 고시된 지역을 말한다.
8. “지식기반산업”이란 지식의 집약도가 높은 산업으로서 대통령령으로 정하는 산업을 말한다.

8의2. “산학융합지구”란 기업수요에 따라 교육과 연구 · 개발을 수행할 수 있는 대학과 기업, 연구소를 집적하기 위하여 제22조의4에 따라 지정 · 고시된 지역을 말한다.

8의3. “첨단투자”란 「산업발전법」 제5조제1항에 따라 고시된 첨단기술 및 첨단제품의 연구 · 생산을 목적으로 하거나 「조세특례제한법」 제121조의2제1항제1호에 따른 신성장동력산업기술을 수반하는 사업을 영위하기 위한 목적으로 하는 투자를 말한다.

8의4. “첨단투자지구”란 첨단투자를 촉진하기 위하여 제22조의6에 따라 지정 · 고시된 지역을 말한다.

9. “산업집적기반시설”이란 연구개발시설, 기업지원시설, 기술 인력의 교육 · 훈련시설 및 물류시설 등 산업의 집적을 활성화하기 위한 시설을 말한다.
10. “산업기반시설”이란 용수공급시설, 교통 · 통신시설, 에너지시설, 유통시설 등 기업의 생산 활동에 필요한 기초적인 시설을 말한다.
11. “산업단지구조고도화사업”이란 산업단지 입주업종의 고부가가치화, 기업지원서비스의 강화, 산업집적기반시설 · 산업기반시설 및 산업단지의 공공시설(대통령령으로 정하는 공공시설에 한정하며, 이하 “공공시설”이라 한다) 등의 유지 · 보수 · 개량 및 확충 등을 통하여 기업체 등의 유치를 촉진하고, 입주기업체의 경쟁

력을 높이기 위한 사업을 말한다.

12. “산업집적지경쟁력강화사업”이란 기업 · 대학 · 연구소 및 제19호에 따른 지원기관이 산업단지를 중심으로 지식 · 정보 및 기술 등을 교류 · 연계하고 상호 협력하여 산업집적이 형성된 지역(이하 “산업집적지”라 한다)의 경쟁력을 높이는 사업을 말한다.

13. “지식산업센터”란 동일 건축물에 제조업, 지식산업 및 정보통신산업을 영위하는 자와 지원시설이 복합적으로 입주할 수 있는 다층형 집합건축물로서 대통령령으로 정하는 것을 말한다.

14. “산업단지”란 「산업입지 및 개발에 관한 법률」 제6조 · 제7조 · 제7조의2 및 제8조에 따라 지정 · 개발된 국가산업단지, 일반산업단지, 도시첨단산업단지 및 농공단지를 말한다.

14의2. “스마트그린산업단지”란 입주기업체와 산업집적기반시설 · 산업기반시설 및 공공시설 등의 디지털화, 에너지 자립 및 친환경화를 추진하는 산업단지로서 제45조의11에 따라 지정된 것을 말한다.

14의3. “스마트그린산업단지 촉진사업”이란 「지능정보화 기본법」 제2조제4호에 따른 지능정보기술(이하 “지능정보기술”이라 한다)을 접목하여 제조공정을 혁신하는 등 주력산업의 생산성을 향상시키고, 에너지 효율의 증대 및 신 · 재생에너지 보급 등을 추진하며, 신산업 및 일자리 창출 촉진을 통하여 산업단지의 경쟁력을 높이기 위한 사업을 말한다.

15. “산업단지의 관리”란 다음 각 목의 어느 하나에 해당하는 것으로서 대통령령으로 정하는 업무를 말한다.

가. 산업단지의 용지 및 시설의 매각 · 임대 및 사후관리

나. 산업단지에서의 대통령령으로 정하는 기반시설의 설치 · 유지 · 보수 및 개량

다. 입주기업체 및 지원기관의 사업활동 지원

16. “관리권자”란 제30조제1항 각 호에 따른 산업단지의 관리권한을 가진 자를 말한다.

17. “관리기관”이란 제30조제2항 각 호에 따른 산업단지의 관리업무를 수행하는 자를 말한다.
18. “입주기업체”란 산업단지에 입주하여 제조업, 지식산업, 정보통신산업, 자원비축시설, 그 밖에 대통령령으로 정하는 산업을 운영하려는 자 중 대통령령으로 정하는 자격을 가진 자로서 제38조제1항 또는 제3항에 따라 입주계약을 체결한 기업체를 말한다.
19. “지원기관”이란 산업단지에 입주하여 입주기업체의 사업을 지원하기 위하여 필요한 금융, 보험, 의료, 교육, 그 밖에 대통령령으로 정하는 사업을 하려는 자 중 대통령령으로 정하는 자격을 가진 자로서 제38조제3항에 따라 입주계약을 체결한 자를 말한다.
20. “공장의 설립”이란 공장을 신설 또는 증설하는 것을 말한다.
21. “공장의 신설”이란 건축물을 신축(공작물을 축조하는 것을 포함한다)하거나 기존 건축물의 용도를 공장용도로 변경하여 제조시설등을 설치하는 것을 말한다.
22. “공장의 증설”이란 제16조제1항에 따라 등록된 공장의 공장건축면적 또는 공장부지면적을 넓히는 것을 말한다.
23. “업종변경”이란 제13조에 따라 공장설립등의 승인을 받은 공장 또는 제16조에 따라 등록된 공장의 업종을 다른 업종(제8조에 따른 공장입지의 기준에 따른 업종을 말한다)으로 변경하거나 해당 공장에 다른 업종을 추가하는 것을 말한다.

[전문개정 2009. 2. 6.]

제4장의2 지식산업센터 〈개정 2010. 4. 12.〉

제28조의2(지식산업센터의 설립 등) ① 지식산업센터의 설립승인, 인ㆍ허가등의 의제, 설립등의 승인에 대한 특례, 처리기준의 고시등, 설립등의 승인취소, 건축허가, 사용승인, 제조시설설치승인, 제조시설설치승인의 취소 및 협의에 관하여는 제13조, 제

13조의2부터 제13조의5까지, 제14조, 제14조의2부터 제14조의4까지 및 제18조를 준용한다. 〈개정 2010. 4. 12.〉

② 지식산업센터를 설립한 자가 「건축법」 제22조제1항에 따른 사용승인을 받은 경우에는 대통령령으로 정하는 기간 내에 시장 · 군수 · 구청장 또는 관리기관에 지식산업센터 설립완료신고를 하여야 한다. 신고한 사항 중 산업통상자원부령으로 정하는 중요사항을 변경하려는 경우에도 또한 같다. 〈개정 2010. 4. 12., 2013. 3. 23.〉

③ 시장 · 군수 · 구청장 또는 관리기관은 제2항에 따른 신고를 받은 날부터 10일 이내에 신고수리 여부 또는 민원 처리 관련 법령에 따른 처리기간의 연장을 신고인에게 통지하여야 한다. 〈신설 2019. 12. 10.〉

④ 시장 · 군수 · 구청장 또는 관리기관이 제3항에서 정한 기간 내에 신고수리 여부 또는 민원 처리 관련 법령에 따른 처리기간의 연장을 신고인에게 통지하지 아니하면 그 기간(민원 처리 관련 법령에 따라 처리기간이 연장 또는 재연장된 경우에는 해당 처리기간을 말한다)이 끝난 날의 다음 날에 신고를 수리한 것으로 본다. 〈신설 2019. 12. 10.〉

⑤ 시장 · 군수 · 구청장 또는 관리기관은 제2항에 따른 지식산업센터 설립완료신고를 수리한 경우(제4항에 따라 신고를 수리한 것으로 보는 경우를 포함한다) 지식산업센터 대장에 등록하여야 한다. 〈개정 2010. 4. 12., 2019. 12. 10.〉

⑥ 관리기관은 제5항에 따라 지식산업센터의 등록을 한 경우에는 이를 시장 · 군수 또는 구청장에게 통보하여야 한다. 〈개정 2010. 4. 12., 2019. 12. 10.〉

[전문개정 2009. 2. 6.]

[제목개정 2010. 4. 12.]

제28조의3(지식산업센터에 대한 지원) ① 지식산업센터에 대하여는 다른 법률에서 정하는 바에 따라 필요한 자금을 지원할 수 있다. 〈개정 2010. 4. 12.〉

② 국가 또는 지방자치단체가 지식산업센터를 설립하여 분양 또는 임대하려는 경우

에는 「국유재산법」 및 「공유재산 및 물품 관리법」에도 불구하고 건설원가로 분양하거나 대통령령으로 정하는 임대료로 임대할 수 있다. 〈개정 2010. 4. 12.〉

③ 제2항에 따라 건설원가로 분양을 받은 자는 산업통상자원부령으로 정하는 기간에는 이를 매각할 수 없다. 다만, 파산으로 인한 매각 등 산업통상자원부령으로 정하는 경우에는 그러하지 아니하다. 〈개정 2013. 3. 23.〉

[전문개정 2009. 2. 6.]

[제목개정 2010. 4. 12.]

제28조의4(지식산업센터의 분양) ① 지식산업센터를 설립한 자가 지식산업센터를 분양 또는 임대하려는 경우에는 공장건축물 착공 후 산업통상자원부령으로 정하는 바에 따라 모집공고안을 작성하여 시장·군수 또는 구청장의 승인을 받아 공개로 입주자(지식산업센터를 분양 또는 임대받아 제조업이나 그 밖의 사업을 하는 자를 말한다. 이하 같다)를 모집하여야 한다. 승인을 받은 사항 중 산업통상자원부령으로 정하는 중요사항을 변경하려는 경우에도 또한 같다. 〈개정 2010. 4. 12., 2013. 3. 23.〉

② 다음 각 호의 어느 하나에 해당하는 지식산업센터를 분양 또는 임대하는 경우에는 제1항을 적용하지 아니한다. 〈개정 2010. 4. 12.〉

1. 공공사업에 의하여 철거되는 공장의 유치나 그 밖에 대통령령으로 정하는 사유로 설립된 지식산업센터
2. 대통령령으로 정하는 규모 미만의 지식산업센터

③ 지식산업센터를 설립한 자가 국가·지방자치단체, 공단, 「중소기업진흥에 관한 법률」에 따른 중소벤처기업진흥공단 또는 「지방공기업법」에 따른 지방공사(이하 "지방공사"라 한다)인 경우에는 제1항에도 불구하고 모집공고안을 시장·군수 또는 구청장에게 통보한 후 입주자를 모집할 수 있다. 통보한 사항 중 산업통상자원부령으로 정하는 중요 사항을 변경한 경우에도 또한 같다. 〈개정 2009. 5. 21., 2010. 4. 12., 2013. 3. 23., 2018. 12. 31.〉

④ 지식산업센터를 설립한 자는 거짓 또는 과장된 사실을 알리거나 기만적 방법을

사용하여 입주자를 모집하여서는 아니 된다. 〈개정 2010. 4. 12.〉

[전문개정 2009. 2. 6.]

[제목개정 2010. 4. 12.]

제28조의5(지식산업센터에의 입주) ① 지식산업센터에 입주할 수 있는 시설은 다음 각 호의 시설로 한다. 〈개정 2010. 4. 12.〉

1. 제조업, 지식기반산업, 정보통신산업, 그 밖에 대통령령으로 정하는 사업을 운영하기 위한 시설
2. 「벤처기업육성에 관한 특별조치법」 제2조제1항에 따른 벤처기업을 운영하기 위한 시설
3. 그 밖에 입주업체의 생산 활동을 지원하기 위한 시설로서 대통령령으로 정하는 시설

② 제1항제1호에 따라 지식산업센터에 입주할 수 있는 시설의 범위 및 규모는 대통령령으로 정한다. 〈개정 2010. 4. 12.〉

[전문개정 2009. 2. 6.]

[제목개정 2010. 4. 12.]

제28조의6(지식산업센터의 관리) ① 지식산업센터는 다음 각 호의 어느 하나에 해당하는 자가 관리한다. 〈개정 2010. 4. 12.〉

1. 「집합건물의 소유 및 관리에 관한 법률」에 따른 구분소유관계가 성립하는 경우: 같은 법 제23조제1항에 따른 관리단
2. 「집합건물의 소유 및 관리에 관한 법률」에 따른 구분소유관계가 성립하지 아니하는 경우: 지식산업센터를 설립한 자

② 제1항제1호에 따른 관리단은 관리단이 구성된 날부터 산업통상자원부령으로 정하는 기간 내에 「집합건물의 소유 및 관리에 관한 법률」 제28조제1항에 따른 규약을 정하여 시장 · 군수 또는 구청장에게 신고하여야 한다. 신고한 사항 중 산업

통상자원부령으로 정하는 중요 사항을 변경한 경우에도 또한 같다. 〈개정 2013. 3. 23.〉

③ 제2항에 따라 신고를 받은 시장 · 군수 또는 구청장은 산업통상자원부령으로 정하는 기간 내에 관리기관에게 신고내용을 통보하여야 한다. 〈신설 2011. 7. 25., 2013. 3. 23.〉

④ 제1항 각 호에 따라 지식산업센터를 관리하는 자(이하 "관리자"라 한다)의 업무범위는 산업통상자원부령으로 정한다. 〈개정 2010. 4. 12., 2011. 7. 25., 2013. 3. 23.〉

[전문개정 2009. 2. 6.]

[제목개정 2010. 4. 12.]

제28조의7(입주자 등의 의무) ① 지식산업센터의 입주자 또는 관리자는 다음 각 호의 행위를 하여서는 아니 된다. 〈개정 2010. 4. 12.〉

1. 지식산업센터의 내력벽(耐力壁)이나 그 밖에 대통령령으로 정하는 주요 구조부를 철거하거나 파손 또는 훼손하는 행위
2. 건축물의 건축허가 시의 설계도서에 정하여진 적재하중(積載荷重) 등을 초과하는 중량물 또는 진동발생장치를 설치하는 행위
3. 제28조의5제1항에 따른 입주대상시설이 아닌 용도로 지식산업센터를 활용하거나 입주대상시설이 아닌 용도로 활용하려는 자에게 지식산업센터의 전부 또는 일부를 양도 · 임대하는 행위
4. 권한이 없이 공유시설 부분을 점용하는 행위

② 입주자는 제28조의6제2항에 따른 규약을 준수하여야 한다.

[전문개정 2009. 2. 6.]

제28조의8(의무위반에 대한 조치 등) 시장 · 군수 또는 구청장은 입주자 또는 관리자가 제28조의7에 따른 의무를 준수하지 아니하여 지식산업센터의 안전에 위해를 끼치거나 다른 업체의 생산활동에 지장을 주는 등 지식산업센터의 안전을 해치거나 제28

조의5제1항에 따른 입주대상시설 외의 용도로 활용하는 경우에는 상당한 기간을 정하여 그 시정을 명하거나 대통령령으로 정하는 바에 따라 지식산업센터의 안전확보 등을 위하여 필요한 조치를 할 수 있다. 〈개정 2010. 4. 12., 2014. 12. 30.〉

[전문개정 2009. 2. 6.]

제5장 산업단지의 관리 〈개정 2009. 2. 6.〉

제30조(관리권자 등) ① 관리권자는 다음 각 호와 같다. 〈개정 2013. 3. 23.〉

1. 국가산업단지는 산업통상자원부장관
2. 일반산업단지 및 도시첨단산업단지는 시·도지사(시장·군수 또는 구청장이 지정한 산업단지인 경우에는 시장·군수 또는 구청장을 말한다)
3. 농공단지는 시장·군수 또는 구청장

② 관리기관은 다음 각 호와 같다.

1. 관리권자
2. 관리권자로부터 관리업무를 위임받은 지방자치단체의 장
3. 관리권자로부터 관리업무를 위탁받은 공단 또는 제31조제2항의 산업단지관리공단
4. 관리권자로부터 관리업무를 위탁받은 제31조제2항의 입주기업체협의회
5. 관리권자로부터 관리업무(일반산업단지, 도시첨단산업단지 및 농공단지의 관리업무만 해당한다)를 위탁받은 기관으로서 대통령령으로 정하는 기관

③ 「산업입지 및 개발에 관한 법률」 외에 「국토의 계획 및 이용에 관한 법률」 등 다른 법률에 따라 국가·지방자치단체 또는 그 밖의 자가 산업시설에 입주하기 위하여 조성한 단지에 대하여는 제1항에 따른 관리권자가 해당 산업단지에 준하여 이를 관리할 수 있다.

④ 관리기관이 산업단지를 관리할 때는 「산업입지 및 개발에 관한 법률」 제6조·제7

조 및 제7조의2에 따른 산업단지개발계획에 적합하도록 하여야 한다.

⑤ 관리권자로부터 관리업무를 위탁받은 관리기관은 「공인중개사법」 제9조에도 불구하고 해당 산업단지의 공장용지 및 공장건축물에 대한 부동산중개업을 할 수 있다. 〈개정 2018. 12. 11.〉

[전문개정 2009. 2. 6.]

제31조(산업단지관리공단 등) ① 관리권자는 산업단지를 효율적으로 관리하기 위하여 대통령령으로 정하는 바에 따라 제30조제2항에 따른 관리기관에 관리업무의 전부 또는 일부를 위임 또는 위탁할 수 있다.

② 산업단지관리공단(이하 "관리공단"이라 한다) 또는 산업단지관리업무를 위탁받기 위하여 입주기업체로 구성된 협의회(이하 "입주기업체협의회"라 한다)를 설립하려는 자는 대통령령으로 정하는 설립요건을 갖추어 관리권자의 인가를 받아야 한다.

③ 관리권자는 제2항에 따른 설립인가의 신청을 받은 날부터 30일 이내에 인가 여부 또는 민원 처리 관련 법령에 따른 처리기간의 연장을 신청인에게 통지하여야 한다. 〈신설 2019. 12. 10.〉

④ 관리공단 및 입주기업체협의회(이하 "관리공단등"이라 한다)는 법인으로 하고, 그 주된 사무소 소재지에서 설립등기를 함으로써 성립한다. 〈개정 2019. 12. 10.〉

⑤ 관리공단등의 재산은 관리권자의 승인을 받지 아니하고는 양도하거나 담보로 제공할 수 없다. 〈개정 2019. 12. 10.〉

⑥ 관리권자는 관리공단등이 다음 각 호의 어느 하나에 해당하는 경우에는 그 설립인가를 취소할 수 있다. 다만, 제1호에 해당하는 경우에는 설립인가를 취소하여야 한다. 〈개정 2019. 12. 10.〉

1. 거짓이나 그 밖의 부정한 방법으로 설립인가를 받은 경우
2. 제31조제2항에 따른 설립요건을 위반한 경우
3. 설립인가를 받은 날부터 정당한 사유 없이 6개월 이내에 사업을 시작하지 아니하

거나 1년 이상 사업실적이 없는 경우

4. 설립목적 외의 사업을 한 경우

5. 설립목적의 달성이 불가능하다고 인정되는 경우

⑦ 관리권자는 제2항에 따라 입주기업체협의회의 설립인가를 한 경우에는 지체 없이 해당 산업단지의 관리업무를 위탁하거나 관리기관을 입주기업체협의회로 변경하는 데 필요한 조치를 하여야 한다. 〈개정 2019. 12. 10.〉

⑧ 입주기업체협의회의 구성과 운영에 필요한 사항은 대통령령으로 정한다. 〈개정 2019. 12. 10.〉

⑨ 관리공단등에 관하여 이 법에 규정된 것을 제외하고는 「민법」 중 사단법인에 관한 규정을 준용한다. 이 경우 "주무관청"은 "관리권자"로 본다. 〈개정 2019. 12. 10.〉

⑩ 지방자치단체는 관리공단등의 설립 · 운영을 위하여 보조금의 지급 등 필요한 지원을 할 수 있다. 〈신설 2016. 1. 27., 2019. 12. 10.〉

[전문개정 2009. 2. 6.]

제32조(산업단지관리지침 등) ① 산업통상자원부장관은 산업단지의 관리에 대한 기본적 사항에 관하여 대통령령으로 정하는 바에 따라 산업단지의 관리지침(이하 "관리지침"이라 한다)을 수립하고 고시하여야 한다. 이를 변경한 경우에도 또한 같다. 다만, 대통령령으로 정하는 경미한 사항의 변경은 그러하지 아니하다. 〈개정 2013. 3. 23.〉

② 관리지침 중 농공단지의 관리지침에 관하여는 대통령령으로 정한다.

[전문개정 2009. 2. 6.]

제33조(산업단지관리기본계획의 수립) ① 관리기관은 「산업입지 및 개발에 관한 법률」 제6조, 제7조, 제7조의2부터 제7조의4까지 및 제8조에 따라 산업단지가 지정된 경우에는 산업단지로 관리할 필요가 있는 지역에 대하여 대통령령으로 정하는 바에 따라 산업단지관리기본계획(이하 "관리기본계획"이라 한다)을 수립하여야 한다. 이 경우 관리권자로부터 관리업무를 위임 또는 위탁받은 관리기관은 관리기본계획(변경계

획을 포함한다)에 관하여 관리권자의 승인을 받아야 하며, 농공단지의 관리기본계획에 관하여는 대통령령으로 정하는 바에 따라 시·도지사 또는 대도시 시장의 승인을 받아야 한다. 〈개정 2020. 2. 18.〉

② 「산업입지 및 개발에 관한 법률」 제37조에 따른 준공인가를 받지 아니한 산업단지의 경우 관리기관이 관리기본계획을 수립(변경을 포함한다)하거나 관리권자가 관리기본계획의 수립(변경을 포함한다) 또는 승인을 하려는 경우에는 「산업입지 및 개발에 관한 법률」 제6조·제7조 및 제7조의2에 따른 해당 산업단지지정권자(이하 "해당 산업단지지정권자"라 한다)와 협의하여야 한다. 다만, 대통령령으로 정하는 경미한 사항을 변경하는 경우에는 그러하지 아니하다. 〈개정 2010. 4. 12.〉

③ 「산업입지 및 개발에 관한 법률」 제37조에 따른 준공인가를 받은 산업단지의 경우 관리기관 또는 관리권자가 관리기본계획을 변경 또는 변경승인을 하려는 경우에는 해당 산업단지지정권자 및 관계 행정기관의 장과 협의하여야 한다. 다만, 대통령령으로 정하는 경미한 사항을 변경하는 경우에는 그러하지 아니하다. 〈개정 2010. 4. 12.〉

④ 해당 산업단지지정권자 및 관계 행정기관의 장은 제2항 및 제3항에 따른 협의를 요청받은 날부터 20일(관계 행정기관의 장의 권한에 속하는 사항을 규정한 법령에서 정한 회신기간이 20일을 초과하는 경우에는 그 기간을 말한다) 이내에 의견을 제출하여야 한다. 〈신설 2019. 12. 10.〉

⑤ 해당 산업단지지정권자 및 관계 행정기관의 장이 제4항에서 정한 기간(「민원 처리에 관한 법률」 제20조제2항에 따라 회신기간을 연장한 경우에는 그 연장된 기간을 말한다) 내에 의견을 제출하지 아니하면 협의가 이루어진 것으로 본다. 〈신설 2019. 12. 10.〉

⑥ 관리기관·관리권자 또는 시·도지사는 관리기본계획을 수립하거나 승인한 경우에는 이를 고시하여야 한다. 〈개정 2019. 12. 10.〉

⑦ 관리기본계획은 다음 각 호의 사항을 포함하여야 한다. 〈개정 2019. 12. 10.〉

1. 관리할 산업단지의 면적에 관한 사항

2. 입주대상업종 및 입주기업체의 자격에 관한 사항
3. 산업단지의 용지(이하 "산업용지"라 한다)의 용도별 구역에 관한 사항
4. 업종별 공장의 배치에 관한 사항
5. 지원시설의 설치 및 운영에 관한 사항
6. 그 밖에 산업단지의 관리를 위하여 필요한 사항

⑧ 제7항제3호에 따른 용도별 구역은 산업시설구역 · 지원시설구역 · 공공시설구역 및 녹지구역으로 구분하여 관리할 수 있으며, 산업시설구역은 용도별로 세분할 수 있다. 다만, 제2조제6호에 따른 산업집적을 위하여 기업, 연구소, 대학 및 기업 지원시설 등을 하나의 구역에 설치할 필요가 있을 경우에는 대통령령으로 정하는 바에 따라 복합구역을 지정하여 관리할 수 있다. 〈개정 2014. 12. 30., 2019. 12. 10.〉

⑨ 제8항에 따른 용도별 구역에 대하여는 「국토의 계획 및 이용에 관한 법률」 제76조제1항을 적용하지 아니한다. 〈개정 2019. 12. 10.〉

⑩ 관리권자는 관리기본계획의 변경으로 산업용지의 용도별 구역을 변경하는 경우 대통령령으로 정하는 바에 따라 그 소유자로부터 구역변경에 따른 지가상승분을 기부받아 산업단지의 기반시설 확충 등 입주기업체 지원용도로 사용할 수 있다. 다만, 제45조의6에 따라 산업단지구조고도화사업으로 인하여 발생하는 개발이익을 재투자하는 때에는 그러하지 아니하다. 〈신설 2010. 4. 12., 2014. 12. 30., 2019. 12. 10.〉

[전문개정 2009. 2. 6.]

제33조의2(다른 법률에 따른 인가 · 허가 등의 의제) ① 관리기관 · 관리권자 또는 시 · 도지사가 「산업입지 및 개발에 관한 법률」 제37조에 따라 준공인가를 받은 산업단지의 관리기본계획 중 대통령령으로 정하는 사항을 변경하거나 변경승인할 때 다음 각 호의 허가 · 결정 · 인가 · 협의 또는 승인 등(이하 이 조에서 "인가등"이라 한다)에 관하여 해당 산업단지지정권자 및 관계 행정기관의 장과 협의한 사항에 대하여는 해당 인가등을 받은 것으로 보며, 제33조제6항에 따라 관리기본계획의 변경 또는 변

경승인이 고시된 때에는 다음 각 호의 법률에 따른 인가등이 고시 또는 공고된 것으로 본다. 〈개정 2010. 5. 31., 2011. 4. 14., 2014. 1. 14., 2014. 6. 3., 2019. 12. 10.〉

1. 「건축법」 제11조에 따른 건축허가, 같은 법 제14조에 따른 건축신고, 같은 법 제16조에 따른 허가 · 신고사항의 변경허가 · 신고, 같은 법 제20조에 따른 가설건축물의 건축허가 · 축조신고 및 같은 법 제29조에 따른 건축협의
2. 「국토의 계획 및 이용에 관한 법률」 제30조에 따른 도시 · 군관리계획의 결정(용도지역, 용도지구 및 용도구역의 지정 및 변경 결정은 제외한다), 같은 법 제56조에 따른 개발행위허가, 같은 법 제86조에 따른 도시 · 군계획시설사업 시행자의 지정 및 같은 법 제88조에 따른 실시계획의 인가
3. 「도로법」 제36조에 따른 도로관리청이 아닌 자에 대한 도로공사 시행의 허가, 같은 법 제61조에 따른 도로의 점용 허가 및 같은 법 제107조에 따른 도로관리청과의 협의 또는 승인
4. 「사도법」 제4조에 따른 사도의 개설허가
5. 「산림보호법」 제9조제1항 및 제2항제1호 · 제2호에 따른 산림보호구역(산림유전자원보호구역은 제외한다)에서의 행위의 허가 · 신고와 같은 법 제11조제1항제1호에 따른 산림보호구역의 지정해제, 「산림자원의 조성 및 관리에 관한 법률」 제36조제1항 · 제4항에 따른 입목벌채등의 허가 · 신고 및 「산지관리법」 제14조에 따른 산지전용허가 및 같은 법 제15조에 따른 산지전용신고, 같은 법 제15조의2에 따른 산지일시사용허가 · 신고
6. 「산업입지 및 개발에 관한 법률」 제17조 · 제17조의2 · 제18조 · 제18조의2 및 제19조에 따른 산업단지개발실시계획의 승인 · 변경승인
7. 「소하천정비법」 제6조에 따른 소하천정비종합계획의 변경승인, 같은 법 제8조에 따른 소하천정비시행계획의 협의, 같은 법 제10조에 따른 소하천공사의 시행허가 및 같은 법 제14조에 따른 소하천 점용허가
8. 「수도법」 제17조 · 제49조에 따른 일반수도사업 · 공업용수도사업의 인가 및 같은 법 제52조 · 제54조에 따른 전용상수도 · 전용공업용수도의 설치인가

9. 「공간정보의 구축 및 관리 등에 관한 법률」 제86조제1항에 따른 사업의 착수 · 변경 또는 완료의 신고

10. 「하수도법」 제16조에 따른 공공하수도공사의 시행허가 및 같은 법 제24조에 따른 공공하수도의 점용허가

② 제1항에 따른 인가등의 의제를 받으려는 관리기관은 제33조제1항 후단에 따른 관리기본계획의 변경승인 신청을 하는 때에는 해당 법률에서 정하는 관련 서류를 함께 관리권자에게 제출하여야 한다.

③ 관리기관 · 관리권자 또는 시 · 도지사는 관리기본계획을 변경 또는 변경승인을 할 때 그 내용에 제1항 각 호의 어느 하나에 해당되는 사항이 포함되어 있는 경우에는 해당 산업단지지정권자 및 관계 행정기관의 장과 협의하여야 한다. 이 경우 관리기관 · 관리권자 또는 시 · 도지사로부터 협의를 요청받은 해당 산업단지지정권자 및 관계 행정기관의 장은 협의요청을 받은 날부터 15일 이내에 의견을 제출하여야 한다.

④ 관리기관은 제1항에 따라 관리기본계획을 변경한 경우에는 변경된 사항을 해당 산업단지지정권자 및 관계 행정기관의 장에게 통보하여야 한다.

⑤ 제1항에 따라 관계 법률에 따른 인가등을 받은 것으로 보는 경우에는 해당 관계 법률에 따라 부과되는 수수료 또는 사용료를 면제한다.

[본조신설 2010. 4. 12.]

제34조(산업단지의 국유 또는 공유 토지의 매각 및 임대) ① 산업통상자원부장관 또는 지방자치단체의 장은 산업단지에 있는 국유 또는 공유의 토지 또는 공장 및 건축물, 그 밖의 시설(국유인 경우에는 그 관리청으로부터 관리전환을 받거나 기획재정부장관의 관리 · 처분에 관한 지정을 받은 것만 해당한다)을 대통령령으로 정하는 바에 따라 입주기업체 또는 지원기관에 매각하거나 임대할 수 있다. 〈개정 2013. 3. 23.〉

② 제1항에 따라 매각하거나 임대하는 국유의 토지 또는 공장 및 건축물과 그 밖의 시설(이하 "공장등"이라 한다)의 가격은 「국유재산법」에도 불구하고 산업통상자

원부장관이 기획재정부장관과 협의하여 정하는 바에 따르며, 공유의 토지 또는 공장등의 가격은 「공유재산 및 물품 관리법」에도 불구하고 해당 지방자치단체의 장이 정하는 바에 따른다. 이 경우 필요하면 그 금액을 외화로 표시할 수 있다. 〈개정 2013. 3. 23.〉

③ 제1항에 따라 국유 또는 공유의 토지를 임대받은 입주기업체 또는 지원기관은 「국유재산법」 및 「공유재산 및 물품 관리법」에도 불구하고 임대받은 토지 위에 공장등을 설치할 수 있다.

[전문개정 2009. 2. 6.]

제35조의5(입주 등) 관리기관은 제38조제1항에 따른 입주계약을 체결한 외국인투자기업 또는 해당 외국인투자기업에 출자하는 외국투자가의 다음 각 호의 업무를 대행할 수 있다. 〈개정 2016. 1. 19.〉

1. 「외국인투자 촉진법」에 따른 각종 신고 및 인·허가의 신청 등에 관한 업무
2. 「부동산 거래신고 등에 관한 법률」에 따른 외국인등의 각종 토지거래 신고 및 허가의 신청 등에 관한 업무
3. 「건축법」과 그 밖의 관계 법령에 따른 신고 및 허가의 신청 등에 관한 업무

[전문개정 2009. 2. 6.]

제35조의6(북한지역의 기업지원) 정부는 공단으로 하여금 남한기업이 북한지역에 투자하고 북한지역에서 기업활동을 하기 위한 공장설립 및 산업입지 관리 등을 지원하는 사업을 수행하게 할 수 있다.

[전문개정 2009. 2. 6.]

제36조(개발토지 등의 분양·임대 등) ① 관리기관이 「산업입지 및 개발에 관한 법률」 제16조에 따른 사업시행자(이하 이 장에서 "사업시행자"라 한다)로부터 같은 법 제38조에 따라 분양·임대에 관한 업무를 위탁받으려는 경우에는 분양·임대계획서

를 관리권자에게 제출하여야 한다. 다만, 농공단지의 경우에는 시·도지사 또는 대도시 시장의 승인을 받아야 한다. 〈개정 2009. 2. 6., 2010. 4. 12., 2020. 2. 18.〉

② 삭제 〈1999. 2. 8.〉

③ 제1항에 따른 승인의 대상·범위 및 절차 등에 관하여 필요한 사항은 대통령령으로 정한다. 〈개정 2009. 2. 6.〉

제37조(공동부담금) ① 삭제 〈1996. 12. 31.〉

② 관리기관은 산업단지의 도로, 폐수처리장, 폐기물처리장, 가로등, 그 밖에 산업통상자원부령으로 정하는 공동시설 중 국가 또는 지방자치단체가 유지·관리하여야 하는 시설이 아닌 공동시설의 설치·유지 및 보수를 위하여 필요하면 관리권자의 승인을 받아 입주기업체 및 지원기관으로부터 공동부담금을 받을 수 있다. 다만, 농공단지의 공동부담금인 경우에는 대통령령으로 정하는 바에 따라 시·도지사 또는 대도시 시장의 승인을 받아야 한다. 〈개정 2009. 2. 6., 2013. 3. 23., 2020. 2. 18.〉

③ 삭제 〈1996. 12. 31.〉

④ 제2항에 따른 공동부담금에 관한 기준 및 방법은 대통령령으로 정한다. 〈개정 2009. 2. 6.〉

제38조(입주계약 등) ① 산업단지에서 제조업을 하거나 하려는 자는 산업통상자원부령으로 정하는 바에 따라 관리기관과 그 입주에 관한 계약(이하 "입주계약"이라 한다)을 체결하여야 한다. 다만, 대통령령으로 정하는 경우에는 그러하지 아니하다. 〈개정 2013. 3. 23.〉

② 입주기업체 및 지원기관이 입주계약사항 중 산업통상자원부령으로 정하는 사항을 변경하려는 경우에는 새로 변경계약을 체결하여야 한다. 〈개정 2013. 3. 23.〉

③ 제1항과 제2항은 산업단지에서 제조업 외의 사업을 하거나 하려는 자에 대하여 준용한다.

④ 관리기관 중 관리공단 또는 입주기업체협의회가 제1항 또는 제2항에 따라 입주계약 또는 그 변경계약을 체결하였을 때에는 산업통상자원부령으로 정하는 바에 따라 시장ㆍ군수 또는 구청장에게 보고하여야 한다. 〈개정 2013. 3. 23.〉

[전문개정 2009. 2. 6.]

제38조의2(산업단지에서의 임대사업 등) ① 산업시설구역등에서 산업용지 및 공장등의 임대사업을 하려는 자(지원기관과 「산업입지 및 개발에 관한 법률」 제16조제1항제1호 및 제2호에 따른 산업단지개발사업의 시행자는 제외한다)는 제15조제1항에 따른 공장설립등의 완료신고 또는 같은 조 제2항에 따른 사업개시의 신고를 한 후에 관리기관과 입주계약을 체결하여야 한다. 다만, 다음 각 호의 어느 하나에 해당하는 경우에는 공장설립등의 완료신고 또는 사업개시의 신고를 하기 전에 입주계약을 체결할 수 있다. 〈개정 2011. 7. 25., 2013. 7. 30., 2014. 12. 30., 2016. 12. 2., 2019. 11. 26., 2021. 8. 17.〉

1. 제16조제3항에 따라 부분가동을 위한 공장등록을 받은 건축물에 「신에너지 및 재생에너지 개발ㆍ이용ㆍ보급 촉진법」 제2조제2호가목에 따른 태양에너지를 이용하여 「전기사업법」 제2조제3호에 따른 발전사업을 하는 자에게 임대사업을 하려는 경우
2. 「한국자산관리공사 설립 등에 관한 법률」 제26조제1항제2호라목에 따라 한국자산관리공사가 입주기업체의 재무구조 개선을 지원하기 위하여 취득한 산업용지 또는 공장등을 임대하는 경우

② 산업용지 및 공장등의 임대계약기간은 5년 이상으로 한다. 다만, 임차인의 요청이 있는 경우에는 1년 이상으로 하고, 임대계약기간이 만료되기 6개월 전부터 2개월 전까지 사이에 임차인이 계약갱신을 요구할 경우 전 임대계약과 동일한 조건으로 5년까지 갱신할 수 있다. 〈신설 2014. 12. 30.〉

③ 제1항에 따른 산업용지 및 공장등의 임대사업의 범위, 임대가격의 기준, 입주계약의 기간 등에 관하여 필요한 사항은 대통령령으로 정한다. 〈개정 2014. 12. 30.〉

④ 산업시설구역등에서 산업용지 또는 공장등의 임대사업을 하는 자가 제1항에 따라 체결한 입주계약의 계약기간 만료 전에 산업용지 또는 공장등을 양도하려는 경우에는 제39조제5항에 따른 금액으로 관리기관에 양도하여야 하며, 관리기관이 매수할 수 없는 경우에는 제39조제2항을 준용한다. 입주계약의 계약기간 만료 후에 제39조제1항 각 호의 공장설립등의 완료신고 또는 사업개시의 신고 후 대통령령으로 정한 기간 이내에 양도하려는 경우에도 또한 같다. 〈개정 2014. 12. 30.〉

⑤ 삭제 〈2016. 12. 2.〉

⑥ 관리기관은 「산업입지 및 개발에 관한 법률」 제46조의6에 따라 산업단지의 일부를 임대전용산업단지로 지정받은 경우에는 사업시행자와 협의하여 입주자격 및 임대기간 등 임대전용산업단지의 관리에 필요한 사항을 정하여 관리기본계획에 반영하여야 한다. 〈개정 2014. 12. 30.〉

⑦ 제6항에 따른 임대전용산업단지에 속한 산업용지를 임대받은 자는 다른 사람에게 전대(轉貸)할 수 없다. 다만, 해당 산업용지를 임대한 가격보다 낮은 가격으로 전대하는 경우 등 대통령령으로 정하는 부득이한 경우에는 그러하지 아니하다. 〈개정 2014. 12. 30.〉

⑧ 산업통상자원부장관은 산업집적활성화 등을 위하여 국토교통부장관과 협의하여 제6항에 따른 임대전용산업단지의 입지 및 규모 등에 관한 수요조사를 할 수 있다. 〈개정 2013. 3. 23., 2014. 12. 30.〉

[전문개정 2009. 2. 6.]

제39조(산업용지 등의 처분제한 등) ① 산업시설구역등의 산업용지 또는 공장등을 소유하고 있는 입주기업체가 다음 각 호의 어느 하나에 해당하는 경우로서 대통령령으로 정하는 경우에는 산업용지(공유지분을 처분하려는 때에는 해당 공유지분을 말한다) 또는 공장등을 관리기관에 양도하여야 한다. 〈개정 2014. 12. 30., 2019. 12. 10.〉

1. 제15조제1항에 따른 공장설립등의 완료신고 전 또는 신고 후 10년 이내의 범위에서 대통령령으로 정하는 기간이 지나기 전에 분양받은 산업용지(분양받은 자로

부터 제2항에 따라 양도받거나법원의 판결, 상속 등의 사유로 소유권을 취득한 산업용지, 제39조의2제2항제1호에 따라 분할된 산업용지 및 「산업입지 및 개발에 관한 법률」 제46조의6에 따른 임대전용산업단지에서 분양 전환으로 소유권을 취득한 산업용지를 포함한다)를 처분(해당 산업용지의 공유지분을 처분하는 경우를 포함한다)하려는 경우 또는 공장등을 처분하려는 경우

2. 제15조제2항에 따른 사업개시의 신고 전 또는 신고 후 제1호에 따라 대통령령으로 정하는 기간이 지나기 전에 분양받은 산업용지(분양받은 자로부터 제2항에 따라 양도받거나 법원의 판결, 상속 등의 사유로 소유권을 취득한 산업용지, 제39조의2제2항제1호에 따라 분할된 산업용지 및 「산업입지 및 개발에 관한 법률」 제46조의6에 따른 임대전용산업단지에서 분양 전환으로 소유권을 취득한 산업용지를 포함한다)를 처분(해당 산업용지의 공유지분을 처분하는 경우를 포함한다)하려는 경우 또는 공장등을 처분하려는 경우

② 관리기관이 제1항에 따라 입주기업체의 산업용지 또는 공장등을 매수할 수 없는 때에는 대통령령으로 정하는 바에 따라 관리기관이 매수신청을 받아 선정한 다른 기업체나 다음 각 호의 기관(이하 "유관기관"이라 한다)에 양도하여야 한다. 〈개정 2009. 5. 21., 2010. 5. 17., 2011. 7. 25., 2018. 12. 31.〉

1. 「중소기업진흥에 관한 법률」에 따른 중소벤처기업진흥공단
2. 「한국토지주택공사법」에 따른 한국토지주택공사 및 「한국수자원공사법」에 따른 한국수자원공사
3. 「은행법」 제8조에 따라 설립인가를 받은 은행(「중소기업은행법」 등 법률에 따라 설립된 은행을 포함한다)
4. 그 밖에 입주기업체의 설립 및 지원과 관련된 기관으로서 대통령령으로 정하는 기관

③ 산업시설구역등의 산업용지 또는 공장등을 소유하고 있는 입주기업체가 제15조제1항에 따른 공장설립등의 완료신고 또는 제15조제2항에 따른 사업개시의 신고 후 제1항제1호에 따라 대통령령으로 정하는 기간이 지나 그 소유하는 산업용지

또는 공장등을 처분하려는 경우로서 대통령령으로 정하는 경우에는 대통령령으로 정하는 바에 따라 관리기관에 신고하여야 한다. 다만, 산업용지 또는 공장등을 입주기업체 또는 같은 업종(제33조제7항제2호에 따른 입주대상업종을 말한다)을 운영하려는 자에게 처분하려는 경우에는 그러하지 아니하다. 〈개정 2014. 12. 30., 2019. 12. 10.〉

④ 관리기관이 제1항 및 제2항에 따라 양도받거나 매수신청을 받은 산업시설구역등의 산업용지 및 공장등을 양도하는 때에는 대통령령으로 정하는 바에 따라 양수기업체로부터 실비의 범위에서 양수자의 선정에 필요한 비용을 받을 수 있다. 〈개정 2014. 12. 30.〉

⑤ 제1항 및 제2항에 따른 산업용지의 양도가격은 그가 취득한 가격에 대통령령으로 정하는 이자 및 비용을 합산한 금액으로 하고, 공장등의 양도가격은 「감정평가 및 감정평가사에 관한 법률」에 따른 감정평가법인등의 시가 감정액을 고려하여 결정할 수 있다. 다만, 입주기업체의 요청이 있는 경우 산업용지의 양도가격은 그가 취득한 가격에 대통령령으로 정하는 이자 및 비용을 합산한 금액 이하로 할 수 있다. 〈개정 2016. 1. 19., 2020. 4. 7.〉

⑥ 제38조의2제1항에 따른 임대사업자로부터 산업용지 및 공장등을 임대받거나 제2항 및 제3항에 따라 다른 입주기업체로부터 산업용지 및 공장등을 양도받으려는 자가 기존 입주기업체가 아닌 경우에는 미리 제38조제1항 또는 제3항에 따라 입주계약을 체결하여야 한다. 다만, 양도받으려는 자가 유관기관인 경우에는 그러하지 아니하다.

⑦ 유관기관이 매수한 산업용지 및 공장등의 매각가격 · 매각절차 등에 관하여 필요한 사항은 대통령령으로 정한다.

[전문개정 2009. 2. 6.]

제39조의2(산업용지의 분할 등) ① 관리권자 · 관리기관 및 사업시행자는 소유하고 있는 산업용지(건축물이 없는 것을 말한다. 이하 이 항에서 같다)를 분할(산업시설

구역등의 산업용지는 산업통상자원부령으로 정하는 면적 이상으로 분할하는 경우로 한정한다)할 수 있다. 이 경우 사업시행자는 미리 관리기관과 협의하여야 한다. 〈개정 2015. 5. 18.〉

② 입주기업체가 제15조제1항에 따른 공장설립등의 완료신고 또는 제15조제2항에 따른 사업개시의 신고 후에 소유하고 있는 산업용지(건축물이 있는 것을 말한다)를 분할하거나 그 공유지분을 처분하려는 때에는 다음 각 호의 구분에 따른 요건을 갖추어야 한다. 이 경우 입주기업체는 미리 관리기관과 협의하여야 한다. 〈개정 2011. 7. 25., 2013. 3. 23., 2015. 5. 18.〉

1. 산업용지의 면적을 분할하는 경우: 분할된 면적이 산업통상자원부령으로 정하는 면적 이상이 될 것(산업시설구역등 외의 산업용지는 산업통상자원부령으로 정하는 기반시설의 여건상 분할 면적을 제한할 필요가 있다고 관리기관이 인정하는 경우로 한정한다)
2. 산업용지의 공유지분(지식산업센터의 산업용지에 대한 공유지분은 제외한다. 이하 이 호 및 제4항제2호에서 같다)을 처분하는 경우: 산업용지의 전체면적에 공유자의 공유지분의 비율을 곱하여 계산한 면적이 제1호에 따라 산업통상자원부령으로 정하는 면적 이상이 될 것(산업시설구역등 외의 산업용지는 산업통상자원부령으로 정하는 기반시설의 여건상 분할 면적을 제한할 필요가 있다고 관리기관이 인정하는 경우로 한정한다)

③ 제1항에 따라 산업용지를 분할하려는 자는 분할된 산업용지의 활용에 필요한 도로 · 용수 · 상하수도 등 산업통상자원부령으로 정하는 기반시설을 설치하여야 한다. 〈개정 2013. 3. 23.〉

④ 입주기업체는 다음 각 호의 어느 하나에 해당하는 경우에는 해당 산업용지 또는 공유지분을 제39조제5항에 따른 금액으로 관리기관에 양도하여야 한다. 다만, 관리기관이 매수할 수 없는 때에는 제39조제2항을 준용한다. 〈개정 2011. 3. 30.〉

1. 제2항제1호에 따라 분할한 날부터 최대 10년의 범위 내에서 대통령령으로 정하는 기간이 지나기 전에 분할된 산업용지(기준공장면적률 또는 기준건축면적률에

미달하는 경우에만 해당한다)를 처분하려는 경우

2. 제2항제2호에 따라 공유지분을 분할하여 취득한 날부터 제1호에 따라 대통령령으로 정하는 기간이 지나기 전에 취득한 공유지분을 처분하려는 경우

⑤ 「산업발전법」 제21조에 따른 구조조정 대상기업(이하 "구조조정 대상기업"이라 한다)은 다음 각 호의 요건을 모두 갖춘 경우에는 제4항제1호에도 불구하고 분할된 산업용지를 처분할 수 있다. 이 경우 미리 관리기관과 협의하여야 한다. 〈신설 2011. 7. 25., 2013. 3. 23.〉

1. 제15조제1항에 따른 공장설립등의 완료신고 또는 제15조제2항에 따른 사업개시 신고 후 10년의 범위에서 대통령령으로 정하는 기간이 지났을 것
2. 구조조정 대상기업이 된 날부터 5년의 범위에서 대통령령으로 정하는 기간이 지났을 것
3. 구조조정 대상기업이 된 이후에 제2항제1호에 따라 산업용지를 분할할 것
4. 산업용지 분할 전의 면적이 산업통상자원부령으로 정하는 면적 이상일 것
5. 구조조정 대상기업이 산업용지를 처분하기 전에 제3항에 따른 기반시설을 설치할 것

[전문개정 2009. 2. 6.]

제40조(경매 등에 의한 산업용지 등의 취득) ① 경매나 그 밖의 법률에 따라 입주기업체의 산업용지 또는 공장등을 취득한 자가 그 취득한 날부터 산업통상자원부령으로 정하는 기간 내에 입주계약을 체결하지 못한 경우에는 그 기간이 지난 날부터 산업통상자원부령으로 정하는 기간 내에 이를 제3자에게 양도하여야 한다. 〈개정 2013. 3. 23.〉

② 제1항에 따라 산업용지 및 공장등을 취득한 자가 이를 제3자에게 양도하려는 경우에는 대통령령으로 정하는 바에 따라 관리기관에 신고하여야 한다. 다만, 산업용지 및 공장등을 입주기업체에 처분하려는 경우에는 그러하지 아니한다.

③ 제1항에 따라 산업용지 및 공장등을 취득한 자가 기존 입주기업체가 아닌 경우에

는 미리 제38조제1항 또는 제3항에 따라 입주계약을 체결하여야 한다. 다만, 취득하려는 자가 유관기관인 경우에는 그러하지 아니한다.

[전문개정 2009. 2. 6.]

제40조의2(입주계약 미체결 산업용지 등의 처분) ① 분양에 의하여 산업용지 또는 공장등을 취득한 자(제39조제2항 · 제3항 및 제40조제1항에 따라 양도받은 자를 포함한다)가 그 취득한 날부터 3개월에서 6개월의 범위에서 산업통상자원부령으로 정하는 기간 내에 입주계약을 체결하지 못하는 경우에는 그 기간이 지난 날부터 6개월에서 1년의 범위에서 산업통상자원부령으로 정하는 기간 내에 이를 관리기관에양도하여야 하고 관리기관이 매수할 수 없을 때에는 대통령령으로 정하는 바에 따라 관리기관이 매수신청을 받아 선정한 다른 기업체나 유관기관에 양도하여야 한다. 〈개정 2013. 3. 23.〉

② 제1항에 따라 산업용지 또는 공장등을 양도하는 경우에는 제39조제5항에 따라 정하는 가격으로 양도하여야 한다.

[본조신설 2011. 3. 30.]

제41조(산업용지의 환수) ① 관리기관은 입주기업체 또는 지원기관이 분양받은 산업용지의 전부 또는 일부가 입주계약에 의한 용도에 사용되지 아니하고 있을 때에는 대통령령으로 정하는 바에 따라 제39조제5항 본문에 따른 가격을 지급하고 그 용지를 환수(還收)할 수 있다.

② 관리기관은 제1항에 따라 산업용지의 전부 또는 일부를 환수하기 전에 입주기업체 또는 지원기관에 입주계약에 의한 용도에 사용하도록 대통령령으로 정하는 바에 따라 시정명령을 하여야 한다.

[전문개정 2009. 2. 6.]

제42조(입주계약의 해지 등) ① 관리기관은 입주기업체 또는 지원기관이 다음 각 호

의 어느 하나에 해당하는 경우에는 대통령령으로 정하는 기간 내에 그 시정을 명하고 이를 이행하지 아니하는 경우 그 입주계약을 해지할 수 있다. 〈개정 2009. 2. 6., 2013. 3. 23.〉

1. 입주계약을 체결한 후 정당한 사유 없이 산업통상자원부령으로 정하는 기간 내에 그 공장등의 건설에 착수하지 아니한 경우
2. 공장등의 준공이 사실상 불가능하다고 인정될 경우
3. 공장등의 준공 후 1년 이내에 정당한 사유 없이 그 사업을 시작하지 아니하거나 계속하여 1년 이상 그 사업을 휴업한 경우
4. 제38조제2항(제38조제3항에서 준용하는 경우를 포함한다)에 따른 변경계약을 체결하지 아니하고 산업통상자원부령으로 정하는 사항을 변경한 경우
5. 제38조 및 제38조의2에 따른 입주계약을 위반한 경우
6. 제38조의2 또는 제39조제1항 및 제2항을 위반하여 산업용지 및 공장등을 임대하거나 처분한 경우
7. 제39조의2제4항을 위반하여 분할된 산업용지 또는 산업용지의 공유지분을 처분한 경우

② 제1항에 따라 입주계약이 해지된 자는 남은 업무의 처리 등 대통령령으로 정하는 업무를 제외하고는 그 사업을 즉시 중지하여야 한다. 〈개정 2009. 2. 6.〉

③ 삭제 〈1999. 2. 8.〉

④ 관리기관은 제1항에 따라 입주계약을 해지한 경우에는 그 내용을 시장 · 군수 또는 구청장에게 보고하여야 한다. 〈개정 2009. 2. 6.〉

⑤ 관리기관이 제1항에 따라 입주계약을 해지하려는 경우에는 사전에 계약당사자의 의견을 들어야 한다. 〈개정 2009. 2. 6.〉

제43조(입주계약 해지 후의 재산처분 등) ① 제42조제1항 각 호의 사유로 입주계약이 해지된 자 중 제39조제1항 각 호의 어느 하나에 해당하는 자는 그가 소유하는 산업용지 및 공장등을 산업통상자원부령으로 정하는 기간에 제39조제1항 및 제2항에 따

라 처분하여야 한다. 〈개정 2010. 4. 12., 2013. 3. 23.〉

② 제42조제1항 각 호의 사유로 입주계약이 해지된 자 중 제39조제1항 각 호 외의 경우로 그 소유한 산업용지 및 공장등을 양도하려는 자는 대통령령으로 정하는 바에 따라 관리기관에 신고한 후 산업통상자원부령으로 정하는 기간에 다른 기업체나 유관기관에 양도하여야 하며, 폐업한 자의 경우에도 또한 같다. 다만, 산업용지 및 공장등을 입주기업체에 양도하려는 경우에는 그러하지 아니한다. 〈개정 2010. 4. 12., 2013. 3. 23.〉

③ 제1항 및 제2항에 따른 산업용지 및 공장등의 양도가격에 관하여는 제39조제5항을 준용한다.

④ 제2항에 따른 기간 내에 양도되지 아니한 산업용지 및 공장등은 제39조제5항에 따른 가격으로 관리기관이 매수할 수 있다.

[전문개정 2009. 2. 6.]

제43조의2(양도의무 불이행자에 대한 조치) ① 관리권자는 공장등을 취득한 자가 다음 각 호의 어느 하나에 해당하는 경우에는 대통령령으로 정하는 바에 따라 공장등의 철거를 명할 수 있다. 〈개정 2016. 1. 27.〉

1. 제40조제1항을 위반하여 공장등을 양도하지 아니한 경우
2. 제43조제1항 및 제2항에 따른 기간에 공장등을 양도하지 아니한 경우

② 제1항에 따른 철거명령은 관리권자가 해당 산업용지의 소유권을 가지고 있는 경우에만 행사할 수 있다.

③ 제1항에 따른 철거명령을 하려면 청문을 하여야 한다.

[전문개정 2009. 2. 6.]

제43조의3(이행강제금) ① 관리권자는 제43조제1항 또는 제2항에 따른 처분 · 양도의무를 이행하지 아니한 자에 대하여는 산업통상자원부령으로 이행기한을 정하여야 하며, 그 기한까지 의무를 이행하지 아니한 경우에는 처분 · 양도할 재산가액의 100분

의 20에 해당하는 금액의 이행강제금을 부과할 수 있다. 〈개정 2013. 3. 23.〉

② 관리권자는 제1항에 따른 이행강제금을 부과하기 전에 같은 항에 따른 이행강제금을 부과하고 징수한다는 뜻을 미리 문서로 알려 주어야 한다.

③ 관리권자는 제1항에 따른 이행강제금을 부과하는 경우에는 이행강제금의 금액, 부과사유, 납부기한 및 수납기관, 이의제기방법 및 이의제기기관 등을 분명하게 밝힌 문서로 하여야 한다.

④ 관리권자는 제43조제1항 또는 제2항에 따른 처분 · 양도 의무가 발생한 날을 기준으로 하여 매년 1회 그 의무가 이행될 때까지 반복하여 제1항에 따른 이행강제금을 부과하고 징수할 수 있다.

⑤ 관리권자는 제43조제1항 또는 제2항에 따른 처분 · 양도 의무가 있는 자가 그 의무를 이행한 경우에는 새로운 이행강제금의 부과를 중지하되, 이미 부과된 이행강제금은 징수하여야 한다.

⑥ 관리권자는 이행강제금의 처분 및 징수 업무를 대통령령으로 정한 관리기관에 위탁하여 업무를 집행하도록 할 수 있다.

[전문개정 2009. 2. 6.]

제44조(입주기업체의 지원) ① 관리기관은 입주기업체를 위하여 시장정보제공, 에너지이용효율 개선, 에너지공급, 노사관계 증진, 직업훈련 등 대통령령으로 정하는 지원사업을 수행할 수 있다. 〈개정 2010. 4. 12.〉

② 「중소기업진흥에 관한 법률」에 따른 중소벤처기업진흥공단 및 「한국농수산식품유통공사법」에 따른 한국농수산식품유통공사는 관리기관 · 입주기업체 또는 지원기관이 요청하면 경영 및 기술지도(한국농수산식품유통공사의 경우에는 농산물가공 및 음식료품 제조업체만 해당한다)를 할 수 있다. 〈개정 2009. 5. 21., 2011. 7. 25., 2018. 12. 31.〉

[전문개정 2009. 2. 6.]

제45조(산업단지의 안전관리 등) 관리기관은 안전관리, 공해관리, 환경관리 등에 관하여 대통령령으로 정하는 바에 따라 입주기업체에 대하여 필요한 지도를 할 수 있다.
[전문개정 2009. 2. 6.]

제6장 보칙 〈개정 2009. 2. 6.〉

제46조(조세감면) 국가 또는 지방자치단체는 산업입지의 원활한 조성 및 산업단지에의 입주기업체 또는 지원기관의 유치를 위하여 「조세특례제한법」에서 정하는 바에 따라 법인세 · 소득세 · 취득세 · 재산세 및 등록세 등을 감면할 수 있다.
[전문개정 2009. 2. 6.]

제47조(자금지원) 국가 또는 지방자치단체는 산업입지에의 원활한 조성 및 산업단지의 입주기업체 또는 지원기관의 유치를 위하여 자금지원에 대한 필요한 조치를 할 수 있다.
[전문개정 2009. 2. 6.]

제7장 벌칙 〈개정 2009. 2. 6.〉

제52조(벌칙) ① 다음 각 호의 어느 하나에 해당하는 자는 5년 이하의 징역 또는 5천만원 이하의 벌금에 처한다. 〈개정 2011. 3. 30., 2014. 12. 30., 2015. 5. 18., 2019. 12. 10.〉

1. 제38조의2제4항 또는 제39조제1항 · 제2항 · 제5항을 위반하여 산업용지 또는 공장등을 양도한 자

2. 제39조의2제4항을 위반하여 분할된 산업용지 또는 산업용지의 공유지분을 처분한 자
3. 제40조의2제1항을 위반하여 관리기관 또는 관리기관이 매수신청을 받아 선정한 다른 기업체나 유관기관 이외의 자에게 산업용지 또는 공장등을 양도한 자
4. 제43조제1항을 위반하여 관리기관 또는 관리기관이 매수신청을 받아 선정한 다른 기업체나 유관기관 이외의 자에게 산업용지 또는 공장등을 양도한 자

② 다음 각 호의 어느 하나에 해당하는 자는 3년 이하의 징역 또는 3천만원 이하의 벌금에 처한다. 〈개정 2013. 7. 30., 2017. 3. 21.〉

1. 제13조제1항을 위반하여 승인을 받지 아니하고 공장을 신설 · 증설 또는 업종변경을 하거나 변경승인을 받지 아니하고 승인받은 사항을 변경한 자(제28조의2제1항에 따라 준용되는 경우를 포함한다)
2. 제14조의3제1항을 위반하여 승인을 받지 아니하고 제조시설등을 설치한 자
3. 제20조제1항 및 제2항을 위반하여 공장을 신설(제14조의3에 따른 제조시설설치를 포함한다) · 증설 · 이전 또는 업종변경을 하거나 변경승인을 받지 아니하고 승인받은 사항을 변경한 자
4. 제28조의4제4항을 위반하여 거짓 또는 과장된 사실을 알리거나 기만적 방법을 사용하여 입주자를 모집한 자
5. 제38조제1항 또는 제3항에 따른 입주계약을 체결하지 아니하고 제조업 또는 그 외의 사업을 한 자
6. 제42조제2항을 위반하여 계속 그 사업을 하는 자

③ 제28조의4제1항에 따른 승인을 받지 아니하고 지식산업센터를 분양한 자는 1년 이하의 징역 또는 1천만원 이하의 벌금에 처한다. 〈신설 2014. 1. 21.〉

[전문개정 2009. 2. 6.]

제53조(벌칙) 다음 각 호의 어느 하나에 해당하는 자는 1천500만원 이하의 벌금에 처한다. 〈개정 2010. 4. 12., 2013. 3. 23.〉

1. 제28조의3제3항을 위반하여 지식산업센터를 매각한 자
2. 삭제 〈2014. 1. 21.〉
3. 제28조의7제1항에 따른 의무를 위반한 자
4. 제38조제2항을 위반하여 변경계약(산업통상자원부령으로 정하는 경미한 사항에 대한 변경은 제외한다)을 체결하지 아니하고 제조업 또는 그 외의 사업을 하는 자

[전문개정 2009. 2. 6.]

제54조(양벌규정) 법인의 대표자나 법인 또는 개인의 대리인, 사용인, 그 밖의 종업원이 그 법인 또는 개인의 업무에 관하여 제52조 또는 제53조의 위반행위를 하면 그 행위자를 벌하는 외에 그 법인 또는 개인에게도 해당 조문의 벌금형을 과(科)한다. 다만, 법인 또는 개인이 그 위반행위를 방지하기 위하여 해당 업무에 관하여 상당한 주의와 감독을 게을리하지 아니한 경우에는 그러하지 아니하다.

[전문개정 2008. 12. 26.]

제55조(과태료) ① 다음 각 호의 어느 하나에 해당하는 자에게는 500만원 이하의 과태료를 부과한다. 〈개정 2011. 3. 30.〉

1. 제38조의2를 위반하여 산업용지 및 공장등의 임대사업을 하는 자
2. 제39조제3항 · 제40조제2항 또는 제43조제2항을 위반하여 신고를 하지 아니하고 산업용지 또는 공장등을 양도한 자
3. 제40조제1항을 위반하여 산업용지 또는 공장등을 양도하지 아니한 자
4. 제40조의2제1항 또는 제43조제1항 · 제2항에 따른 기간에 산업용지 또는 공장등을 양도하지 아니한 자
5. 제43조제2항을 위반하여 산업용지 또는 공장등을 양도한 자
6. 제48조제1항 또는 제2항에 따른 검사를 거부 · 방해 또는 기피한 자

② 다음 각 호의 어느 하나에 해당하는 자에게는 200만원 이하의 과태료를 부과한다. 〈개정 2010. 4. 12., 2011. 3. 30., 2013. 3. 23., 2015. 5. 18., 2020. 12. 8.〉

1. 제11조제2항에 따른 완료신고를 하지 아니하거나 거짓으로 하고 공장을 가동한 자
2. 제13조제1항 단서, 제14조의3제1항 단서 및 제20조제2항 단서에 따른 변경신고를 하지 아니하고 승인된 사항을 변경한 자
3. 제15조제1항에 따른 공장설립등의 완료신고를 하지 아니하거나 거짓 신고를 하고 공장을 가동하는 자
4. 제15조제2항에 따른 기준건축면적률에 적합하도록 요건을 갖추어 사업개시의 신고를 하지 아니하거나 거짓이나 그 밖의 부정한 방법으로 신고를 하고 사업을 시작한 자
5. 제16조제3항에 따른 부분가동을 위한 등록을 하지 아니하고 공장을 부분가동하는 자
6. 제16조제4항에 따른 변경등록을 하지 아니하고 등록된 사항을 변경한 자
7. 제28조의6제2항에 따른 신고를 하지 아니하거나 거짓으로 신고한 자
8. 삭제 〈2015. 5. 18.〉
9. 제38조제2항을 위반하여 변경계약(산업통상자원부령으로 정하는 경미한 사항에 대한 변경을 말한다)을 체결하지 아니하고 제조업 또는 그 외의 사업을 하는 자
10. 제45조의17제3항을 위반하여 한국산업단지공단 또는 이와 유사한 명칭을 사용한 자
11. 제48조제1항 또는 제2항에 따른 보고를 하지 아니하거나 거짓으로 보고를 한 자

③ 제1항 및 제2항에 따른 과태료는 대통령령으로 정하는 바에 따라 산업통상자원부장관(제51조에 따라 그 권한이 중앙행정기관의 장, 시장ㆍ군수 또는 구청장에게 위임 또는 위탁된 경우에는 그 위임 또는 위탁을 받은 중앙행정기관의 장, 시장ㆍ군수 또는 구청장을 말한다), 시ㆍ도지사, 시장ㆍ군수 또는 구청장이 부과ㆍ징수한다. 〈개정 2010. 4. 12., 2013. 3. 23.〉

[전문개정 2009. 2. 6.]

산업집적활성화 및 공장설립에 관한 법률 시행령

(약칭: 산업집적법 시행령)

[시행 2022. 6. 29.] [대통령령 제32733호, 2022. 6. 28., 타법개정]

산업통상자원부(입지총괄과) 044-203-4409
산업통상자원부(입지총괄과_개별입지) 044-203-4435
산업통상자원부(입지총괄과_계획입지) 044-203-4437
산업통상자원부(입지총괄과_농공단지) 044-203-4431
산업통상자원부(입지총괄과_구조고도화) 044-203-4434

제1조(목적) 이 영은 「산업집적활성화 및 공장설립에 관한 법률」에서 위임된 사항과 그 시행에 필요한 사항을 규정함을 목적으로 한다.

[전문개정 2009. 8. 5.]

제4조의6(지식산업센터) 법 제2조제13호에서 "대통령령으로 정하는 것"이란 다음 각 호의 요건을 모두 갖춘 건축물을 말한다. 〈개정 2011. 6. 27., 2011. 10. 26., 2015. 6. 30.〉

1. 지상 3층 이상의 집합건축물일 것
2. 공장, 제6조제2항에 따른 지식산업의 사업장 또는 같은 조 제3항에 따른 정보통신산업의 사업장이 6개 이상 입주할 수 있을 것
3. 「건축법 시행령」 제119조제1항제3호에 따른 바닥면적(지상층만 해당한다)의 합계가 같은 항 제2호에 따른 건축면적의 300퍼센트 이상일 것. 다만, 다음 각 목의 어느 하나에 해당하여 바닥면적의 합계가 건축면적의 300퍼센트 이상이 되기 어려운 경우에는 해당 법령이 허용하는 최대 비율로 한다.

가. 「국토의 계획 및 이용에 관한 법률」 제78조에 따라 용적률을 특별시 · 광역시 · 특별자치시 · 특별자치도 · 시 또는 군의 조례로 따로 정한 경우

나. 「산업기술단지 지원에 관한 특례법」 제8조에 따른 면적을 준수하기 위한 경우

[전문개정 2009. 8. 5.]

[제목개정 2010. 7. 12.]

[제4조의5에서 이동 〈2010. 7. 12.〉]

제5조(산업단지의 관리업무) ① 법 제2조제15호 각 목 외의 부분에서 "대통령령으로 정하는 업무"란 다음 각 호의 업무를 말한다. 〈개정 2010. 7. 12.〉

1. 법 제33조제1항에 따른 산업단지관리기본계획(이하 "관리기본계획"이라 한다)의 수립 및 그 집행에 관한 업무
2. 공공시설, 지원시설 및 공동시설에 관한 계획의 수립과 그 설치 및 운영에 관한 업무
3. 산업용지의 매각 · 임대, 그 사후관리 및 산업단지의 입주에 관한 업무
4. 입주기업체 및 지원기관을 위한 공장 · 지식산업센터, 그 밖의 시설의 설치와 그 매각 및 임대에 관한 업무
5. 입주기업체 및 지원기관을 위한 용수 · 전기 · 증기 · 가스 및 유류의 공급에 관한 업무
6. 산업용지 및 시설의 설치 · 유지 · 보수 또는 개량에 따른 이용자로부터의 비용징수에 관한 업무
7. 산업단지구조고도화에 관한 업무
8. 입주기업에 대한 자금 · 기술 · 인력 · 판로 등의 지원에 관한 업무
9. 환경친화적 산업단지의 구축 및 환경오염방지에 관한 업무
10. 산업단지 안의 시설의 경비 및 산업재해예방에 관한 업무
11. 그 밖에 산업단지의 운영 및 입주기업체의 생산활동지원에 필요한 업무

② 법 제2조제15호나목에서 "대통령령으로 정하는 기반시설"이란 다음 각 호의 시

설을 말한다. 다만, 입주기업체 또는 지원기관이 소유하는 시설이거나 다른 법령에 따라 관리할 자가 정하여져 있는 시설은 제외한다.

1. 도로 · 환경오염방지시설 · 용수공급시설 · 정보통신시설 · 에너지공급시설, 그 밖의 공공시설
2. 제1호에 따른 시설 외의 시설로서 입주기업체 및 지원기관이 공동으로 사용하는 시설

[전문개정 2009. 8. 5.]

제6조(산업단지의 입주자격) ① 법 제2조제18호 및 제19호에서 "대통령령으로 정하는 자격"이란 다음 각 호의 자격을 말한다.

1. 해당 산업단지의 관리기본계획에 따른 입주대상산업 및 시설 또는 입주기업체의 사업지원에 필요한 사업일 것
2. 해당 사업의 시행을 위하여 관련 법규에 따른 인가 · 허가등을 받았거나 받을 수 있을 것

② 법 제2조제18호에서 "지식산업"이란 창의적 정신활동에 의하여 고부가가치의 지식서비스를 창출하는 산업으로서 다음 각 호의 산업을 말한다. 〈개정 2011. 6. 24., 2011. 10. 26., 2012. 12. 12., 2014. 8. 6., 2015. 10. 6., 2021. 9. 14., 2022. 2. 17.〉

1. 한국표준산업분류에 따른 연구개발업
2. 「고등교육법」 제25조에 따른 연구소의 연구개발업
3. 「기초연구진흥 및 기술개발지원에 관한 법률」 제14조제1항 각 호에 따른 기관 또는 단체(같은 법 제6조제1항제3호에 따른 대학은 다음 각 목의 요건을 모두 갖춘 대학이나 「대학설립 · 운영 규정」 제2조의7에 따라 산업단지 안에서 운영하는 대학만 해당한다)의 연구개발업

가. 법 제2조제8호의2에 따른 산학융합지구에 입주할 것
나. 건축연면적 2만제곱미터 이하일 것
다. 기업과의 공동연구를 위한 연구실, 연구개발을 위한 장비 지원시설 및 기업부설연구소를 위한 시설의 면적이 건축연면적의 100분의 50 이상을 차지할 것

4. 건축기술, 엔지니어링 및 그 밖의 과학기술서비스업
5. 광고물 작성업
6. 영화, 비디오물 및 방송프로그램 제작업
7. 출판업
8. 전문 디자인업
9. 포장 및 충전업
10. 다음 각 목의 어느 하나에 해당하는 교육서비스업
    가. 「국민 평생 직업능력 개발법」 제2조제3호에 따른 직업능력개발훈련시설에서 운영하는 경우
    나. 제3호 각 목의 요건을 모두 갖춘 대학의 경우
    다. 「대학설립 · 운영 규정」 제2조의7에 따라 산업단지 안에서 운영하는 대학의 경우
11. 경영컨설팅업(재정 · 인력 · 생산 · 시장 관리나 전략기획에 관한 자문업무 및 지원을 하는 기업체만 해당한다)
12. 번역 및 통역 서비스업
13. 전시 및 행사 대행업
14. 환경 정화 및 복원업
15. 영화, 비디오물 및 방송프로그램 제작 관련 서비스업
16. 음악 및 기타 오디오물 출판업
17. 시장조사 및 여론조사업
18. 사업 및 무형 재산권 중개업
19. 물품감정, 계량 및 견본 추출업
20. 무형재산권 임대업
21. 광고 대행업
22. 옥외 및 전시 광고업
23. 사업시설 유지관리 서비스업

24. 보안시스템 서비스업
25. 콜센터 및 텔레마케팅 서비스업
26. 「이러닝(전자학습)산업 발전 및 이러닝 활용 촉진에 관한 법률」 제2조제3호가목에 따른 업(이 항 제7호, 제10호 또는 제3항 각 호에 따른 산업을 경영하는 입주기업체가 운영하는 경우로 한정한다)
27. 한국표준산업분류에 따른 그 외 기타 전문, 과학 및 기술 서비스업으로서 관리기관이 인정하는 산업. 이 경우 관리기관의 인터넷 홈페이지에 해당 산업을 게시해야 한다.

③ 법 제2조제18호에서 "정보통신산업"이란 정보의 수집 · 가공 · 저장 · 검색 · 송신 · 수신 및 그 활용과 이에 관련되는 기기 · 기술 · 역무, 그 밖에 정보화를 촉진하기 위한 산업으로서 다음 각 호의 산업을 말한다. 〈개정 2021. 1. 5.〉

1. 컴퓨터 프로그래밍, 시스템 통합 및 관리업
2. 소프트웨어 개발 및 공급업
3. 자료처리, 호스팅(서버 대여, 운영 등의 서비스를 말한다) 및 관련 서비스업
4. 데이터베이스 및 온라인 정보제공업
5. 전기 통신업

④ 법 제2조제18호에서 "자원비축시설"이란 석탄 · 석유 · 원자력 · 천연가스 등의 에너지자원의 비축을 위한 시설을 말한다.

⑤ 법 제2조제18호에서 "대통령령으로 정하는 산업"이란 다음 각 호의 산업을 말한다. 다만, 법 제33조제8항 본문에 따른 산업시설구역 중 법 제32조제1항에 따른 관리지침으로 정하는 구역에 대해서는 별표 1에 따른 제한업종을 제외한 모든 산업을 말한다. 〈개정 2010. 7. 12., 2013. 10. 16., 2014. 3. 11., 2015. 5. 6., 2020. 5. 12.〉

1. 폐기물 수집운반, 처리 및 원료재생업
2. 폐수처리업
3. 창고업, 화물터미널, 그 밖에 물류시설을 설치 · 운영하는 사업
4. 운송업(여객운송업은 제외한다)

5. 산업용기계장비임대업

6. 부동산임대 및 공급업

7. 시장(「제주특별자치도 설치 및 국제자유도시 조성을 위한 특별법」에 따른 행정시장을 포함한다. 이하 같다) · 군수 또는 구청장(자치구의 구청장을 말한다. 이하 같다)이 특화산업육성을 위하여 농공단지관리기본계획에 따라 농공단지에 입주시키는 농림어업등의 산업(이하 "지역특화산업"이라 한다)

8. 전기업

9. 관리기본계획에서 산업단지의 조성목적, 지역경제의 활성화 등을 위하여 해당 산업단지에의 유치업종으로 지정한 산업

10. 「중소기업 창업지원법」 제2조제7호에 따른 창업보육센터를 설치 · 운영하는 사업

11. 「집단에너지사업법 시행령」 제2조제1항제2호에 따른 산업단지집단에너지사업

11의2. 제11호의 산업단지집단에너지사업을 하는 자에게만 열 · 증기를 공급하기 위한 사업(에너지공급 효율성 저하, 환경오염의 발생 등으로 인하여 입주기업체의 조업에 지장을 주지 아니한다고 관리기관이 인정하는 경우에 한정한다)

12. 「자본시장과 금융투자업에 관한 법률」 제6조제1항제6호에 따른 신탁업(지식산업센터를 설립하기 위하여 산업용지의 소유권을 취득하는 경우만 해당한다)

13. 제조업, 지식산업, 정보통신산업, 자원비축시설 운영 등과 유사하거나 관련된 산업으로서 산업통상자원부장관이 신산업 또는 산업 간 융 · 복합 발전 촉진 등을 위하여 필요하다고 인정하여 고시하는 산업

⑥ 법 제2조제19호에서 "대통령령으로 정하는 사업"이란 다음 각 호의 사업을 제외한 모든 사업을 말한다. 〈개정 2019. 9. 24., 2021. 9. 14.〉

1. 한국표준산업분류에 따른 대분류 중 다음 각 목의 사업. 다만, 다음 각 목의 사업의 하위 분류로서 해당 산업단지의 관리기본계획에서 입주기업체의 사업지원에 필요하다고 인정하여 정한 사업은 제외한다.

가. 농업, 임업 및 어업

나. 광업

다. 제조업

2. 「사행행위 등 규제 및 처벌 특례법」 제2조제1항제2호에 따른 사행행위영업

3. 다음 각 목의 어느 하나에 해당하는 시설을 설치 · 운영하는 사업

가. 「건축법 시행령」 별표 1 제1호가목에 따른 단독주택

나. 「건축법 시행령」 별표 1 제2호에 따른 공동주택(기숙사는 제외한다)

다. 「건축법 시행령」 별표 1 제9호나목에 따른 격리병원

라. 「건축법 시행령」 별표 1 제15호에 따른 숙박시설(「관광진흥법」 제3조제1항제2호가목에 따른 호텔업의 시설은 제외한다)

마. 「건축법 시행령」 별표 1 제16호에 따른 위락시설

바. 「건축법 시행령」 별표 1 제21호에 따른 동물 및 식물 관련 시설

사. 「건축법 시행령」 별표 1 제22호에 따른 자원순환 관련 시설

아. 「건축법 시행령」 별표 1 제23호에 따른 교정 및 군사시설

자. 「건축법 시행령」 별표 1 제26호에 따른 묘지 관련 시설

4. 그 밖에 해당 산업단지의 관리기본계획에서 지원기관이 운영하는 사업에서 제외할 필요가 있다고 인정하여 정한 사업

⑦ 관리기관은 산업단지의 조성목적, 지역경제의 활성화 또는 국민경제상 필요하다고 인정할 때에는 제1항제1호에도 불구하고 관리권자[농공단지의 관리기관의 경우에는 특별시장 · 광역시장 · 특별자치시장 · 도지사 또는 특별자치도지사(이하 "시 · 도지사"라 한다)]의 승인을 받아 해당 산업단지에 입주할 자격을 부여할 수 있다. 〈개정 2015. 6. 30.〉

[전문개정 2009. 8. 5.]

제36조(지식산업센터의 설립승인 등) ① 법 제28조의2에 따른 지식산업센터의 설립승인절차, 진입로에 대한 사도개설허가기준, 지식산업센터 설립 등의 협의, 지식산업

센터 입주자의 제조시설설치승인과 그 취소사유 및 지식산업센터의 설립승인취소사유에 관하여는 제19조, 제19조의2, 제19조의5부터 제19조의7까지의 규정과 법 제13조의5를 준용한다. 〈개정 2010. 7. 12.〉

② 법 제28조의2제2항 전단에서 "대통령령으로 정하는 기간"이란 사용승인을 받은 날부터 2개월을 말한다.

[전문개정 2009. 8. 5.]

[제목개정 2010. 7. 12.]

제36조의2(국가 등이 설치한 지식산업센터의 임대료) 법 제28조의3제2항에서 "대통령령으로 정하는 임대료"란 「국유재산법」에 따른 임대료 및 「공유재산 및 물품 관리법」에 따른 대부료의 2분의 1 이상에 해당하는 임대료를 말한다.

[전문개정 2009. 8. 5.]

[제목개정 2010. 7. 12.]

제36조의3(모집공고안 승인의 제외대상) ① 법 제28조의4제2항제1호에 따라 지식산업센터의 입주자를 비공개로 모집할 수 있는 경우는 다음 각 호의 사유로 지식산업센터를 설립하는 경우로서 시장·군수 또는 구청장이 해당 지식산업센터의 유치 등을 위하여 미리 입주할 대상자를 정할 필요가 있다고 인정하는 경우로 한다. 〈개정 2010. 7. 12., 2021. 9. 14.〉

1. 공공사업에 의하여 철거되는 공장의 유치
2. 특정 업종(한국표준산업분류의 중분류에 해당하는 업종을 말한다)의 집단유치

② 법 제28조의4제2항제2호에서 "대통령령으로 정하는 규모 미만"이란 건축연면적 2천제곱미터 미만을 말한다.

[전문개정 2009. 8. 5.]

[제목개정 2021. 6. 8.]

제36조의4(지식산업센터에의 입주) ① 법 제28조의5제1항제1호에서 "대통령령으로 정하는 사업"이란 다음 각 호의 사업을 말한다. 〈개정 2010. 7. 12.〉

1. 제6조제2항 및 같은 조 제3항에 따른 지식산업 및 정보통신산업
2. 그 밖에 특정 산업의 집단화와 지역경제의 발전을 위하여 다음 각 목의 구분에 따라 지식산업센터에의 입주가 필요하다고 인정하는 사업
   가. 산업단지 안의 지식산업센터의 경우: 법 제2조제18호에 따른 산업에 해당하는 사업으로서 관리기관이 인정하는 사업
   나. 산업단지 밖의 지식산업센터의 경우: 시장 · 군수 또는 구청장이 인정하는 사업

② 법 제28조의5제1항제3호에 따른 입주업체의 생산 활동을 지원하기 위한 시설은 다음 각 호의 시설로 한다. 다만, 시장 · 군수 또는 구청장이나 관리기관이 해당 지식산업센터의 입주자의 생산 활동에 지장을 줄 수 있다고 인정하는 시설은 제외한다. 〈개정 2010. 7. 12., 2011. 4. 5., 2011. 12. 8., 2017. 10. 31.〉

1. 금융 · 보험 · 교육 · 의료 · 무역 · 판매업(해당 지식산업센터에 입주한 자가 생산한 제품을 판매하는 경우만 해당한다)을 하기 위한 시설
2. 물류시설, 그 밖에 입주기업의 사업을 지원하거나 어린이집 · 기숙사 등 종업원의 복지증진을 위하여 필요한 시설
3. 「건축법 시행령」 별표 1 제3호 및 제4호에 따른 근린생활시설(면적제한이 있는 경우에는 그 제한면적범위 이내의 시설만 해당한다)
4. 「건축법 시행령」 별표 1 제5호에 따른 문화 및 집회시설 또는 같은 표 제13호에 따른 운동시설로서 산업통상자원부령으로 정하는 시설
5. 「건축법 시행령」 별표 1 제7호다목에 따른 상점(음 · 식료품을 제외한 일용품을 취급하는 상점만 해당한다)으로서 다음의 기준에 적합한 시설
   가. 산업단지 안의 지식산업센터에 설치하는 경우: 보육정원이 50명 이상인 어린이집(「영유아보육법」 제10조제1호에 따른 국공립어린이집은 제외한다)이 해당 지식산업센터에 설치(「영유아보육법」 제13조에 따라 어린이집의 설치인

가를 받은 경우를 포함한다)되어 그 용도로 유지되고 있고 해당 상점의 건축연면적이 3천제곱미터(보육정원이 60명 이상인 경우에는 4천제곱미터) 이하인 시설

나. 산업단지 밖의 지식산업센터에 설치하는 경우: 해당 상점의 건축연면적이 해당 지식산업센터에 설치되는 지원시설의 바닥면적 총합계의 100분의 10 이하인 시설

6. 「건축법 시행령」 별표 1 제14호나목2)에 따른 오피스텔(산업단지 안의 지식산업센터에 설치하는 경우로서 해당 산업단지의 관리기본계획에 따라 허용되는 경우만 해당한다)

③ 산업통상자원부장관은 법 제22조에 따라 산업단지에 지정되는 지식기반산업집적지구의 경우에만 제2항에도 불구하고 제29조에 따른 고시에서 정하는 바에 따라 그 허용면적을 확대하거나 지원시설을 추가할 수 있다. 다만, 같은 업종의 시설 총면적은 지원시설 총면적의 100분의 50(제2항제5호가목에 따른 상점이 설치되는 경우에는 100분의 50에 해당 상점의 건축연면적을 더한 면적을 말한다)을 초과해서는 아니 된다. 〈개정 2011. 4. 5., 2013. 3. 23., 2015. 6. 30.〉

④ 제2항 각 호에 따른 입주업체의 생산활동을 지원하기 위한 시설의 총 면적은 다음 각 호의 범위 이내로 해야 한다. 다만, 제2항제3호 및 제5호에 해당하는 시설의 총 면적은 산업단지 안의 지식산업센터 건축연면적의 100분의 20을 초과해서는 안 된다. 〈개정 2010. 7. 12., 2011. 4. 5., 2011. 12. 8., 2019. 9. 24., 2020. 5. 12.〉

1. 산업단지 안의 지식산업센터로서 다음 각 목에 해당하는 경우에는 그 해당 범위

가. 법 제33조제8항 본문에 따른 산업시설구역 안의 지식산업센터: 건축연면적의 100분의 30. 다만, 해당 지식산업센터에 어린이집(「영유아보육법」 제10조제1호에 따른 국공립어린이집은 제외한다. 이하 이 목에서 같다)이 설치(「영유아보육법」 제13조에 따라 어린이집의 설치인가를 받은 경우를 포함한다)되어 그 용도로 유지되고 있는 경우에는 지식산업센터 건축연면적의 100분의 10 이하의 범위에서 다음의 구분에 따른 면적을 지식산업센터 건축연면적의

100분의 30에 더한 면적으로 한다.

1) 어린이집의 보육정원이 11명 이상 21명 미만인 경우: 어린이집 건축연면적의 2배와 8백제곱미터 중 작은 면적

2) 어린이집의 보육정원이 21명 이상 50명 미만인 경우: 어린이집 건축연면적의 3배와 2천제곱미터 중 작은 면적

3) 어린이집의 보육정원이 50명 이상인 경우: 어린이집 건축연면적의 4배와 3천제곱미터 중 작은 면적

나. 법 제33조제8항 단서에 따른 복합구역 안의 지식산업센터: 건축연면적의 100분의 50

2. 산업단지 밖의 지식산업센터로서 다음 각 목에 해당하는 경우에는 그 해당 범위

가. 「수도권정비계획법」 제2조제1호에 따른 수도권 안의 지식산업센터: 건축연면적의 100분의 30

나. 「수도권정비계획법」 제2조제1호에 따른 수도권 밖의 지식산업센터: 건축연면적의 100분의 50

⑤ 법 제28조의5제1항제1호에 따라 제조업을 하기 위한 시설을 설치할 때 해당 지식산업센터가 산업단지 또는 공업지역이 아닌 지역에 위치한 경우에는 도시형공장(제34조제2호에 따른 도시형공장은 제외한다)의 시설에 한정하여 이를 설치할 수 있다. 〈개정 2010. 7. 12.〉

⑥ 시장 · 군수 또는 구청장이나 관리기관은 지식산업센터에서 제조업을 하는 입주기업의 부대시설 중 사무실 또는 창고를 그 지식산업센터 건축물 내의 별도 구역에 설치하게 할 수 있다. 〈개정 2010. 7. 12.〉

[전문개정 2009. 8. 5.]

[제목개정 2010. 7. 12.]

제36조의5(지식산업센터의 주요 구조부) 법 제28조의7제1항제1호에서 “대통령령으로 정하는 주요 구조부”란 다음 각 호의 어느 하나에 해당하는 것을 말한다.

1. 기둥 · 내력벽(힘을 받지 아니하는 조적벽 등은 제외한다)
2. 보 · 바닥 · 지붕

[전문개정 2009. 8. 5.]
[제목개정 2010. 7. 12.]

제36조의6(의무위반에 대한 조치) ① 시장 · 군수 또는 구청장은 입주자 또는 관리자가 법 제28조의8에 따른 시정기간 내에 시정명령을 이행하지 아니하는 경우에는 지식산업센터의 안전을 확보하기 위하여 다음 각 호의 어느 하나의 조치를 할 수 있다. 〈개정 2010. 7. 12.〉

1. 허용기준을 초과하는 중량물의 철거 등 원인의 제거 및 건축물의 응급복구
2. 해당 건축물의 사용제한

② 시장 · 군수 또는 구청장은 제1항제1호에 따른 조치를 할 때에는 필요한 비용을 입주자 또는 관리자로부터 징수할 수 있다.

[전문개정 2009. 8. 5.]

제48조의2(입주기준 등) ① 관리기관이 법 제38조제1항 및 제3항에 따라 입주계약을 체결하려면 미리 입주대상산업 · 입주자격 및 입주우선순위 등의 입주기준을 정하여 법 제6조의2에 따른 공장설립온라인지원시스템에 15일 이상 공고해야 하며, 필요한 경우에는 일간신문 등에 공고하는 방법을 병행할 수 있다. 다만, 다음 각 호의 어느 하나에 해당하는 경우에는 공고를 하지 않는다. 〈개정 2011. 4. 5., 2011. 10. 26., 2013. 3. 23., 2021. 9. 14., 2022. 5. 3.〉

1. 환경오염업종의 합리적 배치, 첨단기술산업의 육성 및 외국인투자의 촉진 등을 위하여 산업단지에 우선 입주할 필요가 있는 사업으로서 산업통상자원부령으로 정하는 사업인 경우
2. 다음 각 목의 어느 하나에 해당하는 자가 관리기본계획에 맞는 사업을 하려는 경우

가. 「산업입지 및 개발에 관한 법률 시행령」 제42조의4제4항에 따른 수의계약으로 산업시설용지를 공급받을 자격을 갖춘 자

나. 「산업입지 및 개발에 관한 법률 시행령」 제42조의4제5항에 따른 조례에 따라 산업시설용지를 분양받을 자격을 갖춘 자

3. 첨단투자를 하려는 자나 그 협력업체등이 첨단투자지구에 입주하려는 경우

② 법 제39조제2항에 따라 다른 기업체에 산업용지 및 공장등을 양도하는 경우에 관하여는 제1항을 준용한다.

③ 법 제38조제1항 단서(같은 조제3항에 따라 준용되는 경우를 포함한다)에 따라 입주계약을 체결하지 않을 수 있는 경우는 다음과 같다. 〈개정 2010. 7. 12., 2011. 10. 26., 2020. 5. 12.〉

1. 「산업입지 및 개발에 관한 법률」 제16조제3항에 따라 해당 산업단지에 입주할 자가 산업단지개발사업을 시행하여 입주하는 경우
2. 입주기업체에 공공서비스를 제공하기 위하여 공공기관이 입주하는 경우
3. 법 제33조제8항 본문에 따른 산업시설구역에 설립된 지식산업센터에 제36조의4제2항에 따른 시설로 입주하는 경우
4. 법 제33조제8항 본문에 따른 산업시설구역에 설립된 공장내의 부대시설로서 종업원의 편의시설을 운영하는 경우
5. 관리기관과 입주계약을 체결한 자의 부지 또는 건물(법 제33조제8항 본문에 따른 지원시설구역내의 것만 해당한다)을 임대 또는 분양받아 그 입주계약에 따라 입주하는 경우
6. 관리기관과 임대차계약에 따라 입주하는 경우
7. 법 제33조제8항 본문에 따른 지원시설구역에 근린생활시설로 입주하는 경우
8. 공공기관 또는 하나의 기업이 산업단지 전부를 사용하기 위하여 입주하는 경우

④ 관리기관이 법 제38조제1항부터 제3항까지의 규정에 따라 입주계약을 체결하려면 법, 이 영, 그 밖에 관련 법령 및 해당 산업단지의 관리기본계획에 적합하여야 한다.

[전문개정 2009. 8. 5.]

제48조의3(임대사업자의 입주계약등) ① 법 제38조의2에 따라 관리기관과 산업용지 및 공장등의 임대사업을 하기 위한 입주계약을 체결하려는 자(이하 "임대사업자"라 한다)는 다음 각 호의 사항이 기재된 임대사업계획서를 관리기관에 제출하여야 한다.

1. 임대사업자명
2. 임대하려는 토지 및 시설의 명세
3. 임대차의 존속기간 및 그 연장에 관한 사항
4. 임대사업의 전부 또는 일부를 종료하는 경우의 산업용지(건축물이 있는 경우에는 건축물을 포함한다)의 처분에 관한 사항
5. 유치업종 및 규모(해당 산업단지 안에서 둘 이상의 산업용지 또는 공장등을 임대하려는 경우만 해당한다)
6. 건축물의 건축계획(건축물을 건축하여 함께 임대하려는 경우만 해당한다)

② 임대사업자가 산업용지 및 공장등을 임대하는 경우에는 해당 산업단지의 관리기본계획 및 제1항에 따른 입주계약에 맞도록 하여야 한다.

③ 임대사업자가 임대하는 산업용지 및 건축물에 입주하는 임차인은 관리기관과 법 제38조에 따른 입주계약을 체결하여야 한다.

④ 입주기업체 또는 지원기관이 입주계약에 따른 사업을 하면서 해당 산업용지 및 공장등의 일부를 임대하려는 경우에는 산업통상자원부령으로 정하는 서류를 관리기관에 제출하여야 한다. 〈개정 2013. 3. 23.〉

[전문개정 2009. 8. 5.]

제48조의4(임대의 기준 등) ① 법 제38조의2제1항에 따른 관리기관과 임대사업자가 체결하는 입주계약의 계약기간은 5년 이상으로 한다. 다만, 법 제28조의2에 따라 설립된 지식산업센터의 경우에는 관리기관이 정하는 바에 따른다. 〈개정 2010. 7. 12.〉

② 삭제 〈2015. 6. 30.〉

③ 임대사업자가 파산하거나 「산업발전법」 제21조에 따른 구조조정 대상기업이 되는 등의 경제적 사정으로 그 산업용지 및 공장등을 양도하려는 경우에는 해당 임차인이나 관리기관 또는 관리기관이 지정하는 자에게 우선적으로 양도하여야 한다. 〈개정 2011. 6. 27.〉

④ 산업통상자원부장관은 임대차계약서에 관하여 표준이 되는 서식을 정하여 임대사업자에게 그 사용을 권장할 수 있다. 〈개정 2013. 3. 23.〉

⑤ 제1항부터 제4항까지에서 규정한 사항 외에 임대사업의 관리에 관하여 필요한 사항은 해당 산업단지의 관리지침 또는 관리기본계획에서 정하는 바에 따른다.

⑥ 관리기관은 법 제38조의2제1항 본문에 따른 입주계약을 체결할 경우에는 법 제38조의2제4항 및 제5항의 취지를 입주계약서에 명시하여야 한다. 〈개정 2015. 6. 30.〉

[전문개정 2009. 8. 5.]

제58조(산업단지의 안전관리 등) ① 관리기관은 법 제45조에 따라 입주기업체에 대하여 안전관리 · 공해관리 · 환경관리 등에 관하여 지도를 하려는 경우에는 다음 각 호의 사항이 포함된 안전관리계획을 수립 · 시행하여야 한다.

1. 위험시설의 안전관리에 관한 사항
2. 공해방지에 관한 사항
3. 제1호 및 제2호와 관련된 관계 행정기관과의 협조에 관한 사항

② 법 제45조에 따라 관리기관은 입주기업체에 대하여 다음 각 호의 사항에 관한 지도를 할 수 있다. 다만, 안전관리 · 공해관리 및 환경관리 등에 관한 지도를 하거나 필요한 경우에는 관계 행정기관의 장에게 그 시정에 대한 협조를 요청하여야 한다.

1. 공장시설물 및 공장작업장의 안전관리와 그 경비에 관한 사항
2. 공해방지시설의 설치 및 점검 등 관리에 관한 사항
3. 종업원의 복지증진을 위한 시설에 관한 사항

4. 녹지의 조성 등 공장의 환경개선에 관한 사항

5. 제1호부터 제4호까지의 규정 외에 산업단지의 안전관리 등에 필요한 사항

③ 제2항 각 호의 기준은 산업통상자원부령으로 정한다. 〈개정 2013. 3. 23.〉

[전문개정 2009. 8. 5.]

별표 / 서식

■ 산업집적활성화 및 공장설립에 관한 법률 시행령 [별표 1]

〈신설 2020. 5. 12.〉

제한업종(제6조제5항 단서 관련)

1. 「통계법」 제22조에 따라 통계청장이 고시하는 산업에 관한 표준분류에 따른 대분류 중 다음 각 목의 산업
   가. 건설업
   나. 보건업 및 사회복지 서비스업
   다. 예술, 스포츠 및 여가관련 서비스업

2. 「사행행위 등 규제 및 처벌 특례법」 제2조제1항제2호에 따른 사행행위영업

3. 다음 각 목의 어느 하나에 해당하는 시설을 설치 · 운영하는 사업
   가. 「건축법 시행령」 별표 1 제1호에 따른 단독주택
   나. 「건축법 시행령」 별표 1 제2호에 따른 공동주택
   다. 「건축법 시행령」 별표 1 제5호에 따른 문화 및 집회시설
   라. 「건축법 시행령」 별표 1 제6호에 따른 종교시설
   마. 「건축법 시행령」 별표 1 제9호에 따른 의료시설
   바. 「건축법 시행령」 별표 1 제11호에 따른 노유자시설
   사. 「건축법 시행령」 별표 1 제12호에 따른 수련시설
   아. 「건축법 시행령」 별표 1 제15호에 따른 숙박시설
   자. 「건축법 시행령」 별표 1 제16호에 따른 위락시설
   차. 「건축법 시행령」 별표 1 제23호에 따른 교정 및 군사 시설
   카. 「건축법 시행령」 별표 1 제26호에 따른 묘지 관련 시설
   타. 「건축법 시행령」 별표 1 제27호에 따른 관광 휴게시설
   파. 「건축법 시행령」 별표 1 제28호에 따른 장례시설
   하. 「건축법 시행령」 별표 1 제29호에 따른 야영장 시설

4. 그 밖에 산업통상자원부장관이 입주가능 산업에서 제외할 필요가 있다고 인정하여 법 제32조제1항에 따른 관리지침으로 정한 사업

■ 산업집적활성화 및 공장설립에 관한 법률 시행령 [별표 4]

〈개정 2021. 6. 8.〉

도시형공장 해당 업종(제34조제2호 관련)	
분류번호	업종명
26111	메모리용 전자집적회로 제조업
26112	비메모리용 및 기타 전자집적회로 제조업
26121	발광 다이오드 제조업
26129	기타 반도체소자 제조업
26211	액정 표시장치 제조업
26293	전자카드 제조업
26295	전자감지장치 제조업
26299	그 외 기타 전자부품 제조업
26322	컴퓨터 모니터 제조업
26323	컴퓨터 프린터 제조업
26329	기타 주변기기 제조업
26410	유선통신장비 제조업
26421	방송장비 제조업
26422	이동전화기 제조업
26429	기타 무선 통신장비 제조업
26511	텔레비전 제조업
26519	비디오 및 기타 영상기기 제조업
26521	라디오, 녹음 및 재생기기 제조업

26529	기타 음향기기 제조업
27192	정형외과용 및 신체보정용 기기 제조업 중 보정용 인조눈을 제조하는 제조업
27309	기타 광학기기 제조업
31311	유인 항공기, 항공 우주선 및 보조장치 제조업
31312	무인 항공기 및 무인 비행장치 제조업

산업집적활성화 및 공장설립에 관한 법률 시행규칙

(약칭: 산업집적법 시행규칙)

[시행 2022. 1. 21.] [산업통상자원부령 제448호, 2022. 1. 21., 타법개정]

산업통상자원부(입지총괄과) 044-203-4409
산업통상자원부(입지총괄과_개별입지) 044-203-4435
산업통상자원부(입지총괄과_계획입지) 044-203-4437
산업통상자원부(입지총괄과_농공단지) 044-203-4431
산업통상자원부(입지총괄과_구조고도화) 044-203-4434

제1조(목적) 이 규칙은 「산업집적활성화 및 공장설립에 관한 법률」 및 같은 법 시행령에서 위임된 사항과 그 시행에 필요한 사항을 규정함을 목적으로 한다.

[전문개정 2009. 8. 7.]

제24조(지식산업센터의 설립승인신청서 등) ① 법 제28조의2제1항에 따른 지식산업센터의 설립승인 및 설립승인사항 변경 등에 관하여는 제6조 및 제7조를 준용한다. 다만, 지식산업센터의 설립승인신청서 · 설립변경승인신청서 · 설립승인서 및 설립변경승인서는 별지 제19호서식과 같다. 〈개정 2010. 7. 13.〉

② 법 제28조의2제2항 후단에서 "산업통상자원부령으로 정하는 중요사항"이란 다음 각 호의 사항을 말한다. 〈개정 2010. 7. 13., 2013. 3. 23.〉

1. 회사명 또는 대표자 성명(대표자 성명의 경우 법인이 요청하는 경우만 해당한다)
2. 지식산업센터의 명칭
3. 지식산업센터의 부지면적(부지면적이 감소하는 경우만 해당한다)

4. 지식산업센터의 건축면적(건축면적이 감소하는 경우만 해당한다)
5. 법 제28조의5제1항제1호 및 제2호에 따른 시설의 면적 및 같은 항 제3호에 따른 지원시설의 면적

③ 법 제28조의2제2항에 따른 지식산업센터의 설립완료(변경완료)신고서는 별지 제20호서식에 따르며, 같은 조 제3항에 따른 지식산업센터등록대장은 별지 제20호의2서식과 같다. 〈개정 2010. 7. 13.〉

④ 지식산업센터 등록에 관하여는 제10조제1항을 준용한다. 〈개정 2010. 7. 13.〉

[전문개정 2009. 8. 7.]

[제목개정 2010. 7. 13.]

제25조(지식산업센터의 처분제한) ① 법 제28조의3제3항 본문에서 "산업통상자원부령으로 정하는 기간"이란 지식산업센터를 분양받은 날부터 2년을 말한다. 〈개정 2010. 7. 13., 2013. 3. 23.〉

② 법 제28조의3제3항 단서에서 "산업통상자원부령으로 정하는 경우"란 다음 각 호의 경우를 말한다. 〈개정 2010. 7. 13., 2013. 3. 23.〉

1. 파산 또는 청산으로 인하여 매각하는 경우
2. 입주자가 해당 지식산업센터의 전부를 현물출자하거나 주식 또는 지분의 100분의 50 이상을 출자하여 설립한 법인에 매각하는 경우
3. 「민사집행법」 및 「민사소송법」에 따른 경매와 상속, 그 밖에 법률에 따라 소유권이 이전되는 경우
4. 그 밖에 해당 공장을 유지하기 어려운 사정이 있는 경우로서 시장·군수 또는 구청장이나 관리기관의 승인을 받아 매각하는 경우

[전문개정 2009. 8. 7.]

[제목개정 2010. 7. 13.]

제26조(지식산업센터의 분양 등) ① 지식산업센터를 설립한 자가 법 제28조의4제1

항에 따라 입주자 모집공고안의 승인을 받으려는 경우에는 다음 각 호의 사항을 적은 지식산업센터의 모집공고안을 작성하여 시장 · 군수 또는 구청장에게 제출해야 한다. 〈개정 2010. 7. 13., 2021. 6. 9.〉

1. 지식산업센터의 소재지, 건설규모 및 설립자의 명의
2. 개별공장별 공급면적(전용면적과 공용면적을 구분하여 표시하여야 한다)
3. 입주자의 자격 및 입주대상 업종
4. 공급가격(토지매입비, 건축비 등 세부산출내용을 포함하며, 임대의 경우 임대가격을 말한다)과 계약금 · 중도금 등의 납부 시기 및 방법
5. 입주예정일
6. 부대시설 · 복리시설 및 공동시설의 내용 및 규모
7. 입주자 선정 일시 · 방법 및 계약의 취소에 관한 사항
8. 층별 · 공장별 허용 하중, 진동 및 소음기준 등 건축물의 구조와 입주대상 시설의 기준에 관한 사항
9. 그 밖에 지식산업센터의 입주에 필요한 사항

② 시장 · 군수 또는 구청장은 제1항에 따라 입주자 모집공고안의 승인신청을 받으면 관계 기준의 충족 여부 및 층별 · 공장별 설치허용 하중을 고려하여 승인 여부를 결정하여야 한다.

③ 시장 · 군수 또는 구청장은 제2항에 따라 지식산업센터의 입주자 모집공고안을 승인하는 경우 해당 지식산업센터가 산업단지안에 있는 경우에는 미리 해당 산업단지의 관리기관과 협의하여야 한다. 〈개정 2010. 7. 13.〉

④ 지식산업센터를 설립한 자가 지식산업센터 입주자 모집공고안의 승인을 받으면 그 승인을 받은 모집공고안을 해당 지식산업센터 입주자 모집의 최초 신청접수일 이전에 일간신문에 공고해야 한다. 〈개정 2010. 7. 13., 2021. 6. 9.〉

⑤ 법 제28조의4제1항 후단 및 같은 조 제3항 후단에서 "산업통상자원부령으로 정하는 중요사항"이란 제1항제1호(건설규모의 경우에는 건설규모의 100분의 10 이상의 증감만 해당한다) · 제3호 · 제4호 및 제8호에 해당하는 사항을 말한다. 〈

개정 2013. 3. 23.〉
[전문개정 2009. 8. 7.]
[제목개정 2010. 7. 13.]

제26조의2(문화 및 집회시설 등의 범위) ① 영 제36조의4제2항제4호에서 "산업통상자원부령으로 정하는 시설"이란 다음 각 호의 어느 하나에 해당하는 시설물을 말한다. 다만, 문화 및 집회시설 또는 운동시설 각각의 바닥면적 총합계는 영 제36조의4제4항에 따른 지원시설의 바닥면적 총합계의 100분의 30 이내로 하여야 한다. 〈개정 2013. 3. 23.〉

1. 문화 및 집회시설: 극장, 영화관, 음악당, 회의장, 산업전시장
2. 「건축법 시행령」 별표 1 제13호가목에 따른 운동시설

② 삭제 〈2014. 11. 6.〉
[본조신설 2009. 8. 7.]
[종전 제26조의2는 제26조의3으로 이동 〈2009. 8. 7.〉]

제26조의3(지식산업센터의 관리 등) ① 법 제28조의6제2항 전단에서 "산업통상자원부령으로 정하는 기간"이란 2개월을 말한다. 〈개정 2013. 3. 23.〉

② 법 제28조의6제2항에 따른 규약에는 다음 각 호의 사항이 포함되어야 한다. 〈개정 2010. 7. 13.〉

1. 입주자의 권리 및 의무에 관한 사항
2. 관리기구의 선정 및 관리기구 구성원의 인사 · 보수 등 관리기구의 운영에 관한 사항
3. 관리운영의 책임 및 범위에 관한 사항
4. 공동시설의 유지 · 보수 · 대체 및 개량에 관한 사항
5. 공동부담금의 징수절차 및 방법에 관한 사항
6. 건축물의 안전관리 및 하자보수에 관한 사항

7. 그 밖에 지식산업센터의 관리 및 유지를 위하여 필요한 사항

③ 법 제28조의6제2항 후단에서 "산업통상자원부령으로 정하는 중요사항"이란 제2항제1호 · 제3호 및 제6호에 해당하는 사항을 말한다. 〈개정 2013. 3. 23.〉

④ 법 제28조의6제3항에서 "산업통상자원부령으로 정하는 기간"이란 신고를 받은 날부터 10일을 말한다. 〈신설 2011. 10. 25., 2013. 3. 23.〉

⑤ 법 제28조의6제4항에 따른 지식산업센터를 관리하는 자(이하 "관리자"라 한다)의 업무 범위는 다음과 같다. 〈개정 2010. 7. 13., 2011. 7. 1., 2011. 10. 25.〉

1. 지식산업센터의 공유부분, 지식산업센터 입주자의 공동소유인 부대시설 및 지원시설(일반에게 분양되는 것은 제외한다)의 유지 · 보수 및 안전관리
2. 지식산업센터의 경비 · 청소 및 쓰레기수거
3. 관리비, 사용료, 특별수선충당금 등 부담금의 징수 · 보관 · 예치 및 회계관리
4. 공과금의 납부대행
5. 입주 및 가동 현황과 그 변동에 관한 사항의 관리
6. 그 밖에 규약으로 정한 사항의 집행

⑥ 관리자는 제5항에 따른 해당 지식산업센터의 관리업무의 전부 또는 일부를 전문적으로 건물관리를 하는 자에게 대행하게 할 수 있다. 〈개정 2010. 7. 13., 2011. 10. 25.〉

[전문개정 2009. 8. 7.]

[제목개정 2010. 7. 13.]

[제26조의2에서 이동 〈2009. 8. 7.〉]

별표 / 서식

■ 산업집적활성화 및 공장설립에 관한 법률 시행규칙 [별표 5]

〈개정 2022. 1. 21.〉

첨단업종(제15조 관련)

분류 번호	업종명	적용 범위
20119	석탄화학계 화합물 및 기타 기초 유기 화학 물질 제조업	ㅇ 나노(100nm이하) 유기화합물
20132	염료, 조제 무기안료, 유연제 및 기타 착색제 제조업	ㅇ 친환경 및 고기능성 특수도료 - 대전방지 도료, 자기치유도료 - 자외선(UV) 경화도료(4mm이하, 80시간 이상, 3.0Mpa이상의 부착성) - 방열성 분체도료 ㅇ 고기능성 및 신기능 염료 - 고 염착률의 반응성 염료 ㅇ 고기능성 안료 - 전자재료용 안료(편광도 98% 이상, 내광성 30,000hr 이상) - 형광 안료(내광성 3급 이상, 내열성 180℃ 이상)
20202	합성수지 및 기타 플라스틱 물질 제조업	ㅇ 고분자 신소재(특수 기능성, 전기특성, 의료용) - 슈퍼고분자 복합(composite) 소재
20421	계면활성제 제조업	ㅇ 계면활성제 중 다음의 것만 해당한다. - 고분자형 계면활성제 - 양이온 계면활성제 - 친환경 계면활성제(바이오유래, 유용미생물활용, 인체친화적, 생분해성)

20493	접착제 및 젤라틴 제조업	ㅇ 전기 · 전자용 기능성 접착제로서 다음의 것만 해당한다. - 전도성 접착제 - 광섬유용 접착제 - 반도체 · 디스플레이용 접착제 - 고내열 금속용 접착제 ㅇ 의료용 접착제로서 다음의 것만 해당한다. - 연조직(피부 등)용 접착제 - 경조직(치아 · 뼈 등)용 접착제
20495	바이오 연료 및 혼합물 제조업	ㅇ 해양 바이오디젤(식물성 또는 동물성 기름을 사용하여 제조한 연료) 및 혼합유
20499	그 외 기타 분류 안된 화학제품 제조업	ㅇ 반도체 및 디스플레이 소재로서 다음의 것만 해당한다. - 포토레지스트 노볼락(PhotoresistNovolak) 수지, 매트릭스(Matrix) 수지 - 반도체 및 디스플레이용 리소그래피(lithography)용 수지 - 반도체 · 디스플레이 · 발광다이오드(LED)용 무기 전구체
20501	합성섬유 제조업	ㅇ 아라미드(aramid)섬유, PBO 섬유 ㅇ 메디컬 섬유소재(조직재생용 섬유소재, 유착방지 및 차폐용 섬유소재, 정형외과용 섬유소재)
21102	생물학적 제제 제조업	ㅇ 바이오의약품으로서 다음의 것만 해당한다. - 치료용 항체 및 사이토카인제제 - 호르몬제 - 혈액제제 - 신개념백신(항암백신, DNA백신, RNA백신 등) - 세포기반치료제 - 유전자 의약품

21210	완제 의약품 제조업	ㅇ 저분자 화합물 의약품으로서 다음의 것만 해당한다. - 종양계 치료제(항암제) - 순환기계 질환(고혈압, 고지혈증, 혈전) 치료제 - 감염계 질환 치료제(항생제, 항바이러스제, 항진균제) - 신경계 질환(치매, 뇌졸중, 간질, 우울증, 정신분열증, 파킨슨병) 치료제 - 내분비계 질환(골다공증, 당뇨, 비만) 치료제 - 면역계 질환(면역기능 조절, 천식, 알레르기, 염증·관절염) 치료제 - 호르몬제
21300	의료용품 및 기타 의약 관련제품 제조업	ㅇ 바이오칩(바이오센서 포함) ㅇ 약물전달시스템 응용제품
22292	플라스틱 적층, 도포 및 기타 표면처리 제품 제조업	ㅇ 투명전도성 필름 ㅇ 플라스틱 적층(다층)필름
23121	1차 유리제품, 유리섬유 및 광학용 유리 제조업	ㅇ 나노세공 다공질유리
23122	디스플레이 장치용 유리 제조업	ㅇ 차세대 평판디스플레이용 유리(플렉시블 유리만 해당한다)
23211	정형내화요업제품 제조업	ㅇ SiC 내화물(반도체공정용 부재) ㅇ 초고온용 지르콘내화물
23222	위생용 및 산업용 도자기 제조업	ㅇ 산업용 첨단 세라믹스(반도체용, 생체용, 원자로용 세라믹부품만 해당한다)
23995	탄소섬유 제조업	ㅇ 고강도 고탄성 탄소섬유, 고기능 탄소섬유 제품(T1000 이상만 해당한다)
24221	동 압연, 압출 및 연신제품 제조업	ㅇ 1300MPa급 고강도 고탄성 동합금 압연(壓延), 인발(引發)제품 - 차세대 이동통신단말기 단자 및 고내열성 접속기(connector) 소재

24290	기타 1차 비철금속 제조업	ㅇ 비철금속분말(분말가공 및 성형은 제외한다) - 3D프린팅용 금속분말 ㅇ 금속 가공 잔여물(metal scrap)을 이용한 고품질 잉곳(ingot)(희소금속을 포함한다)
25911	분말 야금제품 제조업	ㅇ 철계, 비철계 분말야금제품(충진율 95% 이상인 것만 해당한다)
25934	톱 및 호환성 공구 제조업	ㅇ 초경합금공구, 다이아몬드공구, 물리증착 또는 화학증착공구, 서멧공구, 입방질화붕소공구, 고속도강공구
26111	메모리용 전자집적회로 제조업	ㅇ 메모리 반도체(D램,플래시 등 차세대 휘발성 및 비휘발성 메모리)
26112	비메모리용 및 기타 전자집적회로 제조업	ㅇ 시스템 반도체(인공지능반도체, 마이크로 컴포넌트, 아날로그 및 혼성 집적회로, SiC 파워반도체, 고전압 RF IC 등)
26121	발광 다이오드 제조업	ㅇ 발광다이오드(LED) 제조업으로서 다음의 것만 해당한다. - 마이크로 발광다이오드, 미니 발광다이오드, 양자점 발광다이오드
26129	기타 반도체소자 제조업	ㅇ 포토다이오드(PD), 반도체 레이저 다이오드(LD), IC패키지, 태양전지 ㅇ 스마트카드용 IC칩(통합보안관련) ㅇ 고해상도 고체촬상소자(CCD 등)
26212	유기발광 표시장치 제조업	ㅇ 유기발광다이오드(OLED)[플렉시블 유기발광다이오드, 능동형 유기발광다이오드(AMOLED) 등]
26219	기타표시장치 제조업	ㅇ 투명 디스플레이 ㅇ 디지털 홀로그램 ㅇ 플렉시블 전자종이(e-Paper) ㅇ 디스플레이부품[포토마스크, 고해상도 섀도마스크(shadow mask), 편광판, 컬러필터(color filter), 위상보상필름, 투명 전극]

26222	경성 인쇄회로기판 제조업	ㅇ 고밀도 다층기판(HDI), SLP(Substrate Like PCB)만 해당한다.
26223	연성 및 기타 인쇄회로기판 제조업	ㅇ 연성 인쇄회로기판(flexible PCB), 경연성복합 인쇄회로기판
26295	전자감지장치제조업	ㅇ 센서(초소형 센서만 해당한다) - 주행상황인지 센서, 항행용 레이더센서, 인공지능 센서(AI sensor), 레이더 센서, 항법센서 등
26410	유선 통신장비 제조업	ㅇ 광섬유 전송시스템 ㅇ 광통신 장비 및 부품(5G 이동통신용만 해당한다) - 광통신 부품(5G용), 광통신 중계기(5G용), 네트워크장비(5G용, IoT용), 네트워크스위칭(10G/1G) 등
26421	방송장비 제조업	ㅇ 방송장비 제조업으로서 다음 것만 해당한다. - 초고화질(8K UHD 이상) 방송장비[방송송신기, 방송통합 다중화기, 시그널링 시스템, 촬영장비, 8K 초고화질(UHD) 방송용 멀티포맷 변환기(converter) · 코드변환기(transcoder) 등]
26429	기타 무선 통신장비 제조업	ㅇ 5G용 무선통신 부품 및 장비로서 다음의 것만 해당한다. - 5G 고집적 안테나, 5G용 모뎀, 5G 기지국 · 엑세스망장비, 5G소형셀 등
26519	비디오 및 기타 영상기기 제조업	ㅇ 가상현실(Virtual Reality)기기 및 증강현실(Augmented Reality)기기(4K 이상의 고해상도, 120도 이상 시야각, 고속 고감도 센서를 탑재한 것만 해당한다) ㅇ 오감(시각, 청각 등을 포함한 초실감형) 제공기기[착용형기기(wearable device)를 포함한다]

27111	방사선 장치 제조업	ㅇ 영상진단기기 및 단층촬영 장치(방사성동위원소, 자력선, 엑스선 또는 초음파를 이용한 것만 해당한다) ㅇ 수술 및 치료용기기(방사성동위원소, 자력선, 엑스선, 레이저, 초음파 또는 마이크로 웨이브를 이용한 것만 해당한다)
27112	전기식 진단 및 요법 기기 제조업	ㅇ 생체계측기기(심전계 · 뇌파계 · 근전계 · 안진계 또는 심음계만 해당한다) ㅇ 의료용기기(자동 생화학 분석기기 및 전자현미경만 해당한다) ㅇ 원격조정 환자 종합감시 장치 ㅇ 의료검사진단기기
27192	정형외과용 및 신체보정용 기기 제조업	ㅇ 정형외과용 및 신체보정용 기기 - 인공수정체, 인공관절, 인공심박기 등 인공신체 - 보청기
27199	그 외 기타 의료용 기기 제조업	ㅇ 의료용 레이저기기 ㅇ 의약품 자동주입기(주사기는 제외한다) ㅇ 휴대용 정신건강관리 시스템 ㅇ 현장형 생체지표(biomarker) 진단장비 ㅇ 지능형 개인 건강관리 기기
27211	레이더, 항행용 무선기기 및 측량기구 제조업	ㅇ 레이더 및 항행용 무선기기 - 지능형 전자 항행용 통신단말장치, 지능형 선박 · 항공기용 항행시스템, 자율차용 레이더/라이다, 초정밀 위성위치확인시스템(GPS), 항공기용 고성능 항법장치[인공지능(AI) 기반], 소출력 레이더 등

27212	전자기 측정, 시험 및 분석기구 제조업	ㅇ 전자파 · 광신호파를 응용하거나 마이크로프로세서를 내장한 것으로서 다음의 것만 해당한다. - 파형현시기기 - 전자분석기기 - 유전체 및 자성체 측정기기 - 전송특성 측정기기 - 데이터회선 측정기기 - 전파 및 공중선 측정기기 - 음향특성 측정기기 - 광측정기기 - 측정보조기기(증폭기 · 검파기 및신호발생기만 해당한다) - 전자식 물리 및 화학량측정 · 분석기기
27213	물질 검사, 측정 및 분석기구 제조업	ㅇ 성능시험기 또는 성능측정기 - 반도체 · 디스플레이소재검사 장비 - 에너지소재(태양전지 등) 특성 측정 · 검사 장비 - 환경측정 · 분석기기 - 바이오 · 의료소재 검사 장비
27215	기기용 자동측정 및 제어장치 제조업	ㅇ 산업용제어기기, 자동제어시스템(PLS · DCS · 철도차량 자동제어장치를 포함한다)
27216	산업처리공정제어장비 제조업	ㅇ 제조설비의 자동공정 제어기기 또는 공정제어시스템 및 부분품으로서 다음의 것만 해당한다. - PLC, DCS 등을 이용한 공정제어시스템 - 로봇컨트롤러 및 컴퓨터통합시스템 관련 단위기기 - 화학물질 합성자동제어시스템, 화학반응 합성장치 - 지능형 제어기[센서내장 M2M/IoT기술 적용(자동감시 · 진단 · 제어)]

27219	기타 측정, 시험, 항해, 제어 및 정밀기기 제조업	ㅇ 산업, 군사, 의료 및 농업 등의 화상, 영상, 기상 및 위성 등 각종 계측데이터를 획득하여 이를 가공, 분석 및 해석 등을 하기 위한 계측기 및 계측시스템으로서 다음의 것만 해당한다. - 대역폭 60GHz 이상 스펙트럼분석기 - 대역폭 3GHz 이상 디지털오실로스코프 - 대역폭 60GHz 이상 주파수카운터 - 대역폭 60GHz 이상 신호발생기
27301	광학렌즈 및 광학요소 제조업	ㅇ 광부품(광섬유, 편광판)
27302	사진기, 영사기 및 관련 장비 제조업	ㅇ 영상광학기기(DSP내장 고정밀 촬영기)
27309	기타 광학기기 제조업	ㅇ 상관측기기로서 다음의 것만 해당한다. - 고분해능 현미경 ㅇ 광학기기용 렌즈 또는 프리즘 ㅇ 레이저 발진장치
28111	전동기 및 발전기 제조업	ㅇ 고효율 · 고정밀 모터(전동기)로서 다음의 것만 해당한다. - 서보모터 및 스테핑모터(분해능 10,000ppr 이상만 해당한다), 고정밀 리니어모터 - 고효율 유도 전동기(IE4급 이상만 해당한다) ㅇ 발전기(MCFC-압력차 발전기) ㅇ 2000 ~ 7000Kv급 저전압/고전압용 발전기
28112	변압기 제조업	ㅇ 송배전기로서 다음의 것만 해당한다. - 초임계 발전용 변압기 - 80㎸/250㎸ 전압형 MMC 직류 송전시스템장비 - 250㎸ 전압형 멀티터미널 직류 송 · 배전시스템 - MVDC급 직류 배전시스템 - AC/DC 하이브리드 배전기

28114	에너지 저장장치 제조업	ㅇ 에너지저장장치(ESS) 시스템으로서 다음의 것만 해당한다. - 전력관리시스템(PMS)으로서 SW 및 서버 HW, 데이터 검색 · 저장 · 분석 및 통신연계 기능이 포함된 것 - 전력변환장치(PCS)로서 배터리(DC) 측은 1,500V, 2,000A, 45kA 이상의 출력이 유지되고, 계통(AC)측은 95% 이상 효율을 갖춘 것 - 배터리관리시스템(BMS)으로서 충방전 전류극 제어 및 비정상적 작동시의 안정장치 기능을 갖춘 것
28119	기타 전기 변환장치 제조업	ㅇ 전기 변환장치로서 다음의 것만 해당한다. - 리액터(대용량의 태양광 · 전기차용) - 스위칭 신호방식의 전력변환장치[태양광, 풍력, 에너지저장장치(ESS) 등 신재생에너지용 전동 · 발전기의 구동을 위한 컨버터 및 인버터] - 멀티터미널 고압직류 송 · 배전장치 - 멀티레벨 무효전력보상장치(STATCOM)
28121	전기회로 개폐, 보호장치 제조업	ㅇ 전기회로 개폐, 보호 장치중에서 다음의 것만 해당한다. - 초고압 차단기(GIS) - 친환경(고체절연 등) 개폐장치 - 하이브리드형 DC 차단 및 개폐기 - 고속 대용량 직류 차단기 - 태양광, 해상풍력 등 신재생에너지용 전력변환기 · 차단기 · 개폐기
28123	배전반 및 전기 자동제어반 제조업	ㅇ PLC(프로그램 내장 컨트롤러), HMI, 센서 등 중앙감시제어장치(SCADA)의 구성 장치

28202	축전지 제조업	○ 전기차 • 에너지저장장치(ESS) • 전자기기용 이차전지로서 다음의 것만 해당한다. - 리튬이온 이차전지, 리튬이온폴리머전지, 리튬폴리머 전지, 니켈수소 전지, 고성능 · 고용량 슈퍼축전지(capacitor 전지), 연료전지, 모듈화 전지[전기차 · 에너지저장장치(ESS)용], 흐름전지, 고온형 나트륨계 전지, 리튬황전지, 레독스 플로 전지 및 이러한 제품의 핵심 부품
28422	일반용 전기 조명장치 제조업	○ 태양전지 가로등[발광다이오드(LED)를 활용한 사물인터넷용만 해당한다]
28903	교통 신호장치 제조업	○ 스마트시티용 지능형 교통통제용 전기장치만 해당한다. - 스마트시티용 지능형 교통시스템(ITS), 첨단교통관리 시스템(ATMS),첨단차량도로시스템(AVHS)장치 등
28909	그 외 기타 전기장비 제조업	○ 자동화용 초정밀 전기용접 설비 및 절단기로서 다음의 것만 해당한다. - 용접기 및 절단기(레이저, 플라즈마, 초음파, 고주파, 인버터방식만 해당한다) - 고속전철용 궤도용접 설비 - 이종금속용 경납땜(brazing) 용접기
29120	유압기기 제조업	○ 유공압 액추에이터(로봇, 구동부품용 모터, 실린더만 해당한다) ○ 전기식 액추에이터(로봇구동 부품만 해당한다)
29131	액체 펌프 제조업	○ 다이어프램방식 초정밀 정량 액체 펌프(피스톤, 페리스탈틱 방식은 제외한다)로서 다음의 것만 해당한다. - 내화학성 확보, 최소유량 0.02 mL/min, 정밀도 3%이내
29133	탭, 밸브 및 유사장치 제조업	○ 고압기밀 전자식 레귤레이터 ○ 유압밸브 유량특성 및 정밀도에 따른 서보밸브(Servo Valve)

29141	구름베어링 제조업	ㅇ 볼 · 롤러 베어링(KS 4급 이상) 및 그 핵심부품 [리테이너, 케이지(cage), 강구(steel ball), 롤러 (roller)]
29172	공기 조화장치 제조업	ㅇ 초청정 클린룸(clean room)으로서 한국산업표준에 따른 청정도 1등급만 해당한다. ㅇ 시스템에어컨(고효율EHP) 및 핵심부품(압축기, 모터, 열교환기)으로서 한국산업표준에 따른 난방 COP 3.5 이상, 냉난방 EERa 6.6 이상인 것만 해당한다. ㅇ 고효율 지열 열펌프시스템 및 핵심부품(압축기, 모터, 열교환기)으로서 「신에너지 및 재생에너지 개발 · 이용 · 보급 촉진법」 제13조의 신재생에너지 설비 인증심사 기준에 따른 냉방 EER 4.1 이상, 난방 COP 3.3 이상인 것만 해당한다.
29199	그 외 기타 일반목적용 기계 제조업	ㅇ 첨단용접 설비(표면 장착부품 납땜 및 절단기기만 해당한다) - 레이저 • 플라즈마 • 고주파 • 인버터방식용접기 - 하이브리드용접기 ㅇ 표면개질 측정 및 처리 시스템
29222	디지털 적층 성형기계 제조업	ㅇ 3D프린팅 장비로 다음의 것만 해당한다 - 금속소재, 세라믹, 바이오소재, 건축소재(콘크리트만 해당한다)용 3D프린팅 장비 - 초고속 3D프린팅 장비
29223	금속 절삭기계 제조업	ㅇ 초미세 · 초정밀 와이어 방전가공설비(wire electrical discharge machining)로서 선폭 50um 이하인 것만 해당한다.
29229	기타 가공 공작기계 제조업	ㅇ 난삭(難削) 티타늄 합금 및 인코넬 합금소성 가공기계 ㅇ 탄소섬유 복합재(CFRP) 중에서 우주항공 및 자동차용 첨단 소재의 성형 기계

29269	기타 섬유, 의복 및 가죽 가공 기계 제조업	ㅇ 초경량, 고탄성, 고강도 탄소섬유 제조 장비 ㅇ 탄소섬유 복합재의 가공장비 및 검사 장비
29271	반도체 제조용 기계 제조업	ㅇ 반도체장비 및 장비용 핵심부품(반도체 설계 · 조립 · 패키지, 포토마스크 제조용, 웨이퍼 제조 및 가공용만 해당한다)
29272	디스플레이 제조용 기계 제조업	ㅇ 디스플레이용[초고해상도(8K 이상) 디스플레이, 능동형 유기발광다이오드(AMOLED), 플렉시블 및 착용형 디스플레이만 해당한다] 장비 및 장비용 핵심부품 - 노광기(露光器) 설비, 레이저(Laser) 재결정화 및 리프트 오프(Lift off) 설비, 증착(蒸着) 설비, 식각(蝕刻) 설비, 세정 설비, 인라인(In-line) 공정 진단 설비 등
29280	산업용 로봇 제조업	ㅇ 제조업용 로봇으로서 다음의 것만 해당한다. - 이적재용, 공작물 착탈용, 용접용, 조립 및 분해용, 가공용 및 표면처리, 바이오 공정용, 시험 · 검사용, 기타 제조업용 로봇 - 협동로봇, 고청정 환경 대응 반도체 생산로봇, 차세대 태양전지 · 연료전지 제조로봇 등 첨단 제조업용 로봇 포함
29292	고무, 화학섬유 및 플라스틱 성형기 제조업	ㅇ 초미세품용 사출 성형기 - 나노 및 마이크로 표면용·제품용 등 ㅇ 자동차 경량화 및 항공기 소재에 활용이 가능한 복합재료 성형기 - 수지충전공정(Resin Transfer Molding) 성형기, 필라멘트 와인딩(filament winding) 성형기 등
29294	주형 및 금형 제조업	ㅇ 프레스용 금형 ㅇ 다이캐스팅 금형 ㅇ 플라스틱성형용 금형 ㅇ 금형용 부품

29299	그 외 기타 특수목적용 기계 제조업	ㅇ 개인서비스용 로봇으로서 다음의 것만 해당한다. - 가사서비스용(단순 청소로봇 제외한다), 건강관리용, 여가지원용, 연구용 - 소셜서비스로봇(단순 스피커형 제외한다) ㅇ 전문서비스용 로봇으로서 다음의 것만 해당한다. - 빌딩서비스용, 사회안전 및 극한작업용, 의료 · 재활로봇, 사회인프라용, 군사용, 농림어업용, 물류로봇 ㅇ 지능형 로봇부품으로서 다음의 것만 해당한다. - 로봇용 구동부품, 로봇용 감지(sensing)부품, 로봇용 제어부품
30110	자동차용 엔진 제조업	ㅇ 하이브리드용 엔진 ㅇ 경량화 소재 엔진
30121	승용차 및 기타 여객용 자동차 제조업	ㅇ 전기차 ㅇ 수소연료전지차 ㅇ 하이브리드차(플러그인 하이브리드만 해당한다)
30122	화물자동차 및 특수 목적용 자동차 제조업	ㅇ 전기차 ㅇ 수소연료전지차 ㅇ 하이브리드차(플러그인 하이브리드만 해당한다)
30310	자동차 엔진용 신품 부품 제조업	ㅇ 자동차 엔진용 부품으로서 다음의 것만 해당한다. - 통합 전자제어장치(ECU) - 배기가스저감 및 자기진단 장치 - 과급시스템 - 하이브리드차용 관련 전동부품
30331	자동차용 신품 동력전달장치 제조업	ㅇ 동력전달장치로서 다음의 것만 해당한다. - 고단 변속기(8단 이상) - 듀얼 클러치 트랜스미션(DCT) - 2단 감속기(전기동력 자동차용만 해당한다)

30332	자동차용 신품 전기장치 제조업	ㅇ 전기자동차용 급속충전장치 ㅇ 연료전지 및 연료변환 시스템 ㅇ 주행환경 인식 센서(RADAR, LIDAR, 카메라 기반 센서, 측위 센서, 초음파 센서, IR 센서 등) ㅇ 능동안전시스템[스탠드 얼론(Stand Alone) 및 V2X 통신에 기반한 방식의 것만 해당한다]
30391	자동차용 신품 조향 장치, 현가장치 제조업	ㅇ 조향장치 및 현가장치로서 다음의 것만 해당한다. - 자동긴급조향(AES) 시스템(주변상황 감지정확도 90% 이상의 것만 해당한다) - 스마트 엑추에이터 모듈 - 전동식현가장치, 에어서스펜션, - 전동식 스프링차제제어 - 감응형 댐퍼, 회생발전 댐퍼
30392	자동차용 신품 제동장치 제조업	ㅇ 제동장치로서 다음의 것만 해당한다. - 전기기계식 브레이크 시스템(EMB) - 차량안정성 제어장치(ESP) - 회생제동 브레이크 시스템(AHB)
30399	그 외 자동차용 신품 부품 제조업	ㅇ 공기부과시스템 ㅇ 통합 열관리 장치 ㅇ 수소저장장치 ㅇ 스택(stack) 및 관련부품 ㅇ 차량용 시각, 청각, 촉각식 인터페이스 장치
31311	유인 항공기, 항공 우주선 및 보조장치 제조업	ㅇ 유인 항공기, 우주선 및 보조장치(부품은 제외한다)
31312	무인 항공기 및 무인 비행장치 제조업	ㅇ 고기능 무인항공기 ㅇ 무인항공기 운용교통 관제시스템
31322	항공기용 부품 제조업	ㅇ 항공기용 부품(엔진을 포함한다)